Ariane Audouin-Dubreuil

EXPEDITION SEIDENSTRASSE

Mit den ersten Geländewagen von Beirut bis Peking, die legendäre *Expédition Citroën Centre-Asie* 1931 – 1932

präsentiert von der
Société de Géographie
gegründet 1821

Aus dem Französischen von Ilse Rothfuss

Frederking & Thaler

Mein Dank geht an:

die Automobilwerke Citroën, Abteilung Öffentlichkeitsarbeit und Kulturerbe,
die Nationalbibliothek in Paris,
das Museum für Naturgeschichte in Paris,
das »Museum der 30er Jahre« in Boulogne-Billancourt,
Simone Gauffreteau,
Éliane Mascarino, Archäologie-Referentin
und die Association Taklamakan.

Die Deutsche Bibliothek – CIP-Einheitsaufnahme
Ein Titeldatensatz für diese Publikation ist bei
Der Deutschen Bibliothek erhältlich

Erschienen unter dem Titel: La Croisière jaune - Sur la route de la soie

Fotografien: Sammlung Ariane Audouin-Dubreuil
mit freundlicher Unterstützung der Automobilwerke Citroën,
außer den Seiten 118 (Amulett und Armband), 128, 182 und 187: Y. Chenot
Text: Ariane Audouin-Dubreuil
Gestaltung: Les Quatre Lunes
Karten: Claire Levasseur

Aus dem Französischen von Ilse Rothfuss

Lektorat: Susanne Härtel, München
Einbandgestaltung: Katharina Steinmetz, München
Satz und Herstellung: Büro Sieveking, München
Druck und Bindung: Canale & C., Turin

Printed in Italy

ISBN 3-89405-624-X

CHRONOLOGIE DER
»EXPÉDITION CITROËN CENTRE-ASIE«
ZEITTAFEL DER STRECKE BEIRUT – PEKING – SAIGON
1931–1932

11. März 1931: Einschiffung im Hafen von Marseille auf der *Amazone*

20. März: Die Amazone legt im Hafen von Beirut an.

4. April: Aufbruch der Expedition

5. April: erstes Lager in Damaskus

8. April: Palmyra

11. – 15. April: Durchquerung der syrischen Wüste und Ankunft an der Grenze zum Irak bei Rutba

16. April: Überquerung des Euphrat, Ankunft in Bagdad

17. – 22. April: Land der Kurden zwischen Bagdad und Kermanshah

23. – 26. April: Besichtigung der Stätten Takht-i-Bustan und Bisutun in der Region von Hamadan

28. April: Teheran

10. Mai: Nishapur, Höhe 1000 m

11. Mai: 25 km von Meshhed entfernt; 27. Lager

12. Mai: Meshhed, heilige Stadt der Schiiten

18. Mai: 30. Lager, Tourbet-i-Cheikh-Djam

19. Mai: afghanischer Grenzposten, Islam-Kaleh

20. Mai: Herat

25. Mai: Sebsevar, Überquerung des ersten Flusses

27. Mai: Farrah (Fluss)

30. Mai: Helmand, Überquerung des Flusses

2. Juni: 40. Lager, Argandab (Fluss)

3. Juni: Kandahar, Angelpunkt der afghanischen Routen

6. Juni: Mukur

7. Juni: Ghazni

9. Juni: 46. Lager, Kabul

15. – 16. Juni: Besichtigung von Bamiyan

18. Juni: Dakka, 5000 km zurückgelegt

19. Juni: die letzten afghanischen Posten. Überquerung des Khaiber-Passes. Durchquerung der Indus-Ebene. Ankunft in Peshawar

24. Juni: Ankunft in Srinagar

Bandipur: Startpunkt der drei Gebirgstrupps

1. Juli: Aufbruch Gruppe 1 unter Hackin

13. Juli: Gruppe 2 unter Haardt nimmt mit zwei Raupenfahrzeugen die Hänge des Himalaya in Angriff.

20. Juli: Aufbruch Gruppe 3 unter Audouin-Dubreuil

25. Juli: Gurais. Funkspruch von Victor Point, in dem er mitteilt, dass er in Urumchi gefangen sitzt

4. August: Ankunft Gruppe Haardt in Gilgit. Die Wagen werden aufgegeben.

30. August: Misgar. Umgruppierung der drei Expeditionskonvois

3. September: Kilik-Pass, 4860 m

4. September: Lager auf dem Kosh-Bel, 9 Meilen vom Wakhjir-Pass entfernt. Erreichte Höhe: 5200 m

8. September: Tash Kurghan, erster chinesischer Posten

20. September: Kashgar

4. Oktober: Tumchuq, wichtige archäologische Studien

8. Oktober: Aksu. Die Pamir-Gruppe triff mit der China-Gruppe zusammen; letztere schickt eine Abordnung mit zwei Raupenfahrzeugen voraus.

13. Oktober: Besichtigung der bedeutenden archäologischen Stätte Kizil

16. Oktober: Besichtigung der Stätte Kucha bei Karashar

25. Oktober: Toksun

28. Oktober: Urumchi, das *Camp de Résistance*

18. November: Ein kleiner Trupp unter Audouin-Dubreuil bricht von Urumchi auf, um die archäologischen Stätten von Turfan zu erkunden. Die toten Städte des Tarim-Beckens: Bezeklik, Kara-Khoja, Murtuk, Sangim

6. Dezember: Die gesamte Expedition erreicht Hami im Kriegsgebiet

11. – 14. Dezember: Abstecher nach Xingxingxia, auf der Suche nach einem Citroën-Lebensmittel- und Benzindepot, das vor zwei Jahren eingegraben wurde

15. Dezember: an der Ostgrenze von Sinkiang

19. Dezember: Suzhou, im Kriegszustand

24. Dezember: Ankunft in der deutschen Mission von Kansu

29. Dezember 1931: Liangzhou. Die Expedition wird von den Patern der dortigen deutschen Mission aufgenommen.

6. Januar 1932: Die Große Mauer kommt in Sicht.

10. Januar: Überquerung des Gelben Flusses, vor Ningsia

14. Januar: Ningsia, belgische Mission, eine Stadt in permanentem Belagerungszustand

26. Januar: Die Expedition wird in Ho-Hian überfallen, eine gute Tagesreise vom Lamakloster San-Tao-Kou entfernt.

28. Januar: Baotou, unter dem Schutz der Mongolenherrscher

2. Februar: Bailingmiao, Lamakloster. Begegnung mit dem Pantschen-Lama. Empfang bei dem mongolischen Prinzen Hsi-Hsu-Ning

12. Februar: Ankunft in Peking

15. März: Ankunft in Hanoi

16. März: Tod von Georges-Marie Haardt in der Repulse Bay, gegenüber von Hongkong

4. April: Im Kap Saint-Jacques, dem Hafen von Saigon, sticht die Mannschaft der »Expedition Zentralasien« mit der *Félix-Roussel* in See.

29. April 1932: Die *Félix-Roussel* legt im Hafen von Marseille an.

EXPEDITION SEIDENSTRASSE

EINFÜHRUNG

Die *Société de Géographie* wurde im Dezember 1821 im Pariser Rathaus von 217 Gelehrten aller Nationalitäten und Disziplinen gegründet, von denen viele Napoleon nach Ägypten begleitet hatten, andere waren auf die höchsten Berge gestiegen oder hatten alle Kontinente und Meere der Welt bereist. Die *Société* ist Vorbild zahlreicher geografischer Gesellschaften in aller Welt. Da sie sich international darstellen wollte, nannte sie sich weder »von Paris« noch »von Frankreich«, sondern einfach nur »Geografische Gesellschaft«. Unsere Gesellschaft hat mit ihren Preisen die größten Entdecker und Geografen aller Länder der Erde ausgezeichnet und fördert auch heute noch weltweit jede Entdeckerinitiative und jede Form wissenschaftlicher und geografischer Zusammenarbeit.

Sie verfügt über ein beträchtliches Erbe, das sich im Lauf der Jahre dank großzügiger Spenden von Geografen, Entdeckern und Mäzenen angesammelt hat: wissenschaftliche Werke, Zeitschriften, Karten, Portulane, Manuskripte, Korrespondenzen, Reisetagebücher, Sammlerobjekte und über 100 000 Fotografien auf Glasplatten oder Papier, von denen einige bis 1855 zurückreichen. Das Ganze wird in der Nationalbibliothek in Paris aufbewahrt, Abteilung Karten und Pläne, 56 rue de Richelieu, und steht unseren Mitgliedern und Forschern zur Verfügung. Die *Société* gibt eine Vierteljahresschrift heraus, *La Géographie*, die bereits die Nummer 1500 überschritten hat.

In Zusammenarbeit mit dem französischen Verlag Glénat veröffentlichen wir eine Sammlung bibliophiler Bildbände im Bereich Geografie und Geowissenschaften. Es freut uns besonders, dass einer dieser Bände der inzwischen legendären *Croisière jaune* gewidmet ist, der *Expédition Citroën Centre-Asie*. Getreu der Rolle, die sie im gesamten 19. und zu Beginn des 20. Jahrhunderts bei der Entdeckung der Welt und für das wissenschaftliche Ansehen Frankreichs spielte, hat sich die *Société de Géographie* an der Finanzierung dieser Expedition 1931 beteiligt. Darüber hinaus hat sie am 30. November 1932 in der großen Aula der Sorbonne den offiziellen Empfang in Paris veranstaltet, im Beisein von Staatspräsident Albert Lebrun, ebenfalls Mitglied unserer Gesellschaft. André Citroën legte einen Rechenschaftsbericht über die Expedition vor und ehrte ihre Teilnehmer. Im Lauf der Zeremonie wurde zum 52. Mal in 103 Jahren die große Goldmedaille unserer Gesellschaft, eine Auszeichnung, die 1828 initiiert wurde, an die gesamte Citroën-Mannschaft verliehen, und die verstorbenen Mitglieder wurden mit einem bewegenden Nachruf geehrt. Im Dezember 1932 widmete die *Société* der *Croisière jaune* eine Spezialnummer ihrer Monatszeitschrift *La Géographie*, und 1937 wurde Louis Audouin-Dubreuil zum ersten Vorsitzenden unserer jüngeren Schwester, der *Société des Explorateurs* (Entdecker-Gesellschaft), gewählt. Auf Grund all dieser Verbindungen liegt die *Croisière jaune* unserer Gesellschaft besonders am Herzen. Bei der Realisierung dieses Bandes konnten wir auf die Erinnerungen zurückgreifen, die der Autorin Ariane Audouin-Dubreuil, selbst Mitglied der *Société de Géographie*, von ihrem Vater hinterlassen wurden, und ebenso auf ihr Wissen, ihr Talent und ihr Engagement. Ich möchte ihr hier unseren Dank und unsere Glückwünsche aussprechen.

SOCIÉTÉ DE GÉOGRAPHIE PARIS 184, Bd Saint-Germain

Jean Bastié
Präsident der *Société de Géographie*

Für meinen Vater,
für meine Tochter Aurora

VORWORT

Die Autorin mit ihrem Vater und Präsident Bourguiba

Am 12. Februar 1932 traf die *Expédition Citroën Centre-Asie* in Peking ein.
Am 12. Februar 1960 starb mein Vater, als die Sonne über dem Meer aufstieg, die Palmen in Kupferglanz tauchte und mit ihrem Licht den Marmor-Patio in seinem tunesischen Domizil überflutete. Was mochten seine letzten Visionen gewesen sein? Die Wüste Gobi? Ein mongolischer Reiter in der eisigen Ala-Shan-Wüste? Die roten Mauern der Verbotenen Stadt?
Am 12. Februar 2002 schreibe ich die ersten Worte dieses Berichts nieder.

Lassen Sie uns, lieber Leser, gemeinsam den Spuren der *Croisière jaune* – der »wissenschaftlich-künstlerischen Expedition Zentralasien« – auf der Seidenstraße folgen. Es ist ein nur wenig bekanntes Abenteuer, das ich Ihnen in seiner ganzen Wahrheit vor Augen führen möchte. Im Lauf der letzten 70 Jahre sind zahlreiche hauptsächlich französischsprachige Bücher zu diesem Thema publiziert worden. Aber die Erinnerungen verwischende Zeit, der Ruhmeswille um jeden Preis, die in Vergessenheit geratenen wahren Ziele der Expedition, das Bedürfnis, ein Bild der Entdecker als Helden ohne Fehl und Tadel zu bewahren, haben dafür gesorgt, dass so mancher Bericht verfälscht und beschönigt und die Geschichte verdunkelt wurde. Zudem wurde ein Großteil der Archivbestände vernichtet oder auseinander gerissen, und so fehlte den Autoren eine wichtige Informationsquelle, welche die zahlreichen Werke über die *Croisière jaune* entscheidend hätte bereichern können. Alle haben sich von dem Buch des Historiografen Georges Le Fèvre inspirieren lassen, einem verdienstvollen und informativen Werk, das jedoch auf André Citroëns Wunsch überarbeitet und zensiert und zum »offiziellen« Text erkoren wurde. Die *Croisière jaune* wurde zum Mythos: Abenteuer des Jahrhunderts, ruhmreiche Mission, Citroën-Epos, einzigartige Leistung, ein sportlicher Rekord auf ganzer Linie, große Rallye, Härtetest... Das alles trifft natürlich zu, verdeckt aber die wesentlichen Aspekte: die von den Teilnehmern der Expedition verfolgten Ziele, die Früchte ihrer täglichen Arbeit, ja sogar ihre Misserfolge.
Ich möchte Ihnen hier die Etappen meiner Entdeckungen aufzeigen und auf welchen Wegen mir nach und nach bewusst wurde, dass es für mich so etwas wie eine Erinnerungspflicht gibt.

Als ich 20 Jahre alt war, fielen mir die Archive Audouin-Dubreuils zu, die sämtliche Citroën-Expeditionen betrafen. Berichte, Korrespondenzen, Dokumentationen aller Art, Karten von Afrika und Asien quollen aus den Regalen im hinteren Teil einer

Garage hervor. Alte Atlanten, gebundene und broschierte Bücher, glänzend und abgenützt, füllten dicht gedrängt die Regale. Ganze Stöße von alten Fotos rutschten aus geöffneten Schränken heraus. Bilder von Iacovleff, afghanische Töpfe, persische Stoffe, Jatagane und andere Waffen, Elfenbeinfiguren aus China, kirgisische Lederstiefel, mongolische Fingerschalen hatten sich so gut in die vertraute Umgebung unserer Familie eingefügt, dass wir ihre Herkunft ganz aus dem Auge verloren hatten. Ich bin in einer Welt aufgewachsen, die mit Erinnerungen an die *Croisière jaune* getränkt war, und ich dachte mir nichts dabei. Ich hatte nur eine vage und ziemlich klischeehafte Vorstellung von dieser Expedition, die mein Vater als stellvertretender Leiter mitgemacht hat. Audouin-Dubreuil wurde oft gebeten, über seine Reisen nach Afrika und Asien zu sprechen, während er selber diese Themen mied, wo immer er konnte, ohne unhöflich zu sein. Eines Tages brach es aus ihm heraus: »Mein Onkel Gaston de La Jallet hat mehrere Generationen mit seinen Kriegserlebnissen gequält. Soll ich nun auch in alle Ewigkeit von diesen Expeditionen faseln, die doch in Wahrheit wirtschaftliche, wissenschaftliche, humanitäre und künstlerische Ziele innehatten? Beide Expeditionen waren packende Abenteuer – die eine schwierig und glücklich, die andere vom Pech verfolgt und schmerzlich.« Mein Vater hat mir nie von seinen großen Reisen erzählt.

Als ich 20 Jahre alt war, verfügte ich über unermessliche Schätze, ohne es zu wissen, und das Leben nahm mich anderweitig in Anspruch. Meine »Suche« begann erst später, viel später. Ich fing an, die weit verstreuten Sammlungen zusammenzutragen, archivierte Berge von Dokumenten, rettete einige tausend in unseren Speichern vor sich hinmodernde Fotos vor Schimmel und Feuchtigkeit, spürte die Bücher über Entdeckungsreisen und wissenschaftliche Forschungen auf, die vor den Expeditionen gewissenhaft konsultiert wurden... Ich brachte die 120 Glasplatten in meinen Besitz, die bei Audouin-Dubreuils Konferenzen vorgeführt wurden. Ich fand seine Reisenotizen, die er in den Camps abfasste, seine persönlichen Tagebücher mit Aufzeichnungen, die nicht für die Öffentlichkeit bestimmt sind, Briefwechsel, mit ungeschminkten Wahrheiten gespickt. Ich entdeckte die erste Schreibmaschinenfassung von Le Fèvres Manuskript (400 000 Wörter) mit Anmerkungen von Audouin-Dubreuil und Notizen von Penaud. Ich vertiefte mich in die wissenschaftlichen Artikel des Jesuitenpaters Teilhard de Chardin, in die Schriften über die Forschungen Joseph Hackins, Konservator des *Musée Guimet*, und schließlich in die Dissertation des Naturkundlers André Reymond, die in der Versenkung verschwunden war. Es waren die Ergebnisse der Arbeiten, die während der *Croisière jaune* durchgeführt wurden. Endlich konnte ich die aus Asien mitgebrachten Gegenstände mit anderen Augen sehen: Beschwörung verschwundener Zivilisationen, Zeugnisse der Lebenskunst bereister Länder oder einfach nur Erinnerungen an glückliche Momente, manchmal auch tragische...
Meine Suche, beflügelt von tausend unerwarteten Wendungen, ist nun beendet.

Aus dieser vertiefenden Forschung hat sich ein menschlicheres, gefährlicheres, aber vor allem auch mehr der Wahrheit entsprechendes Bild der *Croisière jaune* ergeben als in dem 1933 publizierten »offiziellen« Bericht.
Der erste Teil umfasst den Expeditionsbericht, die erstmalige Durchquerung des asiatischen Kontinents im Automobil. Es war eine einzigartige Leistung, ein »sportliches« Ereignis ohnegleichen.
Im zweiten Teil werden die Arbeiten und Forschungen präsentiert, die während der Reise im Bereich Archäologie, Geologie, Biogeografie und Ethnologie durchgeführt wurden, wobei die Film- und Fototechnik der damaligen Zeit einen unschätzbaren Betrag lieferte.
André Citroëns Idee, der Expedition eine wissenschaftliche und künstlerische Dimension zu verleihen, dürfte letztlich der wahre Grund für die ungeheure Faszination sein, welche die *Croisière jaune* auf die Menschen der damaligen Zeit ausübte, eine Faszination, die bis heute anhält.

A. A.-D, Boulougne-Billancourt, Juli 2002

MINERVA
Présente :
LA CROISIÈRE
JAUNE
EXPÉDITION CITROËN CENTRE-ASIE
3e MISSION G.M. HAARDT-AUDOUIN-DUBREUIL
ABC

INHALT

PROLOG

Es ist ein gewagtes Unterfangen, im Frühjahr 1931 eine groß angelegte Automobilexpedition in das von Unruhen und Kriegen erschütterte Asien zu schicken, und angesichts der herrschenden Weltwirtschaftskrise mutet die neue *Mission Citroën* geradezu wie eine Provokation an. Aber kein Hindernis der Welt kann das Citroën-Projekt jetzt noch aufhalten. Die Citroën-Werke werden ihren Anhängern ein Abenteuer bieten, das als eines der kühnsten und faszinierendsten in die Geschichte des 20. Jahrhunderts eingehen wird und darüber hinaus wertvolle Beiträge in mehreren wissenschaftlichen und künstlerischen Bereichen liefert.

Die erste Sahara-Durchquerung 1922 kann als kurze Erkundungs-Rallye betrachtet werden. In 20 Tagen wird die Sahara durchfahren und ein Verkehrsweg zwischen Nordafrika und dem Niger eröffnet. Citroën hat ein Fahrzeug konzipiert, das auf eine Raupe montiert ist (Patent Kégresse-Hinstin), eine Technik, die bald bei Fahrzeugen in aller Welt angewandt werden wird. Darüber hinaus hat Citroën eine wesentliche Voraussetzung für die wirtschaftliche Erschließung Afrikas geschaffen, das bisher nur mit der Kamelkarawane, zu Fuß oder in der Piroge flussaufwärts erreicht werden konnte.

Die *Croisière noire* in den Jahren 1924 – 1925 dagegen hatte einen völlig anderen Charakter. Von Algier nach Madagaskar, 26000 km auf schmalen Fußpfaden oder durch ungebahntes Gelände in riesigen Wüsten, undurchdringlichen Wäldern, Fiebersümpfen. Diese zweite Citroën-Expedition stellt zweifelsfrei einen Rekord dar, was die Technik und das Durchhaltevermögen der Mannschaft anlangt. Darüber hinaus jedoch reiht sie sich mit ihren wirtschaftlichen, humanitären, wissenschaftlichen und kulturellen Zielen in die Tradition der großen Entdecker des 19. Jahrhunderts ein, die der Welt unbekannte Länder und Zivilisationen nahe bringen wollten. Berichte werden an die verschiedenen Ministerien übermittelt, etwa an die Ministerien für Auswärtige Angelegenheiten, Gesundheit, Luftfahrttechnik, Kolonien. Die Entwicklung Afrikas ist das Gebot des Tages.

Ab 1926 studieren Haardt und Audouin-Dubreuil unerforschte Gebiete auf den Weltkarten und Namen von Stätten, die in die Geschichte der Menschheit eingegangen sind. Eine neue Expedition kommt nur in Frage, wenn sie das Ansehen der Citroën-Werke stärkt. Zwei Projekte gehen aus den Überlegungen hervor: Mit dem Raupenfahrzeug den Südpol erobern oder Asien durchqueren. Der Südpol wird zunächst favorisiert und Asien verschwindet wieder in der Schublade. Eine Studie zu dieser Expedition, die bereits als *Croisière blanche* figuriert, wird unverzüglich in Auftrag gegeben. Aber der Plan wird schließlich aufgegeben, weil die Eisbrecher, die für das Gelingen der Expedition unerlässlich wären, zu teuer sind.

Am 7. Februar 1927 notiert Audouin-Dubreuil: »Was mir vorschwebt, ist die Ruinen-Route, der Weg der Eroberungen, die Seidenstraße, die Chinesische Mauer, das Abenteuer Marco Polos.« Das Projekt Asien taucht wieder aus der Schublade auf. Eine rote Linie wird quer durch die Karte Asiens gezogen und lässt die alten Handelswege der Seidenstraße wieder auferstehen.

1928 ist ein Jahr der Euphorie. In den luxuriösen Büros an der Place de l'Opéra wird die »Abteilung Asien« kreiert. Ingenieur Brull, der die Citroën-Labors leitet, errichtet in der Rue de Théatre die Versuchswerkstätten, die mit der Konzeption eines Prototyps des Raupenfahrzeugs »Typ Expedition, 4 Zylinder C 6 Sport« betraut wird. Die Konstruktionsarbeiten laufen unter größter Geheimhaltung an. Die ersten Entwürfe des Fahrzeugs werden von Mauguy bei Audouin-Dubreuil angefertigt, nicht in der Fabrik. Die Mannschaft Brull arbeitet auf Hochtouren, im nächsten Jahr sollen bereits Testfahrten in der Sahara stattfinden. Zwei Zeichner werden dem Ingenieur Kégresse für die Perfektionierung seiner Entwürfe zugeteilt. Im Citroën-Büro gehen die Berichte ein, aber Audouin, der Sahara-Kenner, protestiert wiederholt: Diese Berichte lassen seiner Meinung nach grundlegende Tatsachen wie die Beschaffenheit des Geländes außer Acht, vor allem aber werden die Dimensionen von Raum und Zeit unterschätzt, wesentliche Faktoren, die kein Wüstenfahrer übersehen darf.

In den Büros herrscht Hochbetrieb. Die Abreise soll in zwei Jahren stattfinden, im März 1930. Die Projekte nehmen Gestalt an. Mehrere Routen werden studiert und in Betracht gezogen. Die natürlichen Hindernisse, welche die Raupenfahrzeuge überwinden müssen, werden mit einkalkuliert. Die Wege werden lebenswichtige Handelszentren berühren und sind mit bedeutenden historischen Stätten geradezu gespickt.

Die erste Route gestaltet sich wie folgt: Beirut, Syrien, Irak und Persien, von dort aus Aufstieg zum Kaspischen Meer; dann ein Bogen nach Osten südlich des Aralsees, die Durchquerung Russisch-Turkestans und der Abstieg in die Provinz Sinkiang durch das Tarim-Becken; schließlich die Durchquerung der Wüste Gobi mit dem Ziel Peking. Nach Peking ist die Durchquerung Chinas von Norden nach Süden vorgesehen, außerdem eine Besuchsreise durch Indochina. Die Rückkehr soll über Siam, Birma, Nordindien, Afghanistan und eine neue Route durch Persien, Bagdad, Damaskus und Beirut erfolgen.

Lager in gebührender Entfernung von der Stadt Hami in der Nähe der Grenze zu Sinkiang.
1. Piat; 2. Sauvage; 3. Spetch; 4. Balourdet; 5. Kervizic; 6. Delastre; 7. Pecqueur; 8. Reymond; 9. Conté; 10. Paris (das Maskottchen); 11. Hackin; 12. Petrapavlovsky; 13. Haardt; 14. Point; 15. Pater Teilhard de Chardin; 16. Le Fèvre; 17. Dielmann; 18. Penaud; 19. Williams; 20. Audouin-Dubreuil; 21. Iacovleff; 22. Sivel; 23. Gauthier; 24. Nuret; 25. Chauvet; 26. Rémillier. Gauffreteau, der dieses Foto gemacht hat, ist nicht im Bild. Das gesamte Expeditionsteam wird auf den Seiten 168 – 173 vorgestellt.

Die zweite Route stellt eine Variante der Strecke zwischen Persien und Sinkiang dar und folgt von Anfang bis Ende den alten Wegen der Seidenstraße. Die Expedition durchquert Persien und Afghanistan über Kabul und Bamiyan. Dann überwindet sie den Wakhjir-Pass und das Pamir-Massiv bis Kashgar und nach Chinesisch-Turkestan hinein und setzt von dort aus ihren Weg durch das Tarim-Becken fort.

Nachdem die Routen feststehen, werden Emissäre durch Europa und Asien geschickt. Jetzt laufen die diplomatischen Bemühungen an. Pässe müssen beantragt, der Schutz der Regierungen in den jeweiligen Ländern erbeten, gangbare Wege erkundet, der Verpflegungsnachschub an Ort und Stelle organisiert und entsprechende Depots angelegt werden.

Georges Goerger reist mit der Transsibirischen Eisenbahn in die UdSSR, handelt mit der Sowjetregierung die Durchquerung Turkestans aus und erhält die Erlaubnis, Foto- und Filmkameras mitzuführen, unter der Bedingung, dass ein russischer Kameramann die Aufnahmen kontrolliert. Goerger setzt seine Mission in Indochina fort, spricht in Hanoi beim Generalgouverneur Pasquier vor, reist zu Pferd nach Luang Prabang in Laos, wo ihm der König die Erlaubnis erteilt, Pagoden und Paläste zu fotografieren. Schließlich kehrt er über Siam nach Frankreich zurück.

Vassoigne bricht mit Varnet zu einer Erkundungsmission nach Afghanistan auf. König Amanullah und Königin Soria waren einst Gäste von André Citroën in Paris gewesen und im Beisein von Staatspräsident Gaston Doumergue und Georges Clémenceau im *Musée Guimet* von Joseph Hackin empfangen worden, dem Leiter der *Délégation archéologique française en Afghanistan*, der bei den Afghanen sehr beliebt ist. Vassoigne findet einen gangbaren Weg, der durch dieses Gebirgsland zum Wakhjir-Pass führt, er organisiert den Verpflegungsnachschub und legt Material-Depots an. Vier Monate zu Pferd.

Audouin-Dubreuil und Iacovleff reisen nach London und sprechen beim Prince of Wales vor, denn die Rückkehr soll über Britisch-Indien erfolgen. Außerdem wird die Ausrüstung der Expeditionsteilnehmer in England gekauft (Kleidung, Waffen, Zelte etc.) sowie das Kartenmaterial, da die Karten, die der englische Generalstab erstellt, als hervorragend gelten. Die wissenschaftliche Ausrüstung (Geodäsie und Topografie) wird ebenfalls in London geordert.

Der Korvettenkapitän Pecqueur reist nach Persien zu Resa Schah, der 1925 die Kadjaren gestürzt und die Pahlevi-Dynastie gegründet hat. Pecqueur, ein geschickter Diplomat, sichert sich das Wohlwollen Seiner Majestät. Ein persischer Offizier, Absolvent der Militärakademie Saint-Cyr, soll die Expedition begleiten. Der König modernisiert sein Land. Handelsbeziehungen werden ins Auge gefasst.

Victor Point, ein junger Schiffsleutnant, erhält den Auftrag, die Route in China zu erkunden und die Verpflegung dort zu organisieren. Es ist eine gefährliche und diplomatisch äußerst heikle Mission. 1929 zählt China 400 Millionen Einwohner. Seit der Revolution 1911 herrscht blutiger Aufruhr im Land. Japan, das von der Washingtoner Konferenz als dritte Seemacht der Welt anerkannt wurde, infiltriert bereits die Mandschurei. Im Südosten Chinas baut Mao Zedong die künftige kommunistische Republik China auf. Chiang Kai-shek, Präsident der konservativ-nationalistischen Regierung in Nanking, führt einen erbitterten Feldzug gegen die kommunistischen Kräfte, während seine Provinzgouverneure die Situation ausnützen und quasi unabhängige Herrschaftsgebiete schaffen, die sich untereinander bekriegen. Der Gouverneur von Sinkiang ist seit der Revolution absoluter Herrscher über seine Provinz; er ignoriert die Weisungen Nankings. Die Passierscheine für Chinesisch-Turkestan können nur von dem mächtigen General King ausgestellt werden, der gerade seinen Vorgänger liquidiert hat. Außerdem droht jeden Augenblick ein muslimischer Aufstand in Sinkiang auszubrechen und in Kansu sind die Kämpfe bereits in vollem Gang.

In dieser brenzligen Situation muss Point seine Mission durchführen und er zeigt sich seiner Aufgabe bestens gewachsen. Er geht in Tientsin, dem Hafen von Peking, an Land, kontaktiert den Vertrauensmann Chiang Kaisheks, erhält Pässe, die 1932 erneuert werden müssen, trifft sich mit Professor Tsu-Ming-Yi, dem Leiter des *Institut franco-chinois*, und schließt mit der Organisation chinesischer Wissenschafts-Gesellschaften ein Abkommen, in dem die Bedingungen für die »chinesisch-französische Expedition im 19. Jahr der Republik« festgelegt werden. Die Einschränkungen sind beträchtlich: Es dürfen keine Routen aufgezeichnet oder archäologische Ausgrabungen unternommen werden und alle Filmaufnahmen müssen von den chinesischen Gelehrten, die die Gruppe Point begleiten sollen, kontrolliert werden. Nur die Erforschung der archäologischen Stätten ist erlaubt.

In Peking wird Pater Teilhard de Chardin, ehrenamtlicher Berater des *Service géologique de la Chine*, für die Expedition gewonnen. Seine Teilnahme ist wertvoll, da er von 1923–1927 mit Pater Licent, dem Gründer des Museums von Tientsin, mehrere Reisen in die Mongolei und ins Ordos-Gebiet unternommen hat.

Victor Point versucht die »Kriegsherren« zu kontaktieren, die über die militarisierten Gebiete in Nordchina herrschen. Die Mission erweist sich als undurchführbar, überall herrscht Chaos und Anarchie, stößt er auf Misstrauen und Feindseligkeit. Alle Bemühungen, beim Gouverneur von Sinkiang vorstellig zu werden, schlagen fehl. Point lässt sich nicht entmutigen, er reist zu den Mongolen, gewinnt die Gunst des Ala-Khan: In dem gesamten Gebiet entlang des Gelben Flusses verbürgen sich die Mongolen für die Sicherheit der Citroën-Expedition. Point betraut Wladimir Petropavlovsky mit der Organisation und Leitung der Verpflegungsexpedition. Petro hat zehn Jahre in China gelebt, er spricht Chinesisch und mehrere Dialekte. Er verhandelt mit der mächtigen chinesischen Firma Tsu-Heng, die seit Jahrhunderten auf Transportgeschäfte spezialisiert ist und dafür zwei Prozent des Gesamtwerts der Waren berechnet. Die Befrachter sind gezwungen, auf diesen Zwischenhändler zurückzugreifen, um bewaffnete Überfälle zu vermeiden. Zwölf Kamelkarawanen und 26 Büffelkarren werden quer durch China in die Kampfgebiete vordringen, um Materialdepots anzulegen (Benzin, Öl, Lebensmittel). Schließlich erhält Point vom Funkdienst des chinesischen Verkehrsministeriums die Zusicherung, dass eine Funkstation in Shanghai extra dafür abgestellt wird, täglich zwei Stunden mit der Expedition zu kommunizieren. Auf diese Weise können Funkkontakte zwischen der Expedition, Peking und der im Gelben Meer stationierten Marinedivision Fernost eingerichtet werden. Point lässt sich die Liste der chinesischen Funkstationen geben.

In Paris steht Anfang 1929 der Erfolg des Projekts Zentralasien außer Frage. In den Werkshallen der Rue de Théatre wird letzte Hand angelegt, ehe die Fahrzeuge in Südtunesien getestet werden. Citroën empfängt den Staatspräsidenten in seiner Fabrik. Das Außenministerium sichert die uneingeschränkte Unterstützung durch alle seine Vertretungen im Ausland zu. Die Post, Abteilung Telegrafie und Telefon, die an den Erfahrungen mit der drahtlosen Telegrafie (TS) über weite Distanzen interessiert ist, erteilt Haardt die Genehmigung, die drahtlose Telegrafie in den Ländern Asiens zu Forschungszwecken einzusetzen. Das Erziehungsministerium gewährt Joseph Hackin einen Zuschuss von 300000 Franc für den Erwerb archäologischer Sammlungen.

Das Naturkunde-Museum bewilligt einen Zuschuss von 10000 Francs. Weitere 10000 Francs gewährt das Völkerkunde-Institut für die Erstellung einer Dokumentation, die in einem eigenen Saal im *Musée de Trocadéro* präsentiert werden soll. Die *Société de Géographie* sichert ihre uneingeschränkte Unterstützung zu und gibt topografische und kartografische Aufzeichnungen in Auftrag. Die *National Geographic Society of Washington* hat einen Kooperations-Vertrag mit Citroën unterzeichnet und stellt einen renommierten Reporter für die Expedition ab. Monseigneur de Guébriant, Superior der *Société des Missions étrangères* (Verband der Auslandsmissionen), wird über die Situation in China um Rat gefragt. Der Bericht, den er an Haardt adressiert, zeigt klar die Gefahren auf: Zwölf Missionare wurden in den letzten drei Jahren ermordet, die Missionen müssen mit Waffengewalt verteidigt werden, es herrscht ständige Hungersnot... Der Superior sichert zu, dass seine Missionen in Kansu und an

den Ufern des Gelben Flusses die Expedition bei sich aufnehmen und betreuen und die von Plünderung bedrohten Depots bewachen werden. Flugzeugfabrikanten bieten ihre Dienste an, u. a. Farman, Blériot und Potez, der ein Flugzeug mit einklappbaren Flügeln in die Diskussion einbringt.
Die Mechaniker der Expedition haben ihre Fähigkeiten bereits in der Sahara unter Beweis gestellt. Die meisten Wissenschaftler sind ausgewählt, doch die Rekrutierungen gehen weiter, oft bei einem guten Abendessen im Maxim's. Citroën bewundert Kessel, fürchtet aber dessen Hang zum Alkohol. Eine Zeit lang schwebt ihm Mac Orlan vor, doch Audouin-Dubreuil versichert ihm, dass dieser »trotz seines Reisekostüms, seiner Golfhosen und seines Helms nicht dazu zu bewegen ist, die Grenzen Frankreichs zu überschreiten«. Alexandra David-Neel wird bei Haardt empfangen. Audouin sagt über sie: »Ich fand sie nicht sehr offen und nicht sehr sympathisch, obwohl ich ihren Mut, ihre Ausdauer und ihr Talent sehr bewundere.« Haardt, der völlig fasziniert von ihr ist, bietet ihr sofort 60000 Franc an. Madame Neel kassiert zwar das Geld, nimmt aber nicht an der *Croisière jaune* teil.

Und dann zerbricht der asiatische Traum innerhalb weniger Wochen. Die Schockwelle, die von der Wirtschaftskrise 1929 ausgelöst wird, erreicht mit einiger Verspätung auch Frankreich. Die Citroën-Mannschaft hat in ihrer Euphorie die Vorboten der Katastrophe übersehen. Dabei muss die Firma bereits im Juni einen Verlust von über einer Million Franc einstecken. Beim traditionellen Mittagessen des Verwaltungsrats bei La Pérouse drücken mehrere Mitglieder ihr Missfallen aus. Einige Ingenieure intrigieren gegen Citroën und Haardt. Schließlich platzt die Bombe: Die Bank Lazard macht sich in der Fabrik und in den Büros an der Place de l'Opéra breit, Citroën wird nach und nach kaltgestellt. Haardt, der aufgefordert wird, sein Projekt fallen zu lassen, das die »Invasoren«, wie sie von allen genannt werden, als Fehlinvestition ansehen, hat nur noch eine Statistenrolle inne.
In dieser brenzligen Situation stellen die Techniker und Mechaniker wieder einmal ihre Fähigkeiten und ihre Loyalität unter Beweis. Niemand denkt daran, das »große Projekt« aufzugeben; die Expedition wird auf Eis gelegt, aber die Konstruktionsteams lösen sich nicht auf. In der Rue de Théatre wird der Prototyp im Geheimen modifiziert und die Mechaniker arbeiten an der Perfektionierung der Wissenschaftswagen weiter. Brull reist unbemerkt in die USA, wo er mit Firmen, die regelmäßig Tonfilm-Wochenschauen auf die Beine stellen (eine Revolution in der damaligen Zeit), über den Kauf von Filmausrüstungen verhandelt. Die Firma Pathé-Nathan, mit der Citroën einen Vertrag unterzeichnet hat, wird vertröstet, ebenso die Zeitschriften, gegenüber denen Verpflichtungen eingegangen wurden. Mit anderen Worten, die Mannschaft der »Abteilung Asien« glaubt fest daran, dass der »Chef« sich etwas einfallen lassen wird, und gibt das Projekt nicht auf.
Und dann kommt tatsächlich der Umschwung: Im Juni 1930 verkündet Citroën in einer sensationellen Rede den Vertretern der Bank Lazard, dass sie entlassen sind. Haardt findet die richtigen Argumente, um Citroën zur Wiederaufnahme des Projekts zu bewegen: Es sei unverantwortlich, die vielen Freunde und Förderer des Unternehmens zu enttäuschen, angefangen mit dem Staatspräsidenten, das Ansehen der Citroën-Werke werde durch die Expedition gestärkt und überhaupt warte die ganze Welt auf das große Asien-Abenteuer. Der Aufbruch wird für April 1931 festgelegt.

Die Vorbereitungen gehen also weiter, noch hektischer als zuvor, aber die Expedition scheint vom Pech verfolgt zu sein.
Ende November zieht die Sowjetregierung ihre Einreiseerlaubnis zurück. Die Expedition muss also Afghanistan durchqueren. Dort ist jedoch gerade eine blutige Revolution ausgebrochen und Nadir Khan hat die Macht an sich gerissen. Nadir Khan ist zwar ein Freund Frankreichs, aber sein Land bleibt gefährlich. Die Überquerung des Himalaya und der hohen Pamir-Pässe muss ins Auge gefasst werden. Innerhalb von drei Monaten wird ein leichtes Fahrzeug konzipiert. Hauptmann Vivian Gabriel von der indischen Armee wird auf eine Erkundungsmission nach Kaschmir geschickt. Erst bei seiner Ankunft in Srinagar wird Haardt erfahren, ob es eine gangbare Route über das Gebirge gibt. Auch für die Durchquerung Sinkiangs ist bisher keine Erlaubnis in Paris eingegangen.
Da unter diesen Umständen das gesamte Projekt in Frage gestellt ist, wird die Expedition vorsichtshalber in zwei Gruppen aufgeteilt. Die »Pamir-Gruppe« mit Haardt und Audouin-Dubreuil wird von Beirut aufbrechen, Westasien durchqueren und die Hänge des Himalaya mit zwei Raupenfahrzeugen in Angriff nehmen. Eine Abordnung dieser Gruppe wird das Gebirge notgedrungen zu Pferd oder auf dem Maultierrücken überqueren müssen, um nach Kashgar (1400 km) zu gelangen. Die »China-Gruppe« unter Victor Point wird zur selben Zeit wie die Pamir-Gruppe mit schweren Halbkettenfahrzeugen in entgegengesetzter Richtung von Peking aufbrechen. Diese Raupenfahrzeuge, die ursprünglich für die Durchquerung Russlands konzipiert wurden, sind bereits nach China vorausgeschickt worden. Victor Points Gruppe soll China von Osten nach Westen durchqueren und in Kashgar mit der Pamir-Gruppe zusammentreffen.

Werden die beiden Gruppen ihren Treffpunkt in Kashgar erreichen oder muss Haardt am Ende doch noch den Rückzug antreten? Und wird es Point gelingen, unversehrt durch die Kampfgebiete zu kommen? Trotz aller Gefahren, die auf sie lauern, bricht die Mannschaft unerschrocken ins Abenteuer auf.

TEIL I

Die Odyssee der Raupenfahrzeuge auf der Seidenstraße

SION SCIENTIFIQUE & ARTISTIQUE FRANÇAISE
A TRAVERS L'ASIE
EXPEDITION
CITROËN CENTRE-ASIE
MISSION G-M. HAARDT
DUBREUIL
HAUT-TOP
AVANT
PLATEFORME A RIDELLES
GLACES
BEYROUTH
548
208
194
FRAGILE
BAS-BOTTOM

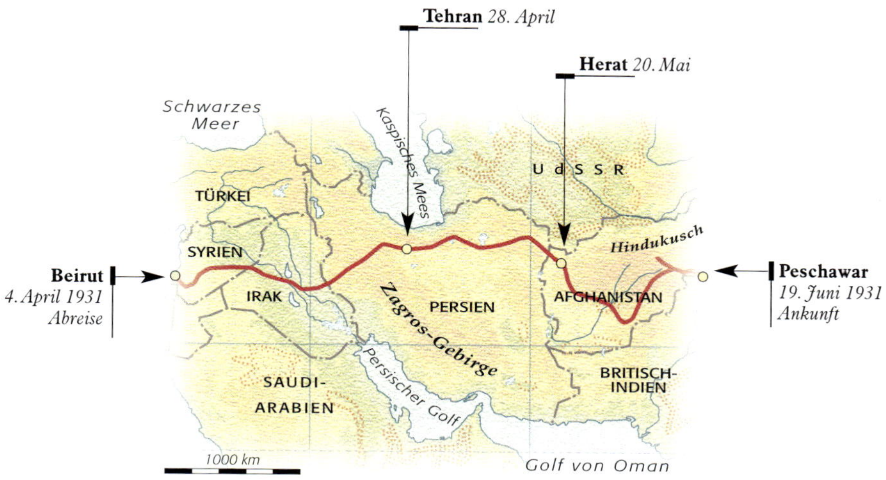

»Orangefarbenes Licht, bizarre Schatten, unsere Raupenfahrzeuge, die an der heißen Lehmwand schlummern, das Ticken des drahtlosen Telegrafen, gedämpfte Stiefeltritte auf den Orientteppichen: gutes Biwak 47.«

(Aus dem Tagebuch von Louis Audouin-Dubreuil)

Vom Libanon bis Kaschmir

Auf den Pfaden der Achämeniden, den Wegen der Römer und Griechen, der Seidenstraße

11. März 1931, auf See. Die *Amazone* segelt auf die Küste Ägyptens zu. Jourdan und Sauvage bekämpfen sich erbittert bei einem Würfelspiel. Sivel schreit jedes Mal auf, wenn Jourdan Punkte macht; Morizet lächelt leise; Williams, der berühmte Reporter der *National Geographic Society of Washington*, stößt immer wieder laute »Wow«-Rufe aus, ob aus Begeisterung oder weil er schockiert ist über die schlechten Manieren der Franzosen, sei dahingestellt. Audouin-Dubreuil zieht sich diskret in seine Kabine zurück. Nur die Einsamkeit, die Stille, die Reflexion helfen gegen das vage Unbehagen, das ihn seit der Abreise in Paris quält. 40 Menschenleben stehen auf dem Spiel, ein Gedanke, der Audouin und Haardt zu schaffen macht.

Es sind jetzt drei Jahre her, seit sie, über eine alte Asienkarte gebeugt, eine erste Route vom Mittelmeer zum Chinesischen Meer festgelegt haben. Nichts erschien ihnen damals unüberwindlich. In Afrika mussten sie nur gegen die Elemente kämpfen, aber in Asien sind es die Menschen, die sich ihnen den Weg stellen werden, ebenso wie eines der gewaltigsten Bergmassive der Welt. Die *Croisière jaune*, die »Gelbe Expedition«, die mehrmals aufgeschoben werden musste, die nicht genügend vorbereitet ist, wird den Männern viel Mut und enorme körperliche Widerstandskräfte abfordern, dazu eine große Solidarität und die Fähigkeit und Bereitschaft, ständig zu improvisieren.

Audouin-Dubreil ist sich dessen bewusst, er hat die Realität nie aus den Augen verloren – eine Klarsicht, die Haardt erbittert, weil er sie für Defätismus hält. Doch es bleibt fraglich, ob die Pamir-Gruppe es schaffen wird, eine gangbare Route entlang der Seidenstraße zu finden, jenen alten Handelswegen, auf denen seit der Antike der Warenaustausch zwischen China, Afghanistan, Persien und Arabien stattfand. Victor Point, der junge, enthusiastische Leiter der China-Gruppe, stellt sich vielleicht in diesem Moment in Tientsin, dem Hafen von Peking, dieselbe Frage: Wird er es schaffen, seine Mannschaft unversehrt durch die von Kriegen, Aufständen und Hungersnöten verwüsteten Gebiete zu führen?

Klaren Kopf bewahren, das ist die Hauptsache. Nein, es liegt kein Fluch auf der Expedition. Nichts als Aberglaube. Audouin-Dubreuil schreitet energisch in seiner Kajüte auf und ab. Das Dekor der betagten *Amazone*, das aus dem 19. Jahrhundert stammt – schwülstig, scheußlich, plüschig –, muss einer Entdeckerseele zuwider sein. Audouin sehnt den nächsten Tag herbei: Die Pyramiden in der gleißenden Wüste, der fruchtbare Nilgott, der Schatten und die feierliche Stille der Moscheen von El-Hassan,

SEITE 12 – 13: *Die Überquerung des Argandab, in der Nähe von Kandahar, Afghanistan, dauert drei Tage. Die Raupenfahrzeuge haben bereits den Fluss überquert, jetzt sind die beiden Lastwagen der Expedition an der Reihe.*
LINKS: *29. März 1931. Die* Mariette-Pacha *liegt im Hafen von Beirut vor Anker. Die Kisten mit den Raupenfahrzeugen werden ausgeladen.*

Mohammed Ali, El-Azar, die Schätze des Antikenmuseums, präsentiert von Williams, der dabei war, als das Tutenchamun-Grab geöffnet wurde – das alles wird seinen Hunger nach dem Unbekannten neu aufleben lassen. Er fragt sich, ob er auch so erschüttert sein wird wie Mariette, als dieser im Sand, unangetastet nach so vielen Jahrhunderten, den schlichten Fußabdruck des Menschen entdeckte, der das Grab geschlossen hatte. Aber keine Gefühlsduseleien – das ist der Beginn der Realitätsflucht.

DIE VORBEREITUNGEN IN BEIRUT

Am Morgen des 20. März zeichnet sich ein schmaler grüner Küstenstreifen ab, dahinter das Bollwerk der Libanonkette. Der Hafen von Beirut taucht aus dem Dunst auf. Kaum liegt das Schiff vor Anker, wird es von einem Schwarm von Booten umringt: Die Würdenträger Beiruts begrüßen den ersten Trupp der Gruppe Pamir. Wie anders die Abreise von Paris, die still und unauffällig in kleinen Grüppchen vonstatten ging, unbemerkt von den Journalisten, im Beisein des tief bewegten André Citroën, der jedes Mal zur Stelle war, die Arme voller Geschenke. Und hier nun dieser Trubel, die Repräsentanten der Regierung in feierlicher Gala, die gedrechselten Komplimente. Sauvage, Morizet und Sivel raufen sich die Haare, denn ihre Kameras und Tonaufnahmegeräte liegen wohl verwahrt und unerreichbar im »Filmwagen«. Williams stürzt in seine Kabine, um seine Leica zu holen. Jourdans Blick ruht spöttisch auf Audouin-Dubreuil, der die Komplimente mit einem Schwall von geschliffenen Phrasen erwidert. Audouin bleibt gelassen – solche Empfänge sind typisch für die französischen Auswanderer in den Gebieten, die noch unter französischer

Das Auspacken der Raupenfahrzeuge. Sie sind komplett montiert, mit dem gesamten Expeditionsmaterial und dem Gepäck der Mannschaft beladen und startbereit für die 12 000 km lange Strecke.

Herrschaft stehen. In den Ländern, durch die die Expeditionsteilnehmer kommen, müssen sie sich an die Etikette halten, denn sie vertreten Frankreich. Die offiziellen Besuche, die Empfänge nehmen kein Ende – pompös oder bescheiden, interessant oder öde, aber immer von einer Großzügigkeit und Gastfreundschaft, die Respekt verdient. Auch wenn es viel Kraft kostet nach einer anstrengenden Etappe, auch wenn man nur den Wunsch hat, bei den Kameraden im Biwak zu bleiben und sich auszuruhen. Diesmal ist es der Empfang des Staates Libanon, der 1918 von den Türken befreit und nach der Gründung des »Groß-Libanon« vom Völkerbund unter französisches Mandat gestellt wurde; 1926 erhielt er als Folge des Drusenaufstands eine Verfassung von Frankreich. Hier beginnt für die beiden Expeditionsleiter eine lange Reihe von diplomatischen Besuchen: M. Ponsot, der französische Hochkommissar; der Staatspräsident, ein maronitischer Christ; der Regierungschef, ein Sunnit; die religiösen Kongregationen; andere wichtige Persönlichkeiten ...

Beirut ist eine levantinische Stadt, der einzige Paradeplatz die *Place des Canons*. Die Straßen sind heruntergekommen, es riecht nach Pistazien und Hammelfett. Die *Residence des Pins* ist die Hochburg des mondänen Lebens; man betritt sie durch eine Säulenhalle mit geschnitzten Wandtäfelungen, die aus einem Palast in Damaskus stammen. Nachts tobt hier das Leben unter einem endlosen Sternenhimmel. Aber die Expedition muss weiter, der erste Lagerplatz ist in Bir-Hassan vorgesehen, 5 km von der Stadt entfernt. Die Aufgaben werden verteilt. Audouin-Dubreuil und Dr. Jourdan, der Arzt der Expedition, kontrollieren die Weiterleitung des ersten Teils der Verpflegung in Syrien. Das Film-und-Foto-Team, das den Auftrag hat, eine wissenschaftliche und kulturelle Dokumentation der bereisten Länder zu erstellen, arbeitet einen Aufnahmeplan aus. Fotografische Dokumente über die Stätten des Libanon sind spärlich, Filmdokumente inexistent. Das Team beginnt seine Arbeit mit Sidon, dem heutigen Saida und der damaligen antiken Metropole, von der die Phönizier auszogen, um die Kolonien Tyrus, Hippon und Karthago zu gründen. Dann folgen die Festungen der christlichen Ritter, die *Kraks des Chevaliers*, Zeugen ihrer flüchtigen Herrschaft, und schließlich das El-Beka-Plateau, wo das Team in den Ruinen von Baalbek, der »Sonnenstadt«, dem antiken Heliopolis der Griechen, seine Aufzeichnungen beendet.

Am 24. März herrscht Hochbetrieb auf den Quais, die *Mariette-Pacha* ist in Sicht. Sauvage und Morizet filmen die Reede und den Außenhafen von einem ihnen zur Verfügung gestellten Kriegsschiff aus. Die Hafenbecken sind extra geräumt worden, damit das Schiff direkt im Hafen von Beirut vor Anker gehen kann. Williams steht bereit, um dieses historische Ereignis festzuhalten. Audouin schiebt sich schützend zwischen ihn und die Menge und bewahrt ihn vor einem unfreiwilligen Bad im Meer. Im Gedränge befinden sich Herren in dunklen Anzügen und eleganten Hüten, Libanesen in weißer Djellabah und rotem Fes, Neugierige aus aller Herren Länder, armselige Bettler, die ihre Lumpen wie ein antikes Gewand tragen, lärmende Kinder. Die *Mariette-Pacha* dockt am Quai an, begrüßt

LINKS: *Lager in Bir-Hassan, 5 km von Beirut. Die Zelte wurden halbmondförmig mit Blick auf das Meer errichtet, im Hintergrund die verschneiten Gipfel der Libanonkette.* RECHTS: *Eine Schülergruppe besucht das Lager. Die Wagen sind beflaggt, die Filmleute präsentieren die Tonfilmausrüstung, die auf dem neuesten Stand der Technik ist.* La Croisière jaune *wird einer der ersten Tonfilme der Geschichte sein.*

von ohrenbetäubendem Jubelgeschrei und Fanfarenstößen. Am Bug steht Le Fèvre, der Historiograf der Expedition; Iacovleff, genannt Iaco, der Maler; Laplanche und Schuller, die Funker; Gauffreteau, Meister der Kochkunst. Über die Reling gebeugt, Ferracci, der Chefmechaniker, Bourgoin, Cécillon, Collet, Corset, Jocard, Le Roux, Normand, die »Frontkämpfer«, wie André Citroën sie nennt. Die Mannschaft tritt unverzüglich in Aktion. Aus den Tiefen des Schiffsbauchs tauchen sieben Kisten, je 5 m lang und 1,8 bis 7 Tonnen schwer, vor den Augen der stolzen und aufgeregten Mechaniker auf. Die Kisten sind mit dem Emblem der Citroën-Werke beschlagen (dem stilisierten schräg verzahnten Zahnradgetriebe) und tragen die Aufschrift: *Mission scientifique et artistique française – Expedition Citroën Centre-Asie* (»Französische wissenschaftlich-künstlerische Delegation – Citroën-Expedition Zentralasien«). Die Kisten enthalten die komplett montierten Raupenfahrzeuge, die Anhänger bereits angekoppelt, mit der gesamten Ausrüstung für eine zwölfmonatige Reise. Die Kiste mit der schweren Filmausrüstung schwebt langsam durch die Luft. Ferracci dirigiert atemlos das Manöver und die Landung verläuft ohne Zwischenfälle. Alle atmen auf. Am Abend erreicht die Kolonne Bir-Hassan. Die halbmondförmig aufgestellten Zelte blicken aufs Meer hinaus; der Bogen, den sie beschreiben, folgt dem Saum eines Pinienwaldes, dahinter die schneebedeckte Libanonkette, welche die grandiose Kulisse dieses ersten Biwaks bildet. Am nächsten Morgen inspizieren die Mechaniker das Material. Laplanche richtet den 15 m hohen Mast auf und nimmt die Einstellungen für den Funkverkehr vor, unterstützt von einem Funkingenieur, der extra aus Paris hergeschickt worden ist.

Le Fèvre nimmt Kontakt auf mit Beiruter Politikern, Intellektuellen, Gelehrten und Glaubensvereinigungen. Als Historiograf hat er die Aufgabe, seine Eindrücke festzuhalten, und so sammelt er wirtschaftliche und kulturelle Informationen. Zwanzig Religionen und Riten werden in diesem Landstrich praktiziert, der so viele Umstürze erlebt und so viele Fremde aufgenommen hat – römisch-katholische Christen, griechisch-orthodoxe Katholiken, orthodoxe Griechen, Maroniten, orthodoxe Armenier, Melchiten, Syrier, Chaldäer, Protestanten, Ismaeliten, Muslime, Alawiten, Tscherkessen, Schiiten ... Die Jesuiten, die das Ordnungsprinzip im Beiruter Leben zu verkörpern scheinen, erweisen sich als kompetente Führer zu den historischen Stätten. Sie begleiten die Filmleute, den Schriftsteller und den Maler zu den fruchtbaren, terrassierten Hängen der Libanonkette, wo Tabak, Getreide, Maulbeer-, Oliven- und Feigenbäume, Weinstöcke und Gemüse inmitten von Ahornbäumen und Platanen gedeihen. Die Exkursion wird bis Baalbek am Rand der Wüste fortgesetzt. Während die ersten Erkundungsmanöver anlaufen, reist Audouin-Dubreuil nach Haifa, wo er mit Haardt zusammentrifft. Der Chef der Expedition

LINKS: *Offizieller Besuch im Lager Bir-Hassan. Von links nach rechts: Georges Marie Haardt, Leiter der Expedition, Mme de La Gorce, Olivier de La Gorce, Vize-Präsident der* National Geographic Society of Washington. RECHTS: *Die Ruinen von Baalbek auf dem El-Beka-Plateau. Das Filmteam, der Fotograf und der Historiograf besichtigen die Überreste dieser Stadt, die von den Phöniziern gegründet und unter Kaiser Augustus zuerst griechisch, dann römisch wurde.*

kommt in Begleitung von Goerger, seiner rechten Hand. Haardt wirkt etwas exaltiert, von dem ruhigen Selbstvertrauen, das er sonst ausstrahlt, ist nicht viel zu spüren. Immer wieder ruft er aus: »Wir schaffen es!« Gleichzeitig verkündet er knapp, dass die Verhandlungen mit dem Gouverneur von Sinkiang noch immer nicht zum Ziel geführt hätten. Audouin weiß, dass sich hinter Haardts Einsilbigkeit die Angst vor einer möglichen Enttäuschung verbirgt, und dringt nicht weiter in ihn. »Waren Sie schon im Museum von Kairo?«, fragt er stattdessen. Die Frage bringt Haardt sichtlich in Verlegenheit. Er zögert einen Augenblick, dann sagt er: »Nein, ich wollte nicht Tutenchamuns Grabesruhe entweihen, so wie es Sir John Carter getan hat. Sir John Carter ist tot. Die Pyramiden haben allen Unglück gebracht, die versucht haben, die Vergangenheit ans Licht zu zerren.« Ein Jahr später erinnert sich Audouin wehmütig an diese Worte. Hatte Haardt vielleicht eine Todesahnung?

Die Pamir-Gruppe ist vollzählig. Der letzte Empfang findet im Biwak statt. Die französische und die amerikanische Flagge wehen über den sieben Raupenfahrzeugen, die am Eingang des Lagers aufgereiht sind. Das Ehrenzelt wird aufgebaut, Tücher über die Tische gebreitet, das Keramikservice mit dem Goldskarabäus und dem Silberhalbmond, den Emblemen der beiden Expeditionsleiter, aufgedeckt, von Iacovleff gepflückte Klatschmohnsträuße dazwischen gestellt. Der Ehrengast an diesem Tag ist Dr. de La Gorce, Vize-Präsident der *National Geographic Society of Washington*, in Begleitung seiner Gattin. Williams, der Reporter dieser gelehrten Gesellschaft, die tausende Mitglieder in aller Welt zählt, erweist sich als mitreißender Unterhalter. Die Krönung des Tages ist ein Telegramm von André Citroën, der den Reisenden viel Erfolg wünscht und ihnen Victor Points Botschaft an die Citroën-Werke übermittelt: »Die China-Gruppe wird am 6. April vollzählig von Tientsin aufbrechen.«

DIE SYRISCHE WÜSTE

4. April 1931. Die Raupenfahrzeuge stehen an der Startlinie bereit, die Motoren laufen, das Signalhorn ertönt, die Spahis präsentieren die Gewehre, der Konvoi setzt sich gen Sonnenaufgang in Bewegung, eine Richtung, die er monatelang beibehalten wird. Auf 1600 m Höhe wird der erste Pass überquert, dann geht es bergab durch die riesige Alluvialsenke El Beka, die zwischen den beiden hohen Mauern des Libanon und Antilibanon eingeschlossen ist. Jenseits der Ruinen von Baalbek beginnt die syrische Wüste. Audouin packt Le Fèvre, der neben ihm im Auto sitzt, am Arm. »Einen Reisenden, der sich auf ungebahnten Wegen bewegt, trennen Welten von einem, der die Straße nimmt. Von jetzt an treten wir in die Fußstapfen der Römer.« Seine Stimme ist leidenschaftlich. Le Fèvre kritzelt diese Bemerkungen trotz des Gerüttels in sein Notizbuch. Iaco hat

LINKS: *Begegnung in der Wüste: Ein Scheich der Haddadinen-Nomaden mit seinem Sohn; sie tragen den* keffieh *und das traditionelle Gewand, die* habaya. OBEN RECHTS: *Ankunft in Damaskus. Die Tscherkessen der französischen Armee stürmen in wildem Galopp daher.* UNTEN RECHTS: *Die Raupenfahrzeuge auf einer Piste in der syrischen Wüste.*

ihn vor ein paar Tagen gefragt: »Wie soll ich jemals den richtigen Ausdruck finden, um die Seele eines Menschen zu beschreiben, wenn sich mir so viele verschiedene Modelle bieten?« Der Schriftsteller erwidert: »Wie soll man überhaupt je wiedergeben, was wir hier erleben?«

40 km vor Damaskus legt die Expedition einen unfreiwilligen Halt ein und die Chefs beraten sich mit Ferracci. Die leichten Raupenfahrzeuge, die erst vor wenigen Wochen fertiggestellt wurden, konnten aus Zeitmangel nicht getestet werden. Die Zähler haben beim Abladen in Beirut 100 km angezeigt, die Motoren müssen »gereinigt« werden. Der Küchenwagen kommt auf den steilen Steigungen nur mühsam voran, auch der schwere Filmwagen hält den Konvoi durch häufiges Anhalten auf, da sein Motor sich zu sehr aufheizt. Schließlich werden die Raupen von jeglichem Ballast befreit und die überschüssige Last, etwa zwei Tonnen, auf zwei gemietete Lkws verladen. In Audouins Augen sind die Halbkettenfahrzeuge eine verhängnisvolle Fehlentscheidung. Räderfahrzeuge wären schneller und wendiger gewesen auf dieser Route, die bis zu den Ausläufern des Kaschmir-Gebirges nur wenige schwierige Abschnitte aufweist. Man hätte also kostbare Zeit sparen und stattdessen längere Aufenthalte an den Fundstätten einlegen können, die für die Künstler und Gelehrten besonders interessant sind. Haardt, der an den Raupen festhielt und nicht auf die Himalaya-Überquerung verzichten wollte, hatte diesen Vorschlag abgelehnt. Audouin vertraut seinem Tagebuch an, was er Haardt nicht sagen will: »So viel vergeudete Zeit, so viel unnütze

OBEN LINKS: *Der Sohn eines Nomadenhäuptlings hat sein Kamel mit einem Ford vertauscht.* OBEN RECHTS: *Das Camp wird ein paar Kilometer von Damaskus entfernt errichtet, vor dem Fort Général-Gouraud.* UNTEN: *Damaskus, Lager Gouraud. Vor den Raupenfahrzeugen, die mit flatternden Standarten bereitstehen, wartet ein tunesischer Spahi auf die Befehle von General Vix.*

Schinderei! Nun müssen wir uns trotz der modernen Mittel, über die wir verfügen, wie Reisende früherer Zeiten dem langsamen Rhythmus der Karawanen anpassen.« [1]

6. April, ein Punkt in der Wüste: Damaskus. Eine Schwadron Reiter galoppiert in einer Staubwolke daher. Die Pferde streifen fast die Fahrzeuge, stieben davon, machen kehrt, kommen zurück, donnern an den Raupen vorbei, führen einen wahren Teufelstanz auf. Es sind die Tscherkessen der französischen Armee, die die Expedition, zu zwei Kolonnen formiert, bis an die Tore des Fort Gouraud eskortieren. General Vix lässt seine Truppen vor Haardt Revue passieren: marokkanische Infanteristen, tunesische Spahis, Madagassen, kaukasische Tscherkessen mit wilden Gesichtern und Pelzkappen, einen Gürtel um ihr langes Hemd geschlungen, die *nagaika* [2] in den Stiefel gesteckt. Panzer fahren auf, hunderte Pferde traben vorbei: ein wahrhaft grandioses Spektakel.

Die syrische Menge bleibt stumm und unbewegt. Syrien wurde 1922 vom Völkerbund unter französisches Mandat gestellt. Der Staat hat drei Millionen Einwohner und die Bevölkerung von Damaskus variiert je nach Jahreszeit mit dem Umherziehen der Karawanen, die aus Asien kommen und sich eine Zeit lang in den Karawansereien ansiedeln. Die Hauptstadt Syriens, hinter deren Toren die Wüste beginnt, liegt im Herzen einer Oase aus Wiesen und Gemüsegärten, die von den sieben Armen des Barada bewässert werden. Ein reicher Ort, so präsentiert sie sich dem Ankömmling. Doch in Wahrheit hat diese Stadt aus biblischer Zeit ihr Gesicht verloren. Man kann sich nur schwer vorstellen, dass sie einst eine Hochburg islamischer Kunst gewesen sein soll. Einzig der omaijadische Gebäudekomplex der Großen Moschee mit ihren herrlichen Mosaiken und einigen schönen Minaretten erinnert noch an die glanzvolle Vergangenheit. Ansonsten ist die Stadt eine einzige Baustelle, Prachtstraßen werden angelegt, und an manchen Stellen stößt man auf die Stacheldrahtzäune, die noch von den vergangenen Kämpfen zeugen. [3]

Syrien steht seit 1920 unter französischem Mandat. General Vix lässt die Truppen vor Haardt Revue passieren. Die marokkanischen Infanteristen, die tunesischen Spahis, die kaukasischen Tscherkessen, die Madagassen defilieren an den Expeditionsteilnehmern vorbei.

Am nächsten Morgen wird in aller Frühe das Lager abgebrochen. Sauvage und Morizet treten in ihrem »Filmwagen« in Aktion. Das rote Fahrzeug kreuzt unaufhörlich die Bahn der aufmarschierten Kolonnen. Marokkaner in weißen Umhängen, Spahis in roten Burnussen und tscherkessische Reiter wird man nun in der ganzen Welt bewundern. Die Straße wird zur Piste. Plötzlich stellt sich heraus, dass der Fotograf verschwunden ist. Das Team kehrt um und findet ihn in der glühenden Sonne. Den Fotoapparat um den Hals geschlungen, das schwere Stativ über der Schulter, marschiert Williams zielstrebig in die Wüste hinein. Er pfeift ein amerikanisches Lied. Wortlos steigt er in den Wagen, schweigt verbissen. Die erste Missstimmung, die alle bedrückt. Iaco, der die Harmonie wiederherstellen will, bringt Williams schließlich zum Reden. Dass man ihn vergessen hat, scheint den Amerikaner nicht zu stören. Dagegen ärgern ihn der »Filmwagen« mit seiner hässlichen roten Farbe und die Filmleute, die ständig vor seinem Objektiv hin und her rennen und in ihr Megafon schreien. Das sei unerträglich, beklagt er sich, es hindere ihn am Arbeiten, sie seien keine Gentlemen.

In Palmyra schlafen die Männer zwischen den Ruinen und Grabmälern, deren Steine über den Boden verstreut sind. Als sie im Morgengrauen die Zeltklappe beiseite schieben, fällt ihr Blick auf den Sonnentempel, auf die Türme und die Festung oben am Hang. Ruinen, die den heroischen Kampf zwischen Aurelian und der Königin Zenobia heraufbeschwören. Mitten unter diesen Ruinen sind hier und da Kamelhaarzelte zu sehen, Zeugnisse einer jüngeren Vergangenheit, deren Traditionen allmählich verloren zu gehen drohen. Eine Haddadinen-Karawane [4] hat in der Nacht ihr Lager aufgeschlagen. Die Männer tragen den *keffieh*, der mit einer doppelten schwarzen Kordel, *algal* genannt, um den Kopf geschlungen ist. Das Oberhaupt des Stammes erkennt man an der gold- und silberbestickten *habaya* [5], die über sein langes Gewand drapiert ist. Neben ihm hält sich sein Falkner bereit, den Vogel auf der Faust. Die Nomaden sind mit Karabinern bewaffnet und vor dem Zelt des Häuptlings parken zwei Buicks.

OBEN: *Pater Poitebard, Flieger und Archäologe, landet mit seiner Potez 20 in der syrischen Wüste, um seinen französischen Freunden Lebwohl zu sagen.* MITTE: *Der Pater lebt im Libanon. Auf seine Initiative hin wurden zum ersten Mal archäologische Stätten aus der Luft gesichtet, festgehalten und fotografiert.* UNTEN: *Empfang im Lager Palmyra: Mme d'Andurin mit ihrer holländischen Freundin, einer Abgesandten des Völkerbunds, sowie der Enkel Abd el-Kaders. Mme d'Andurin leitet das einzige Hotel in Palmyra.*

Aber Palmyra ist eine Welt der Kontraste, was manchmal etwas verwirrend sein kann. Nicht weit von den Ruinen, in Mme d'Andurins Hotel [6], trifft sich eine bunt gemischte Gesellschaft – die Oberhäupter der arabischen Stämme, der Enkel Abd el-Kaders [7] im Tarbusch [8], Legionäre, eine Holländerin, die angeblich vom Völkerbund zu den Beduinen geschickt wurde, Engländer vom *Intelligence Service*. Die Abende dort sind sehr fröhlich. Der Kaffee ist mit *helle* gewürzt, das dieselbe Wirkung hat wie Opium. Die Reisenden würden gern verweilen, aber sie müssen ihren Zeitplan einhalten, wenn sie den Erfolg der Expedition nicht gefährden wollen. Haardt gibt das Zeichen zum Aufbruch, trotz des Regens, der jetzt nach dem Sandsturm fällt. Es dauert nicht lange, bis Williams zu meutern anfängt: »Und das Verdeck, Monsieur Haardt?«

»Das wäre unsportlich«, antwortet Haardt trocken.

»Ach, und Sie finden es sportlich, wenn man bis auf die Knochen nass wird?«, ruft Williams mit seinem unnachahmlichen Akzent.

Die beiden schwer beladenen Lastwagen fressen sich mehrmals fest. Der Benzinverbrauch schwankt auf schwierigem Terrain zwischen 40 und 50 Liter per 100 km.

Letztes Lebewohl Frankreichs an die Expeditionsteilnehmer nahe der Grenze zum Irak: Eine Potez 20 setzt im Sand auf und ein fröhlich grinsender Mann windet sich heraus, der »Mönchssoldat«, wie er manchmal auch genannt wird. Es ist der Jesuitenpater Poitebard, ein Kartograf und Archäologe, der als Erster archäologische Fundstätten vom Flugzeug aus aufgespürt und fotografisch festgehalten hat. Pater Poitebard hat aus der Luft vier römische Militärgrenzen erspäht, die er morgen am Boden lokalisieren will.

Von Palmyra, einst Hauptstadt des Orients, sind nur noch Ruinen zu sehen. 1931 dient es als Treffpunkt für die Nomadenstämme, ein Ort, an dem sich zahlreiche Pisten kreuzen. Scheich Naouaf hat seine Männer zu einer Besprechung zusammengerufen.

BAGDAD UND MESOPOTAMIEN

Die Expedition erreicht am 15. April Rutbah, einen befestigten Grenzposten. Auf einer Mauer weht die irakische Flagge mit den zwei Sternen, die den Euphrat und den Tigris symbolisieren, und daneben ragen die Masten einer Funkstation auf. Soldaten in Khakiuniform, ein Abzeichen mit arabischen Schriftzügen am Kragen, inspizieren die Wagen. Die englischen Mehari-Reiter, in Wüstenkluft, mit silbernem Patronengürtel um die Hüfte, halten sich im Hintergrund. Es ist bezeichnend für die Situation dieses Landes, das seit dem Abschluss des Bündnisvertrags mit Großbritannien 1930 eine konstitutionelle Monarchie ist. Die Engländer behalten ihre Militärbasen und ein Mitspracherecht bei den wichtigsten Angelegenheiten. Der Irak wartet auf die Anerkennung seiner Unabhängigkeit durch den Völkerbund.

Langsam bewegt sich die Kolonne auf Bagdad zu. Die Sonne knallt herunter auf die trockenen, endlosen Weiten. Dann eine atemberaubende Vision. Audouin fasst es in Worte: »Und endlich erreichen wir die Ufer des Euphrat. Es gibt für mich nichts Schöneres als diesen Anblick – ein großer Strom, der sich in die Wüste ergießt, der seinen Lauf mit aller Macht beschleunigt, als habe er es eilig, ringsum neues Leben erblühen zu lassen.« Wie in uralter Zeit begleiten *couffas* – große, runde, verpichte Flechtkörbe – die Fähre, welche die Männer und Wagen über den Fluss bringt. Am anderen Ufer eine geteerte Straße, auf der die Männer nach links gewiesen werden. Hier hat England einen Stützpunkt in dem langen Korridor errichtet, der sich bis Indien erstreckt. Der Tigris wird überquert. Bagdad, Sitz der Kalifen, Hauptstadt während fünf Jahrhunderten, taucht majestätisch im Abendlicht auf, überall ragen Minarette in den Himmel. Ein trügerischer Anblick. Die Stadt ist heruntergekommen, die Häuser, die sich terrassenförmig an den Hängen hinaufziehen, sind armselig und halb verfallen. Es gibt eine einzige Straße, die New Street. Mitten auf dem Gehsteig werden Hammel über offenem Feuer gebraten, Wechselbuden reihen sich unter den Arkaden aneinander, eine bunte Menge strömt hier vorbei: Perser, Syrer, Armenier, Kurden, Türken, Araber aus der Wüste, Araber aus den Oasen, Inder ... Es ist schwierig, in diesem Völkergemisch die Iraker auszumachen.

Während das Lager aufgebaut wird, sprechen die Expeditionsleiter beim König und beim Hochkommissar vor. Sir Humphrey, Oberst der Luftwaffe, empfängt sie überaus herzlich mit Whisky und Soda. Die Unterhaltung kreist um den letzten Zwischenfall: Der General, der die englische Luftwaffe befehligt, wurde bei einer Militäraktion gegen die aufständischen Kurden schwer verletzt. Die Expedition wird nicht weit von diesem Gebiet die Wüste durchqueren. König Feisal, der Sohn des Scherifs von Mekka, lädt Haardt und Audouin in sein Landhaus mitten in einer kahlen Ebene ein. Die beiden sind gespannt auf diesen Mann, der mit Colonel Lawrence den arabischen Aufstand gegen die Ottomanen-Herrschaft geführt und neben General Allenby an der Eroberung von Damaskus teilgenommen hat. Der König, der im grauen Anzug erscheint, empfängt sie ohne allen

LINKS: *Gebet in einer schmucklosen Moschee in Palmyra, die im Innern eines großen antiken Tempels errichtet wurde.* OBEN LINKS: *Bagdad, im 8. Jahrhundert abassidische Hauptstadt, erlebte seine Blütezeit unter der Herrschaft Harun al Raschids; die Große Moschee ragt majestätisch im Abendlicht auf, strotzend vor Minaretten.* OBEN RECHTS: *Überquerung des Tigris in Bagdad; die Wasserfahrzeuge werden aus Pflanzenfasern geflochten und mit Pech versiegelt. Der Legende nach wurde Moses als neugeborener Knabe in einem solchen Korb auf dem Nil ausgesetzt.*

Pomp und zeigt lebhaftes Interesse an den Halbkettenfahrzeugen, mit denen er seine Armee ausrüsten möchte. Als die Expeditionsleiter ins Biwak zurückkehren, sagt Haardt zu Audouin: »Haben Sie die kleine Rasenfläche vor dem Palast bemerkt, die so unglaublich grün aussieht? Wenn Sie mich fragen, ist dieser Rasen das Einzige, was Seine Majestät von den Engländern zu übernehmen wünscht.«

Die Expedition verlässt die mesopotamischen Ebenen und taucht in eine starre, halb tote Welt ein: Selenit, Mergel, Sandstein. Von alters her Kampfzone und Berührungspunkt mit dem Nomadentum, ein natürliches Bindeglied zwischen einer ganzen Gruppe von Regionen. Wie in biblischen Zeiten mähen die Nomaden das Gras mit der Sichel.

DAS IRANISCHE HOCHPLATEAU

Am 21. April erreicht die Expedition die zweite Grenze, die den Irak von Persien trennt. Zaher Schah, der König von Persien, schickt der *Mission Citroën* einen Geleitschutz in Gestalt des Oberst Esphandiary-Noury entgegen. Der Oberst ist Absolvent der Militärakademie Saint-Cyr und hat im Ersten Weltkrieg gekämpft. Er spricht hervorragend Französisch.

Die Raupenfahrzeuge quälen sich die ersten Hänge des Zagros zum 1600 m hohen iranischen Hochplateau hinauf, das sie erst nach 4000 km hinter sich lassen werden, um in die heißen indischen Ebenen abzusteigen. Die Expedition durchquert hohe Täler zwischen parallel gelagerten, wenig zerklüfteten Bergketten, die wie massive Mauern wirken. Die verschiedensten Vegetationsarten wechseln sich je nach Höhenlage ab, schillern in einer Farbpalette von Lila-, Ocker-, Grün- und Rottönen. »Leuchtend wie Perserteppiche«, bemerkt Iaco. Stolze Reiter tauchen immer wieder in dieser Stein- und Pflanzenwelt auf - die Kurden. Sie sind Nachfahren der Mederstämme, die im Lauf der Jahrhunderte die Assyrer, Achämeniden, Sassaniden und Perser besiegt haben. Sie haben die Revolution von 1906 angeführt. Gleichmütig ziehen sie vorüber, diese mittelalterlichen Herren, die in Lehmfestungen hausen und über Leibeigene herrschen. Kermanshah ist ihr Handelszentrum, die Expedition kampiert

SEITE 26 – 27: *New Street, die Hauptstraße von Bagdad. Am Abend breiten die Händler ihre Waren auf den Holzbänken des Baumwoll- und Gewürzmarktes aus.* OBEN: *Die Landschaft bei Kermanshah gleicht einer persischen Miniatur; die Festungen, Moscheen und Grabmäler aus rohen Lehmziegeln lösen sich in der rauen Witterung auf. Wie in uralter Zeit wird das Gras mit der Sichel gemäht.* RECHTS: *Takht-i-Bustan (Region Kermanshah); auf einer Höhlenwand ein Basrelief aus dem 6. Jahrhundert, das eine Wildschweinjagd in den Sümpfen darstellt. Die Wildschweine werden von Elefanten gehetzt, während die Bogenschützen im Boot auf der Lauer liegen.*

MARKAR

dort einige Tage. Zwei archäologische Stätten werden auf Wunsch von René Grousset, der in Hackins Abwesenheit das *Musée Guimet* leitet, besichtigt und erforscht: Das achämenidische Bisutun, wo Darius ein Basrelief in den Felshang schlagen und mit Inschriften versehen ließ, die seinen Sieg über Gaumata[9] verherrlichen; und Takht-i Bustan, eine sassanidische Stätte, die zu Ehren von König Chosro II. errichtet wurde. Grousset interessiert sich für eine der Prinzengestalten, denn er möchte sie für eine vergleichende Studie mit einer der Figuren heranziehen, die an der Seite des Kolossal-Buddhas von Bamiyan in Afghanistan schreitet und eine sassanidische Mütze trägt.

Auf der Strecke nach Teheran sind die Dörfer rot. Erdwände, in die manchmal ein paar Backsteine von etwa 10 kg eingearbeitet sind, die man aus den Ruinen einer Sassanidenburg oder einer verfallenen Moschee herausgerissen hat; Dächer aus Reisig und Stampferde. Überall Armut und dumpfes Elend. Die verschleierten Frauen ergreifen die Flucht, sobald man sich ihnen nähert. Die Männer tragen die obligatorische persische Kopfbedeckung, den *pahlevi*, eine Art Käppi, und unter ihren Mänteln verbergen sich oft schäbige Fetzen. Die Kinder sind ebenfalls zerlumpt. Es sind die Iraner, Halbnomaden, Opfer der rücksichtslosen Modernisierung des Landes. Esphandiary, der diskrete Begleiter, ist zu höflich, um den Künstlern zu sagen, dass sie die Armut nicht darstellen dürfen. Bei jedem noch so kurzen Halt fertigt Iaco Skizzen an, Sauvage und Morizet drehen, Williams fotografiert. Diese wiederholten Verstöße gegen die Vorschriften bringen den Oberst schließlich auf die Barrikaden. »Überlassen Sie mir diese Fotos, die doch völlig uninteressant sind«, schlägt er vor. »Ich gebe Ihnen Bilder, die auf einer Rundreise Seiner Majestät entstanden sind, als er seine großen Bauprojekte besichtigt hat.«

»Die Schahs von Persien wechseln, aber das Volk bleibt«, erwidert Sauvage empört.

Haardt muss seine gesamte Diplomatie aufbieten, um einen Eklat zu vermeiden. Mit Engelsgeduld hört er sich die Vorschläge des Schah-Gesand-

OBEN: *Lager in Persien auf den Hochplateaus des Zagros-Gebirges.*
UNTEN: *Das kleine Mädchen hat Maynard Owen Williams mit seinem Lächeln verzaubert.*

ten an. Resa Schah hat sich 1925 zum König krönen lassen, nachdem er die Kadjaren verjagt hatte. Mit seinen alten Waffengefährten, den Kosaken, herrscht er seither uneingeschränkt. Es hat heftige Kämpfe zwischen den Nomadenstämmen und Regierungstruppen gegeben, aber inzwischen ist Ruhe eingekehrt.

Der Schah modernisiert sein Land, die Frauen dürfen den Schleier ablegen, in Teheran sieht man allmählich ihre Gesichter. Teheran ist eine westliche Stadt. Die Wirklichkeit ist jedoch weit entfernt von den Erwartungen der Expeditionsteilnehmer und der erste Eindruck erschütternd: breite Avenuen, überall Baustellen, neue Straßen, mit rücksichtsloser Kühnheit konzipiert – die Altstadt wird abgerissen. Die Expedition wird mit großem Pomp begrüßt, der Empfang des »offiziellen Persien«. Haardt und Audouin, begleitet von Esphandiary, statten endlose Besuche ab. Persien steht politisch unter dem Einfluss der Engländer und Russen; in kultureller Hinsicht ist das Land jedoch von Frankreich geprägt. Das ganze gebildete Persien spricht Französisch.

»Der Gesprächston orientiert sich am subtilen, farblosen Stil der Gesandtschaften«, vertraut Audouin Le Fèvre an, der sich der Kontrolle des Obersts entziehen konnte und Kontakt zu einem ehemaligen Minister aufgenommen hat, einem Oppositionellen und Dichter, der sich den Traditionen des alten Persien verpflichtet fühlt. Khan Malek, ein Mann mit Hängeschnauzer und Kalmückengesicht, der die verbotene *kola* [10] trägt, führt Le Fèvre, Iaco und Sivel in einer *droujiké* [11] mit zwei ausgemergelten Pferden davor in die Viertel, die bisher dem Abrisshammer entgangen sind. Ein Gewirr von winzigen Gässchen. Frauen huschen wie furchtsame Schwalben im schwarzen Seidentschador und *pitché* vorüber, einer Art Rosshaarvisier, das wie ein abgeflachter Entenschnabel aussieht. Portale führen in die Innenhöfe kleiner *medersas* [12], wo sich Platanen in den Wasserbecken

Teheran, 28. April; 20. Lager: Das Nordtor der Stadt, eines der zwölf Portale, die mit prunkvollen Mosaiken geschmückt sind. Die Hauptstadt, in der Resa Schah residiert, seit er 1925 die Macht an sich gerissen hat, zeigt zusehends ein westliches Gesicht. Frauen dürfen unverschleiert gehen, aber die schönen Iranerinnen tragen dennoch den schwarzen Seidentschador.

OBEN: *Die Schahs von Persien wechseln, die Traditionen bleiben; die Uniform dieses Wächters gleicht verblüffend der seines Vorgängers, der einst wie er den Golestan-Palast bewachte. Allerdings trägt der Wächter von 1931 den* pahlevi, *die Kopfbedeckung, die Resa Schah bei seiner Machtergreifung einführte.* **UNTEN:** *Der Takthe-Marmar-Palast, Audienzsaal mit Marmorthron. Auf einem Wandbild das Porträt eines Perserkönigs der Kadjaren-Dynastie mit seinem Hofstaat, zu der Zeit, als Gobineau französischer Gesandter in Teheran war (um 1860).* **RECHTS:** *Das moderne Viertel von Teheran. Alte Paläste werden eingerissen, um breite Prachtstraßen zu schaffen; europäische Architekten entwerfen die moderne Stadt. Von den Pavillons aus regelt die Polizei den Verkehr.*

spiegeln. In den schattigen Souks kreuzen sich die Gänge, goldenes Sonnenlicht strömt durch die Öffnungen im Gewölbe auf die Auslagen herunter. Überall leuchtendes Persischblau, an allen Straßenecken, in der Kleidung des Wasserträgers, an der Kuppel einer Moschee, in der Schüssel eines Sauermilchverkäufers.

Khan Malek ist unermüdlich: »Sehen Sie, was mir das Herz abschnürt! In acht Tagen wird hier nichts mehr von diesen Wundern zu sehen sein!« Ein alter Palast, von dem nur eine Ecke stehen geblieben ist. Alle Wände sind mit luftigen Stuckarabesken verziert und mit Kristallmosaiken geschmückt. Das Licht spielt in den Myriaden von Spiegeln, der Himmel selbst ist in die Architektur mit einbezogen. Die hundertjährigen Bäume wurden erbarmungslos gefällt, der Marmor der Brunnenränder abgeschlagen, weißer und rosa Marmor aus Yazd. »Wissen Sie, womit die Zerstörung der alten Paläste gerechtfertigt wird? Dass es weniger kostet, eine Straße mit den Ruinen aufzufüllen, als so eine ›alte Bruchbude‹ zu restaurieren.«

Die heimlichen Besuche werden fortgesetzt. Eines Abends, als die Männer sich in ein Gewirr von Gässchen verirrt haben, werden sie aufgefordert, in einen runden Saal hinabzusteigen, der nur durch eine Kellerluke Licht erhält. Auf der gestampften Erde liegen zwölf Männer auf dem Bauch ausgestreckt. Ein Tamburin wird geschlagen, sie spannen ihre Muskeln an, stemmen schwere Schilder aus Eschenholz empor, wiegen den Rumpf, wehren einen imaginären Feind ab. So haben einst die Sassanidenkrieger ihre Kampftechniken eingeübt. Die *zukhane*-Athleten [13] führen eine Tradition fort, die bis ins 6. Jahrhundert zurückreicht. Le Fèvre und Iaco hoffen sehr, dass doch einiges von dieser alten Stadt bestehen bleibt: der Marmorpalast, Zeuge der vergangenen Größe der Kadjaren, und der Palast von Golestan mit seinem Diamantensaal, dem Kristall- und Marmorsaal, dem Raum, in dem der König noch immer ausländische Würdenträger empfängt und in dem auf einem riesigen Wandgemälde der Comte de Gobineau [14] zu sehen ist. Die Sepahsalar-Moschee wird durch die Frömmigkeit des Islam geschützt sein.

VON TEHERAN BIS MESHHED

Der letzte Empfang findet im Lager der Expedition statt, wo sich der junge Kronprinz die Raupenfahrzeuge zeigen lässt. Der Aufenthalt in Teheran war für alle ein Gewinn. Laplanche konnte zahlreiche Botschaften an Javel [15] senden und hat ebenso viele von ihm erhalten. Williams und Le Fèvre haben ihre ersten Artikel für französische und amerikanische Zeitungen durchgegeben – die Welt wird von jetzt an ihre Reise mit verfolgen.

Aber Williams kocht vor Wut. Der Chef hat seinen Artikel zensiert, in dem er die Tyrannei, die Brutalität und Grausamkeit des persischen Militärregimes anprangert. Doch Haardt ist der Meinung, dass man die persischen Gastgeber nicht vor den Kopf stoßen darf.

Die Mechaniker haben die Raupen überholt. Morizet und Sivel schicken ihre Tonfilmstreifen nach Frankreich. Die Filme müssen am Ende eines

OBEN LINKS: *Der Sohn Resa Schahs, der junge Prinz Muhammed Resa, besucht das Lager der Expedition. 48 Jahre später wird er von Ayatolla Khomeini gestürzt, der 1979 die Islamische Republik ins Leben ruft.* OBEN RECHTS: *2. Mai 1931, Teheran. Besuch von General Nakitchevan.* RECHTS: *Im alten Teheran, eine Straße im Souk; im Hintergrund die reich geschmückte Fassade eines alten Palastes.*

anstrengenden Tages in einem glühend heißen Zelt entwickelt werden, das als Dunkelkammer dient, eine wahre Strapaze für Morizet. Die Tonaufnahmen, die vom Filmwagen aus gemacht werden, bringen Sivel, den jungen Toningenieur, ins Schwitzen, aber dafür ist es eines der ersten Tonfilmexperimente der Welt in diesem Bereich. Morizet und Sivel haben allen Grund, stolz zu sein. Der Repräsentant der Firma Citroën in Teheran wird sich ebenfalls um die Kunstobjekte kümmern.

Aber die Freude ist nicht ungetrübt. Gauffreteau, der Küchenchef, muss in aller Eile nach Meshhed evakuiert werden. Jourdan hat Diphtherie bei ihm diagnostiziert und der Krankenbericht bleibt alarmierend. Außerdem sind die ersten Nachrichten der China-Gruppe zu ihnen durchgedrungen. Point ist noch immer nur 40 km von Peking entfernt. Warum diese Verzögerung? Erst Monate später werden sie Gewissheit darüber erhalten: Die Gruppe Point hat Peking unter schlechten Vorzeichen verlassen, Asien zeigt sich ihnen von seiner feindseligen Seite. Die Pamir-Gruppe ahnt zu diesem Zeitpunkt nichts davon.

Abreise von Teheran. Die Hitze auf den staubigen Pisten ist niederknüppelnd. Eine Kette von Oasen, aufgereiht wie Perlen an einer Schnur. Verfallene Erdhäuser, Festungsruinen, *coubas* [16], auf zerstörten Gräbern zerschellt. Klatschmohnfelder in der Landschaft durchbrechen die Sinfonie der Ockertöne. Die Expedition nähert sich Nishapur, der Türkisstadt, in der Omar Khayyam [17] geboren wurde und auch gestorben ist. Früher eine der vier Königsstädte Khorassans, heute ein kleiner Marktflecken. Am Eingang eines friedlichen Gartens wacht ein Imam, eine Rose hinter dem Ohr, über den Gräbern von Mohamed Ali, dem Neffen des Propheten, und Omar Khayyam, Dichter, Philosoph und Universalgeist.

Meshhed ist die letzte Etappe im Iran. Das Aussehen der Menschen ändert sich; ihre Gewänder, ihr Habitus kündigen einen neuen Landstrich an. In manchen mondhellen Nächten ziehen hunderte von Kamelen, schwer beladen mit Weißblech-Fässern, an ihren Zelten vorüber. Die Erdöl-Karawane löst sich lautlos in der Nacht auf. Wie eine Halluzination, begleitet vom Klang tausender kleiner Glöckchen, der noch einen Augenblick in der Luft hängt, ehe er langsam verebbt. Mit Pilgern voll gestopfte Lastwagen überholen die Expedition. Die Pilger singen voll Inbrunst und mit stolzem Blick. Von mongolischen Reitern werden sie beschimpft. Audouin frotzelt eines Abends am Lagerfeuer: »Le Fèvre, hier ein Titel für Ihr Buch: ›Lustiges Lagerleben in einem trostlosen Land‹.«

Durch die weite Steppe geht es nach Meshhed hinab. Das Licht funkelt in den goldenen Kuppeln und dem Türkisdom, den die Tochter Tamerlans erbaut hat. Meshhed, die große heilige Stadt, macht ihrem Ruf alle Ehre: Um die Moscheen herum sind alle Straßen heilig. Ketten, in der richtigen Höhe gespannt, erinnern den Reisenden daran, dass er hier nicht weitergehen darf. Der Kameramann riskiert einen Schritt zu viel und wird am Kragen gepackt. Die berittene Polizei eilt herbei, um ihn vor dem Zorn der Menge zu retten. Morizet, der Missetäter, hat Tränen in den Augen. Noch nie habe er so viele hasserfüllte, verächtliche Blicke in einer Menschenmenge gesehen, sagt er.

Alle sind betroffen über diesen Zwischenfall und geloben sich, in Zukunft vorsichtiger zu sein. Zum Glück ist die afghanische Grenze nahe. Ein geschwächter, aber strahlender Gauffreteau kehrt zum Team zurück; er hat ein Serum injiziert bekommen, das ihn gerettet hat. Es lebe Doktor Jourdan! Haardt versichert wieder einmal: »Wir schaffen es!«

DER SÜDEN AFGHANISTANS

19. Mai – 20. Juni: Von Islam-Khaleh bis zum Khaiber-Pass: ein Monat für die Durchquerung Afghanistans. Ein hartes Land, ein Land der Kontraste,

LINKS: *Die Dörfer mit den verfallenen Lehmhäusern sind arm; der Perser trägt den* pahlevi, *der Kurde den Turban.*
MITTE: *Markttag in Mazandaran: eine dicht gedrängte Menge in diesem kleinen Dorf, das bisher von der Modernisierungswelle verschont geblieben ist.* RECHTS: *13. Mai, Meshhed, letztes Lager vor der afghanischen Grenze. Um die Große Moschee herum sind alle Straßen heilig. Die berittene Polizei bahnt der Expedition den Weg.*

in dem Unsicherheit herrscht. An der Grenze erwarten sie Vassoigne und Varnet, die für die Expedition ein Jahr lang zu Pferd eine gangbare Route von Norden nach Süden erkundet haben. Der Wakhjir-Pass im Norden, bestätigen sie, ist unpassierbar. In der Gegend von Mazar-e-Sharif werden Kämpfe gegen die aufständischen Usbeken geführt, denen sich kohistanische Rebellen angeschlossen haben. Russland, das die Gründung einer nordafghanischen Republik anstrebt, unterstützt die Rebellen gegen das Regime Nadir Khans [18]. Die beiden Citroën-Emissäre haben ihren Auftrag erfüllt, sie werden die Expedition auf den Pisten des Südens weiterführen.

Die Männer müssen sich damit abfinden, dass sie bis Indien von Soldaten der regulären Armee eskortiert werden. Überall im Land herrscht Chaos und Unsicherheit. In jeder Stadt lässt der Gouverneur einen großen Empfang für sie geben. Dann vertauschen sie für eine Nacht, für einen Tag ihre Zelte auf der roten Erde, um die nachts vom Feuer angelockte Skorpione huschen, mit prunkvollen Palästen in blühenden Gärten. Wachteln singen in Weidenkäfigen. Sie werden zu üppigen Festmählern geladen, und Gauffreteau verfällt in Trübsinn, wenn er daran denkt, wie schwierig es ist, neue Verpflegung zu beschaffen. Die Männer des Nadir Khan überschütten sie mit Ehrenbezeigungen und Höflichkeiten.

Auf die fürstlichen Empfänge folgen lange, entbehrungsreiche Tage in den rauen Bergen Afghanistans. Im Morgengrauen oder bei Einbruch der Dunkelheit kreuzen Reiter ihren Weg auf den Pisten. Es sind wilde, freiheitsliebende Krieger, jederzeit bereit, an einem Aufstand teilzunehmen. Die regulären Soldaten übersehen geflissentlich diese stolzen Stammeskrieger mit ihren geschulterten Gewehren, an deren Enden Perlen und

19. Mai, Ankunft in Islam-Khaleh, afghanischer Grenzposten. Nadir Khan hat eine Abordnung geschickt, die das Expeditionsteam gebührend in Empfang nehmen soll. Im Land herrscht Unsicherheit; Soldaten der regulären Armee eskortieren die Männer »diskret« auf ihrer Durchreise.

OBEN: Baba Daria *(»Vater des Flusses«), der Fährmann. Bei der Überquerung des Argandab leitet er drei Tage lang mit Ferracci, genannt* Baba Moteur *(»Vater des Motors«), die gefährlichen Manöver der Expedition.* **UNTEN:** *Der Helmand in Girishk. Der Fluss wird sondiert, eine Operation, die fünf Stunden in Anspruch nimmt. Beim Übersetzen verlieren die Raupen ihre Führungsrollen auf den scharfen Felsen. Nach der Überquerung eines Wasserlaufs sind jedes Mal stundenlange Reparaturen nötig.* **RECHTS:** *Vor Herat; der »Silberhalbmond« überquert den Heri-Rud.*

OBEN: *In Herat, wo Militärs und Zivilisten auf die Expedition warten, sind prunkvolle Empfänge vorgesehen.* MITTE: *Herat, Nachfolgerin des antiken Alexandria, mehrmals von den Mongolen zerstört, im 15. Jahrhundert Hauptstadt der Timuriden (turko-mongolische Dynastie der Nachfahren Tamerlans), wurde immer wieder aufgebaut.* UNTEN: *Wie bei jeder großen Etappe hält Jourdan, der Expeditionsarzt, seine Sprechstunde ab. Die Weisen drängen zu ihm, und auch die Mütter bringen ihm heimlich ihre mit Opium betäubten Säuglinge.* RECHTS: *»Abschied vom Gouverneur von Herat. Nur ungern verlassen wir diese seltsame Stadt, in der man sich um Jahrhunderte zurückversetzt fühlt.« (Louis Audouin-Dubreuil)*

942 WI

Quasten baumeln. Die Etappen sind extrem strapaziös. Die steilen Felshänge speichern die Hitze wie Backöfen und werfen ihren Gluthauch über die Raupenfahrzeuge.

»So stelle ich mir die Hölle vor«, murmelt Le Fèvre.

»Ja – wie ein endloser Todeskampf, aber ohne Tod«, stimmt Audouin zu.

Das Thermometer zeigt 50°C im Schatten an. Die Vergaser funktionieren nicht richtig, die Raupen schaffen nicht mehr als 6 km pro Stunde. Bei dieser Geschwindigkeit legen sich dicke Staubwolken, vom »Wind der 120 Wochen« aufgewirbelt, auf die Raupen, dringt der Sand in die Augen, die Nase, die Lungen. Es ist eine ständige Quälerei. Haardt ist krank. Alle leiden schwer unter den Strapazen. Zwei Mechaniker sind so erschöpft, dass sie ihre Fahrzeuge nicht mehr steuern können. Le Fèvre ruft jeden Abend: »Mir kocht das Hirn in der Schale! Wie soll man da schreiben?«

Die Überquerung der Wasserläufe hält den Konvoi manchmal tagelang auf, denn die Manöver sind gefährlich: Vor Herat der Heri-Rud, dann der Farah-Rud; nach Girishk der Helmand; in der Nähe von Kandahar der Argandab. An den vom tosenden Wildwasser unterhöhlten Ufern spielen sich Szenen von bizarrer Schönheit ab: Die Fährleute tragen lange Tuniken mit gebauschten Ärmeln, Pluderhosen, von Patronengurten zusammengehalten, und auf dem Kopf einen riesigen Turban. Von ihm hängt eine Stoffbahn herab, deren Länge das Ansehen des Trägers verrät. Die Kähne sind von reißenden Wasserstrudeln umgeben. Am Ufer stehen die mit den Waffen beladenen Pferde bereit: Ein Afghane hat zwei Freunde, sein Pferd und sein Gewehr. Ferracci, der *Baba moteur* (»Vater des Motors«), diskutiert mit dem Anführer der Fährleute, *Baba Daria* (»Vater des Flusses«), was bei den Umstehenden große Heiterkeit auslöst. Haardt

6. Juni, Mukur. Die Tänzer wirbeln herum, ihre Haare und Schals flattern im Wind, die Trommeln dröhnen …

will die Überquerungen höchstpersönlich dirigieren. Er hockt sich auf einen der Lastwagen und brüllt seine Befehle, den Helm schief auf dem Kopf. Vassoigne, der Protokollchef, meint, dass es schwierig sein dürfte, ihn unter diesen Umständen weiterhin als »Seine Exzellenz, Leiter der Expedition Citroën« bei hohen Staatsempfängen vorzustellen.

Afghanistan, weites Land der Schönheit, Land der Kontraste, seit jeher Schnittpunkt zwischen den Zivilisationen des Orients und des Okzidents. Eindrücke, die in den Tagebüchern von Le Fèvre und Audouin-Dubreuil festgehalten sind. Abends ein aufwühlender Moment: die Stunde der Funker. In der Dämmerung wird der Mast aufgerichtet. Laplanche sendet den schwachen Funkruf, der sie mit der Welt verbindet, in den Äther hinaus. Victor Point fängt die Funksprüche der Pamir-Gruppe auf während seine eigenen Botschaften, von Beirut übermittelt, mit Bangen erwartet werden.

Auf der Siegesstraße Alexanders des Großen erhebt sich Herat. Von dem griechischen Eroberungszug zu den Toren des chinesischen Kaiserreichs ist nichts mehr zu sehen, der Islam hat diese grandiose Epoche völlig ausgelöscht. Stattdessen beschwören riesige Mauern, überragt von einer Zitadelle und sechs Minaretten mit farbigen Fayencen, den einstigen Glanz dieser Stadt herauf, die mehrmals von den Mongolen zerstört, aber immer wieder aufgebaut wurde und in sassanidischer, dann in timuridischer Zeit weithin berühmt für ihre Dichter, Maler und Architekten war. Die Stadt ist arm, aber der Gouverneur lädt die Expedition zu prunkvollen Gastmählern ein. Wie soll man ihm danken? Das Filmarchiv rettet die Situation. Der Gouverneur wird zu einer Filmvorführung eingeladen. Die Wahl des Films erweist sich als schwierig, aber schließlich einigt man sich auf das »Defilee der alliierten Truppen am Tag des Sieges unter dem Triumphbogen«, um den Mann zu ehren, der soeben Herat erobert hat.

Ferracci lässt von den Gießern in Herat 25 Führungsrollen herstellen. Die Methode ist archaisch, aber zweckdienlich: Das Aluminium wird in irdene Formen gegossen und mit einem Blasebalg aus Ziegenleder belüftet.

Die Luft in Girishk ist vom Duft saftiger Aprikosen und wilder Pflaumen erfüllt. Wie bei jeder Etappe hält Jourdan auch hier seine Sprechstunde ab. Er empfängt Mütter mit Säuglingen, die im Opiumschlaf liegen. Das mag befremdlich klingen, aber in diesen Bergen werden selbst Falken mit Opiumkugeln gezähmt. Hier in Girishk wartet eine weitere Überraschung auf die Männer. Hackin, der sich der Gruppe erst in Kabul anschließen wollte, kommt ihnen in Begleitung von Pecqueur und seinem Koch entgegen. Nadir Khan hat dem »großen Freund Afghanistans«, wie er ihn nennt, einen funkelnden Buick zur Verfügung gestellt. Alle sind hellauf begeistert von dem Archäologen, der seine Mitreisenden noch am selben Abend mit seinem Wissen, seiner Bescheidenheit, seinem Charme bezaubert. Endlich ist die Pamir-Gruppe vollzählig. Hackin ist ein passionierter Afghanistan-Kenner und erweist sich als mitreißender Führer in diesem Land, das er zu Pferd durchquert hat und nach den Überresten einer glanzvollen Vergangenheit absucht.

LINKS: *Zu dem Zeitpunkt, als die* Croisière jaune *durch Kabul kommt, hat Nadir Khan soeben den Thron bestiegen, nachdem sein Vorgänger, König Amanullah (er wurde 1928 von Citroën empfangen), 1929 durch einen Volksaufstand gestürzt wurde. Einige Monate lang hatte der bürgerliche Tadschike Batscha Sakao die Macht an sich gerissen. Nach seiner Ermordung, als der jüngere Zweig der Mohammadzai-Dynastie wieder in seine Rechte eingesetzt wurde, kam Nadir Khan an die Macht.* MITTE: *Nadir Khans Krieger.* RECHTS: *Exekution von Batscha Sakao (1929). Die Fotos wurden von Hackin erworben, der die Revolution in Afghanistan miterlebte.*

KABUL UND BAMIYAN

Die Expedition durchquert Mukur und nimmt die Erinnerung an die hohen roten Mauern mit, auf denen Tänzer mit entrückten Gesichtern herumwirbeln. Vorbei an Ghazni, der Stadt der tausend Lehmgässchen, wo der Oleander an den heißen Wänden schmachtet. In 800 m Höhe windet sich ein Engpass endlos in den roten Berg hinein, und plötzlich, wie aus dem Nichts, der Hindukusch. Das grelle Licht seines gewaltigen Gletschers überflutet das Tal von Kabul.

Seltsame Hauptstadt. Hackin gibt Episoden aus der blutigen Revolution von 1929 wieder, in die er unvermutet hineingeraten ist. Endlich tauchen die Palastmauern auf, die noch die Spuren dieses Bürgerkriegs an sich tragen. Hier hat Batscha Sakao [19], der Sohn des Wasserträgers, seinen letzten Akt erlebt, als die Munitionslager in die Luft flogen und alles um ihn herum in Flammen stand. Hunderte Männer sind hier gefallen, niedergemäht vom Kugelhagel der Maschinengewehre. Die Gehängten sind in der Sonne verfault. Auch jetzt noch seien »Kanonierungen« nichts Ungewöhnliches, sagt Hackin abschließend. Als die anderen stumm bleiben, fügt er hinzu: »Der Verräter wird an die Mündung einer Kanone gebunden und von der Kugel zerfetzt.« Die moderne Stadt des geflüchteten Königs Amanullah ist tot, noch bevor sie zu Ende gebaut werden konnte. Der Konvoi der Raupenfahrzeuge defiliert auf einer 6 km langen Allee, die von Gras überwuchert und mit Weiden bepflanzt ist. Die Gebäude im Stil der 1930er Jahre präsentieren ihre Fassaden mit klaffenden Fensterlöchern. Hackin, Direktor der *Délégation archéologique française en Afghanistan*, führt die Filmleute, Williams und Le Fèvre, zu der archäologischen Stätte Bamiyan, wo er seine Forschungen und Studien fortsetzt.

»Bamiyan stellt in der Geschichte der Menschheit einen Knotenpunkt dar, in dem sich mehrere Zivilisationen kreuzen«, erklärt er der Gruppe. »Die Reise mit Ihnen gibt mir die Möglichkeit, von Afghanistan bis zur Ostgrenze Turkestans Etappe für Etappe den Weg zu verfolgen, den die buddhistische Kunst genommen hat.« [20] Le Fèvre schreibt noch am selben Abend in sein Tagebuch: »Brutal verstümmelt durch den heiligen Zorn des Islam tritt uns heute zum ersten Mal das heitere Bildnis des Buddha vor Augen. Es ist in die Gesteinsmasse der Felswand geschlagen.« [21]

Zwei Tage lang arbeitet das Team unermüdlich unter Hackins Anleitung. Iacovleff hält Motive der Wandmalereien mit dem Pinsel fest; an die Felswand geklammert, fotografiert Williams die Gestalten, die das Gewölbe über dem 55 m hohen Buddha aus dem 5. Jahrhundert schmücken. Das Filmteam tritt in Aktion. Die Ausbeute ist reich, einzigartig. Aber niemand ahnt zu diesem Zeitpunkt, dass die Entdecker mit ihrer Filmkamera Überreste erloschener Zivilisationen festhalten, von denen 70 Jahre später nichts mehr zu sehen sein wird. Auf dem Rückweg sagt Hackin: »Der

SEITE 44–45: *Ein 55 m hoher Buddha, in die Felsen von Bamiyan geschlagen. Bamiyan war eine wichtige Etappe auf dem Weg, den der Buddhismus bei seiner Ausbreitung von Indien nach China und Japan genommen hat. Vom 2. bis zum 7. Jahrhundert erlebte die Stätte eine außerordentliche Blüte. Wie zur Zeit des Wandermönchs Xuanzang (632) machen die Karawanen unter dem Götterbild Rast.* OBEN LINKS: *Abends im Lager, in den zahlreichen Reparaturpausen oder während der kurzen Aufenthalte bei wichtigen Etappen, malt Iacovleff wie besessen.* MITTE: *Ein turkmenischer Krieger.* RECHTS: *Fährleute auf den Flüssen Afghanistans.*

Zustand der Fundstätte verschlechtert sich weiter, Nadir Khans Soldaten benützen das Bildnis des Großen Buddha als Schießstand. Kritisches Denken ist unvereinbar mit religiösem Gehorsam.« [22]
Von Kabul in Richtung Khaiber-Pass geht es langsam abwärts in die Indus-Ebene. Am 18. Juni vermerkt Audouin in seinem Tagebuch: »Heute Morgen Abschied von den afghanischen Soldaten. Die letzten Militärposten sind in einem düsteren Tal, das legendäre Kämpfe erlebt hat und vielleicht auch in Zukunft der Schauplatz großer Schlachten sein wird. Es könnte sein, dass hier eine Phase des psychologischen Krieges, den die UdSSR gegen die restliche Welt führt, mit Waffengewalt zu Ende gebracht wird.« Beim zweiten Militärposten eine Anschlagtafel: »Ausländern ohne Pass ist das Betreten der heiligen und reinen Erde Afghanistans verboten.«
Von Point keine Nachrichten, seit er angekündigt hat, dass die Expedition in das Kampfgebiet vordringe. Schweren Herzens setzt die Pamir-Gruppe ihren Weg nach Britisch-Indien fort. Le Fèvre schreibt in sein Tagebuch: »Am 19. Juni erwartet uns Oberst Gabriel an der Grenze. Wir betreten eine neue Welt. *Go slowly speed limitated five miles through the cantonnement.* [23] Eine Straße des *British Empire*, eine Eisenbahn, eine zweite Straße. Über die Sulaiman-Berge nehmen wir den Khaiber-Pass in Angriff, ein neuralgischer Punkt, an dem England die Stellung hält, Durchgangsort der Eroberer und Schauplatz des afghanischen Widerstands gegen die Briten. Der Berg ist eine sehr beeindruckende Festung, wir zählen 37 Tunnels, dazu eine Kulisse von Trutzburgen, grandiose Kunstwerke. Wir erreichen den höchsten Punkt des Passes, den Landi-Kotal, ein riesiges befestigtes Lager, breite Straßen, große Gebäude. Ein Militärmarsch ertönt, die *Gordon Highlanders* empfangen uns mit den Klängen von Querpfeife und Dudelsack. Die Gurkhas [24] bilden ein Ehrenspalier. »General Sademan lässt das Bataillon der Sikhs [25] Revue passieren und lädt Haardt dazu ein. *›You'll have a drink?‹* Mittagessen in der Messe des schottischen Regiments. Bibliothek, Jagdsouvenirs, exquisite englische Gravuren, bequeme Sessel und bei Tisch schönes Tafelsilber. Man könnte sich mitten im Frieden wähnen, obwohl noch immer Tag für Tag englische Soldaten durch die Kugeln der Afridis [26] fallen, die auf den Hängen gegenüber dem Lager postiert sind.«
Auf Bitten der englischen Offiziere setzen die Mechaniker ihre Raupen an den Steilhängen ein. Es gelingt ihnen, zu dem MG-Posten durchzukommen, der wie ein Adlernest auf einer Felszacke thront.

LINKS: *König Nadir Khan wird von den Mitgliedern der Citroën-Expedition empfangen. Hackin, Leiter der* Délégation archéologique française en Afghanistan, *steht in hohem Ansehen beim König, der ein lebhaftes Interesse an Hackins Forschungen zeigt.* RECHTS: *»Brutal verstümmelt von fanatischen Muslimen, ragt zum ersten Mal das heitere Bildnis des Buddha vor uns auf. Es ist eins mit der Felsmasse des Steilhangs.« (Joseph Hackin)*

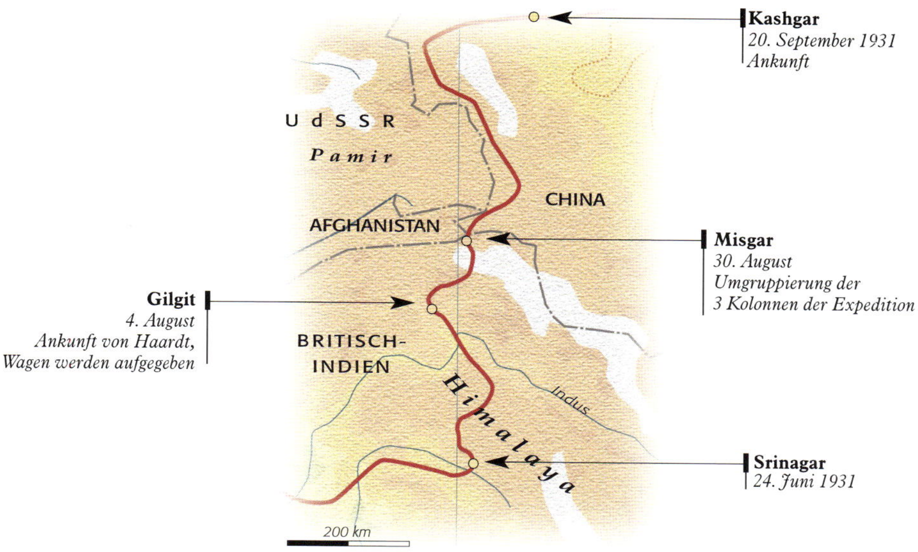

»Die Karawane rückt langsam voran, im Rhythmus des schönen weißen Pferdes. Sie ist selten alle zusammen oder geordnet, zur Erbitterung der Filmleute, die unablässig in Aktion sind.«

(Aus dem Tagebuch von Louis Audouin-Dubreuil)

Auf dem Dach der Welt, die große Herausforderung

24. Juni, im Kaschmir-Tal, Srinagar. Über die Karte gebeugt, studieren Haardt und Audouin eine gepunktete Linie, die sich in unentwirrbarem Chaos von Bandipur nach Kashgar schlängelt. Im Herzen des Massivs ragt der Himalaya auf. Er zieht sich an Tibet entlang, wie um dessen Gesteinsmassen hochzustemmen, dann rückt er mit seiner Armee von hundert Gipfeln nach Westen vor, während die Karakorum-Kette nach Nordwesten stürmt, vom Hindukusch gebremst, der von Afghanistan herkommt. Im Norden der Pamir, der höchste Scheideweg der Welt, über den die Seidenstraße führt.

»Seit Wochen sehe ich jetzt schon die Gipfel näher rücken, sie lasten mit ihrer entsetzlichen Masse auf allen meinen Projekten. Ich habe es sehr eilig, hinüberzukommen, es hinter mich zu bringen!« Haardt richtet sich kerzengerade auf nach diesem Geständnis.

»Welche Vermessenheit«, murmelt Audouin nur.

»Ja, aber wir werden bis an die Grenzen unserer Kräfte gehen.«

Und doch häufen sich die Warnungen, alarmierende Telegramme treffen ein. Die *National Geographic Society of Washington* bestätigt das offizielle Durchreiseverbot durch Sinkiang, und die indische Regierung meldet einen islamischen Aufstand in Chinesisch-Turkestan und Birma. Oberst Vivian Gabriel, der britische Regierungsvertreter, der seit einem Jahr zu Pferd auf den Pisten patrouilliert, ist überzeugt, dass die Fahrzeuge zwei Drittel der Strecke nicht würden bewältigen können. Zum ersten Mal macht sich Panik in der Gruppe breit. Haardt, den die »unheilvollen Schatten« schrecken, die sich über seinen Unternehmungen zusammenbrauen, hat alle Rückzugsmöglichkeiten erwogen. Keine erscheint ihm akzeptabel. Und so bleibt die quälende Frage: Wohin soll die Expedition sich wenden?

Dann fällt die Entscheidung: Den Berg erobern, an die Grenzen der Kräfte gehen! Niemand hat eine Vorstellung, worauf sie sich einlassen, außer vielleicht Ferracci, der Chefmechaniker. Sein Fahrzeug zeigt 6500 km an, als sie den Fuß des monströsen Massivs erreichen. Ferracci, der seinen Optimismus nicht verliert, stellt ein Pannenmaterial zusammen, mit dem sie auch die angeblich unpassierbaren Hindernisse meistern werden.

Srinagar, im Kaschmir-Tal, auf einer Höhe von 1603 m. Die Häuser, die Moscheen, die Verkaufsbuden, die zerbrechlichen Bogenbrücken, alles aus uraltem, verwittertem Holz, spiegeln sich im See oder im Wasser des Jhelum. Hindustadt, englische Residenz, Stadt der schwimmenden Gärten. Das Leben spielt sich auf dem Wasser ab. Verkehrsmittel ist das *chicara*, ein flaches Boot, das an Bug und Heck aufgebogen ist. Reiche Leute wohnen in *house boats*, auf denen sie abends ab sechs Uhr im schwarzen

LINKS: *Das 2500 m hoch gelegene Königreich Hunza, überragt von den Gipfeln des Karakorum und den Ausläufern des Hindukusch, ist von fruchtbaren grünen Tälern durchzogen.*

oder weißen Smoking Gäste empfangen. Der Maharadscha von Kapurthala besitzt drei Paläste, 100 Polopferde und 80 Rolls-Royces. Er stellt den »edlen Reisenden« großzügig eine Flotte von *house boats* zur Verfügung. Doch leider gibt es kein Verweilen an diesem schönen Ort. Die Gebirgspfade sind nur in den drei kurzen Sommermonaten gangbar. Das restliche Jahr über machen Stürme, Schneefälle und Lawinen die Überquerung der Pässe unmöglich. Die Vorbereitungen müssen so schnell wie möglich getroffen werden, damit die Gruppe in ein paar Wochen hinübergelangen kann. Der Plan ist folgender: Nur zwei Raupenfahrzeuge, der *Scarabée d'Or* und der *Croissant d'Argent*, werden die Überquerung mitmachen, nachdem sie zuvor entladen und von allem Ballast befreit worden sind. Die restlichen fünf Raupen und die beiden Lastwagen werden mit Goerger und einer Abordnung von Mechanikern in Srinagar bleiben, um die Nachhut zu sichern. Dort sollen sie auf die Bestätigung warten, dass der »Goldskarabäus« und der »Silberhalbmond« alle Pässe überquert haben. Wenn der Berg überwunden ist, werden die Fahrzeuge demontiert und, in Kisten verpackt, nach Frankreich zurückgebracht. Das war bereits vor der Abreise von Paris so geplant. Die Mechaniker des »Gebirgstrupps« werden nach der Überquerung ebenfalls die Rückreise nach Frankreich antreten, denn die Fahrzeuge der Pamir-Gruppe sind nicht für China konzipiert.

Drei Gruppen werden gebildet, die im Abstand von jeweils zehn Tagen aufbrechen sollen, eine Entscheidung, die den Männern durch die Engländer und die schmalen Maultierpfade aufgezwungen wird, auf denen es keine Möglichkeit gibt, aneinander vorbeizukommen oder Verpflegungsnachschub zu erhalten.

Gruppe 1 soll am ersten Juli aufbrechen. Hackin ist für diese Gruppe verantwortlich, er wird, soweit möglich, täglich mit Haardt Kontakt halten, per Telegramm oder Telefon, wo die Engländer Posten installiert haben,

OBEN: *Als die Citroën-Expedition 1931 hier durchkommt, stellt der Khaiber-Pass die Grenze zu Britisch-Indien dar. Die erste englische Offensive gegen das Königreich Afghanistan fand 1839 – 1842 statt, und ihr erklärtes Ziel war die Annexion des Landes, um die Route nach Indien zu sichern. 1878 – 1880 führte England erneut Kämpfe, um seinen Machtbereich zu erweitern; 15 000 Menschen kamen bei dem afghanischen Aufmarsch um. Ein Einziger überlebte und kehrte zurück, um darüber zu berichten. Eine neuerliche Strafexpedition führte zur teilweisen Annexion des Khaiber-Passes. 1885 wurden die indisch-afghanische und die russisch-afghanische Grenze festgelegt. 1931 ist der Berg, den die Gruppe Haardt in Angriff nimmt, eine einzige Festung; Schanzarbeiten beherrschen die Straße, die Schienen, den Eingang der Tunnels, die Berggipfel und alle Schluchten. Auf dem höchsten Punkt des Passes, dem Landi-Kotal, entdeckt die Expedition ein befestigtes Lager mit breiten Straßen, Kasernen und hunderten von Pferden.* UNTEN: *Trommler mit Turban vom Bataillon der Sikhs.*

oder per »Eilpost« mit Hilfe von *mail runners*[27]. Vassoigne hat den Auftrag, alle Hindernisse zu vermelden, das Terrain zu beurteilen und eventuelle Erdarbeiten, die für das Durchkommen der Wagen unerlässlich sind, in die Wege zu leiten. Er fasst täglich einen Bericht an Haardt ab. Iacovleff und Sivel werden dieser Gruppe zugeordnet. Alle reisen zu Pferd, von einer Karawane eskortiert.

Gruppe 2 soll am 12. Juli aufbrechen. Zu dieser Gruppe gehört Haardt mit den beiden Raupenfahrzeugen, der Chefmechaniker Ferracci und seine Mannschaft (Cécillon, Normand, Corset, Le Roux), Pecqueur, der für die Logistik zuständig ist, Morizet mit der leichten Filmausrüstung (Haardt hat beschlossen, die Aufnahmen persönlich zu leiten) und Doktor Jourdan, der unentbehrlich ist, falls es zu einem Unfall kommen sollte. Williams wird die Überquerung mit seiner Kamera für die Nachwelt festhalten. Gauffreteau, Meister der Gaumenfreuden, aber auch Tierarzt und Hufschmied, ist ebenfalls unentbehrlich für das Leben der Gruppe. Die Karawane besteht aus zwölf Hindu-Boys, die den Entdeckern für persönliche Dienste zugeteilt sind, 100 Kulis[28], die je 28 kg auf dem Rücken tragen, 70 Pferden und 70 Maultieren, die eine Last von je 60 kg mitführen. Drei Männer transportieren das Filmmaterial.

Gruppe 3 soll am 20. Juli aufbrechen. Audouin-Dubreuil, der Leiter dieser Gruppe, wird täglich mit Haardt korrespondieren und mit Srinagar in Kontakt bleiben, wo Goerger die Manöver der Nachhut leitet. Er nimmt Laplanche und seine Funkstation mit (die einzige Möglichkeit, in den nächsten Monaten mit der Außenwelt in Kontakt zu bleiben), Oberst Vivian Gabriel, der zwischen Haardt und der Nachhut hin und her pendeln wird, Sauvage und Le Fèvre. Der Filmemacher und der Schriftsteller werden also keine Möglichkeit haben, die Gebirgsüberquerung von Gruppe 2 festzuhalten, was sehr bedauerlich ist. Haardts Entscheidung bleibt unverständlich.

Es ist kaum zu glauben, wie diese endlose dreiteilige Karawane, die aus 300 Männern und mehreren hundert Lasttieren besteht, die Maultierpfade des Himalaya erklimmt, die oft so schmal sind, dass keine zwei Pferde aneinander vorbeikommen. Die Citroën-Expedition passt sich dem langsamen Rhythmus der früheren Karawanen der Antike an. Die beiden Leiter wissen, dass es kein Zurück nach Srinagar durch diese monströse Gebirgsmasse gibt, über die nur allzu bald der Winter hereinbrechen wird, und ihnen ist auch klar, dass die Durchquerung Chinas weiterhin fraglich bleibt. Wenn alles nach Plan geht, sollen die drei Gruppen in Misgar (3100 m) wieder aufeinander treffen, bevor sie den Aufstieg zum Kilik-Pass (4900 m) beginnen. Werden sie es schaffen, Misgar bis zum 1. September mit den Raupenfahrzeugen zu erreichen? Das ist die große Frage. Die letzten Nachrichten aus China sind alarmierend. Nach sechswöchiger Funkstille wird eine Botschaft von Victor Point aufgefangen: »Rücken nur langsam voran... sehr vorsichtig... mörderische Unruhen in Kansu... die chinesischen Gelehrten verlassen die Expedition...« Danach reißt der Funkkontakt völlig ab.

DIE ÜBERQUERUNG DES HIMALAYA

Die Hackin-Gruppe, die den Marsch eröffnet, bricht zu Pferd von Bandipur in Richtung Misgar auf. Die Kolonne ist endlos, sie erstreckt sich über gut einen Kilometer. Wolkenbrüche machen das Terrain glitschig, die Karawane kommt nur mühsam voran. Vassoigne erfüllt gewissenhaft sei-

LINKS: *Srinagar im Kaschmir-Tal liegt auf einer Höhe von 1603 m; Stadt der Engländer, Stadt der Hindus, Stadt der schwimmenden Gärten, wo das Leben sich auf dem Wasser abspielt. Die Bogenbrücken sind aus Holz.*
RECHTS: *Am 24. Juni wird das Lager am Ufer des Jhelum in Srinagar errichtet; einheimische Träger (Kaschmiri) werden für die Portage im Hochgebirge angeheuert. Die Last darf 30 kg pro Mann nicht überschreiten.*

nen Auftrag: Er gibt Haardt alle Hindernisse durch, lässt nur die dringendsten Erdarbeiten durchführen, denn es fehlt an Männern und an finanziellen Mitteln, um Helfer an Ort und Stelle anzuheuern. Die Biwaks in den englischen *rest houses*[29] im Hochgebirge sind angenehm. Hier trifft die Gruppe auf liebenswürdige britische Sommerfrischler, Offiziere, die mit ihren Familien Urlaub machen, die fischen und jagen und Ausflüge zu den Gletschern des Karakorum unternehmen. Sivel stürzt so oft vom Pferd, dass er längst nicht mehr mitzählt. Hackin hält seine Beobachtungen über »ethnische Typen und Bräuche« fest. Iaco illustriert die hochoffiziellen Berichte, die Vassoigne an Haardt adressiert, mit satirischen Zeichnungen über die Missgeschicke der »Citroën-Ritter«. Der Chef ist empört über so viel Respektlosigkeit.

Am 12. Juli nehmen die Fahrzeuge der Gruppe 2 die ersten Hänge des Himalaya in Angriff. Die Zerreißprobe dauert 29 Tage. Je weiter sie vorankommen, desto schwieriger wird es, die Hindernisse zu überwinden. Zwischen Tragbal und Gurais müssen die Fahrzeuge von Hand über sieben schwankende Brücken hoch über dem Abgrund gezogen werden, bei ausgeschaltetem Motor und ohne Fahrer. Felsblöcke werden aus dem Weg geräumt, mit dem Lasthebel hochgestemmt, aus Felswänden herausgebrochen. Dynamit kommt nicht in Frage, das könnte Gesteinslawinen auslösen. Die Kurven der Saumpfade sind so eng, dass die Wagen von Hand oder mit der Zahnstangenwinde hinübergehievt werden müssen. Durch diese unablässigen Manöver wird der gesamte Konvoi am Rand des Abgrunds festgehalten. Überholen ist bei der Enge des Wegs unmöglich. Die Männer warten im Stehen, der lange Halt ist zermürbend, die Tiere lecken an den Felsen. Auf 4188 m Höhe, auf dem Burzil-Pass, ist die Schneeschicht vier bis fünf Meter dick, die Pferde sinken bis zur Brust ein. Ferracci und seine Männer bauen mit Hacke und Kreuzhacke neue Wege aus Schnee, die von den Kulis festgestampft werden. Diese Wege werden Meter für Meter sondiert, bevor die Fahrzeuge sich hinaufwagen, um so von Rinnsalen gegrabene Höhlen im Schnee zu umgehen. Zudem werden

LINKS UND OBEN LINKS: *Mit zwei Wagen, dem »Silberhalbmond« und dem »Goldskarabäus« haben Haardt und das Team Ferracci die ersten Hänge des Himalaya bezwungen. Cécillon muss sechs Stunden lang am Steuer seines Wagens, der ständig abzustürzen droht, auf einer bröckelnden Böschung ausharren.* OBEN RECHTS: *Über die schwankenden Holzbrücken werden die Fahrzeuge von Hand gezogen.* MITTE RECHTS: *Nach einigen mit Körperkraft ausgeführten Manövern nehmen die Raupen die Kurven der Maultierpfade in Angriff.* UNTEN RECHTS: *Nachdem der Hang freigeräumt wurde, schieben 25 unterwegs angeheuerte Bergbewohner eines der Fahrzeuge, dessen Motor sich zu sehr aufheizt, den Hang hinauf.*

LINKS: *Lager in 4188 m Höhe, am Burzil-Pass; für die Ponys und Pferde wurde ein Unterstand im Schnee gebaut.* OBEN: *Die beiden Wagen fahren den Burzil-Pass hinauf. Manchmal müssen die Männer neue Wege aus Schnee für die Fahrzeuge bauen und mit den Füßen feststampfen. Diese provisorischen Wege werden dann Meter für Meter sondiert, weil sie rasch von Rinnsalen unter dem Schnee ausgehöhlt werden.* SEITE 56 – 57: *Als die Expedition den Schwindel erregenden Abstieg ins Astor-Tal durch die Ladakh-Schluchten beginnt, muss das Terrain vor den Wagen erst mühsam freigeräumt werden. Die Kühlerwalze der Raupenfahrzeuge verhindert, dass die Wagen sich überschlagen, wenn sie einen Felsen rammen.*

die Fahrzeuge mit Seilen festgehalten, damit sie sich nicht auf die Seite legen. Das Manöver dauert zwölf Stunden, eine Strapaze ohnegleichen.
Jenseits des Burzil-Passes herrscht absolute Trockenheit. Die Karawane steigt 1000 m ins Astor-Tal hinab. Es ist ein Schwindel erregender Abstieg, bei dem die Raupenfahrzeuge zurückgehalten werden müssen, damit sie nicht an den Felsen zerschellen. 50 Männer sind pausenlos im Einsatz. Cécillon harrt sechs Stunden am Steuer seines Wagens auf einer brüchigen Wegstelle aus, von der ein Stück unter einer der Ketten weggerutscht ist. Er wagt kaum zu atmen, denn 100 m unter ihm gähnt der Abgrund, und sein Leben hängt von dem prekären Gleichgewicht ab, das einer der Männer aufrecht hält, indem er sich mit seinem ganzen Gewicht an die andere Seite des Wagens hängt, und von der Geschicklichkeit der Kameraden, die ihn Zentimeter für Zentimeter über einen Überhang ziehen, der jeden Moment unter seinem Gewicht einzustürzen droht.
Hinter Astor muss eine riesige Kluft überwunden werden, eine Spalte von 200 m, die von einem Erdbeben verursacht wurde. Die Raupenfahrzeuge werden zerlegt und in 30 kg schwere Lasten aufgeteilt. In der glühenden Sonne müssen die Getriebe, Hecks, Räder etc. auf dem Rücken der Männer in einem ständigen Kommen und Gehen hinübergeschafft werden. Alle sind zutiefst erschöpft. Es fehlt an Wasser und Proviant. Ebenso an Geld, um die Kulis und Bergbewohner zu bezahlen, die überall in den Dörfern angeheuert werden. Die Träger rebellieren, ein Streik droht auszubrechen. Die Hitze ist unmenschlich. Am 4. August fasst Haardt in einer Botschaft die Strapazen der letzten Tage wie folgt zusammen: »Um 13 Uhr Ankunft in Gilgit; wir haben in drei Tagen nur 29 km zurückgelegt, nachdem wir auf Schritt und Tritt mit Hindernissen zu kämpfen hatten.«
Am 20. Juli ist die dritte Gruppe wie geplant aufgebrochen und beschließt somit den Marsch. Sie bleibt in Kontakt mit der Nachhut. Audouin, Laplanche, Sauvage und Le Fèvre schwingen sich auf ihre Reittiere. Sie werden 1400 km zu Pferd zurücklegen, davon 1000 km durch

OBEN LINKS: *In Baltit wird der erste Gebirgstrupp von den beiden Monarchen empfangen, die über die höchstgelegenen Königreiche der Welt herrschen; auf dem Foto von links nach rechts: der Mir von Nagar, de Vassoigne, der Mir von Hunza, Hackin und schließlich, hinter seiner Staffelei hervorspähend, Iacovleff.* OBEN MITTE: *Der Hunza-Fluss in einer Welt aus Stein. Die einzige Brücke besteht aus drei Seilen, die aus Birkenreisig geflochten sind.* OBEN RECHTS: *Der Palast des Mir von Hunza. Er liegt auf einem Felsen in einer Bergmulde und ragt hoch über der Stadt Baltit auf.* UNTEN: *Im Königreich Hunza dauert der Sommer sechs Wochen. Weizen, Gerste und Mais gedeihen gut in dieser Region.*

die höchsten Berge der Welt. Der Ausflug wird dreieinhalb Monate dauern, aber davon ahnen sie noch nichts. Sie brechen im Morgengrauen auf und lassen eine tote Stadt hinter sich. Schwere Regengüsse sind über Srinagar niedergegangen und haben eine katastrophale Überschwemmung verursacht. Der Jhelum ist über seine Ufer getreten und hat die Fundamente der Häuser unterspült, viele sind eingestürzt. Die Fluten reißen alles mit sich fort – Holzgebälk, *house boats*, menschliche Leichen, heilige Kühe. Am Tag hallt die ganze Stadt wider von Wehklagen und Gebeten. Ein muslimischer Prediger ruft zum Aufstand auf. Revolten brechen aus und werden mit Waffengewalt erstickt. Eine Ausgangssperre wird verhängt.

In dieser Atmosphäre heißt es zum ersten Mal Abschied nehmen: Bourgouin, Collet, Jocard, Schuller kehren mit der Mechanikerausrüstung und den Sammlungen nach Frankreich zurück. Auch Goerger verlässt die Mannschaft. Die Männer haben Tränen in den Augen.

»Welch schönes Leben! Die Einsamkeit und Freiheit des Geistes unter meinem leichten Zelt. Morgengrauen, stolzer Schimmel, Gefährte meiner Tage. Des Abends drei Freunde um das Lagerfeuer. Assuerus [30], mein perfekter Hindu-Diener. Schönes, freies Leben – hab ich dich wieder!«, schreibt Audouin am Abend nach der ersten Etappe. Die Aufstiege sind zermürbend, die Steilhänge Schwindel erregend, aber die schmalen Saumpfade stehen den Reitern seit der Antike offen. Wie im Rausch beginnt die Überquerung.

Doch die Botschaften, die per Funk eintreffen, sind ernüchternd. Laplanche, der Funker der Expedition, verbringt seine täglichen Sitzungen in gebannter Erwartung. Er versucht die Botschaften aufzufangen, die Victor Point an den Flottenstützpunkt im Chinesischen Meer sendet oder der Station in Beirut übermittelt. Die unvermeidliche Pfeife im Mund, die Baskenmütze auf dem Ohr, in Trenchcoat und Stiefeln, zündet Laplanche seine Lampen an und verteilt seine Kondensatoren über die Markierungen der Wellenlänge. Mit blitzenden Augen hört er die Morse-Wiedergabe ab, die oft von Störwellen, atmosphärischem Rauschen und Knistern beein-

OBEN LINKS: *31. August, das Lager von Misgar, Treffpunkt der drei Gruppen.* OBEN MITTE: *Weltabgeschiedenes kleines Bergvolk, das auf über 5000 m Höhe sein Leben fristet.* OBEN RECHTS: *Haardt, Audouin-Dubreuil und Williams erklimmen an der Spitze des Konvois den Kilik-Pass (4900 m). Die zu Pferd zurückgelegte Strecke zwischen Misgar und Aksu beträgt 1400 km.*
UNTEN: *Bei einem Erkundungsritt zum Wakhjir-Pass wird ein See entdeckt, der in keiner Karte eingezeichnet ist.*

trächtigt ist. Er wartet auf den Code von Point, F.B.Q.R., die vier Buchstaben, welche die China-Gruppe mit der westlichen Welt verbinden. Wenn er etwas hört, werden die Rauchwolken aus seiner Pfeife weniger dick. Er nimmt einen Stift zur Hand ... legt ihn wieder weg. Nein. Nichts von China. Eine Station in Java, dann in Russland ... immer noch nichts ... Der Pfeifenqualm verdichtet sich ... Am 4. August lässt er plötzlich seine Pfeife fallen. Endlich F.B.Q.R.! Er kritzelt hastig die Botschaft mit, die Point an *Regulus* geschickt hat, ein Avisoboot, das im Chinesischen Meer patrouilliert. »Legafrance – Befehle – sitzen fest Uru ... – Stopp – bitte intervenieren Auswär... Am... damit wir Erlaubnis erhalten, drei Wagen der Haardt-Gruppe entgegenzuschicken – Stopp – Gouverneur droht, Wagen zu beschlagnahmen – Stopp – wurde selber zehn Tage lang gefangen gehalten – bitte F.B.Q.R. unseren Funkspruch weiterzugeben – Stopp – *on nous esgourde*.«

»*On nous esgourde* bedeutet in der Gaunersprache: ›Wir werden bespitzelt‹. Sie sind alle Gefangene!«

Die Nachricht wird kommentiert, interpretiert. Die schlimmsten Szenarien spuken in den Köpfen der Männer herum. Ab jetzt ist alles in der Schwebe in ihrem isolierten Dasein auf 2000 m Höhe. Sie sind handlungsunfähig, warten auf Funkbotschaften, hin und her gerissen zwischen Hoffnung und Verzweiflung.

Laplanche fängt die Funksprüche des Außenministeriums auf. Beschwichtigende Phrasen. Dann entspannt sich die Lage. Paris kündigt seine Entscheidung an, drei Wagen und Funkstationen mit der Transsibirischen Eisenbahn nach Urumchi zu schicken. Salesse wird als Eskorte abkommandiert. Das Außenministerium »ersucht Gouverneur King um die Aufhebung des Durchreiseverbots. Die China-Gruppe wird gut behandelt, ihre Ausrüstung wird ihnen zurückerstattet.« General King, der Gouverneur von Sinkiang, bleibt Herr der Lage. Haardt hatte lauthals verkündet: »Mit den Chinesen werden wir spielend fertig.« Audouin würde ihm jetzt gern die Meinung sagen: »Das ist leicht gesagt, solange man in den bequemen Büros an der Place de l'Opéra sitzt.«

Als Audouin mit seinem Trupp in Gilgit eintrifft, weiß er bereits, dass Haardt den Plan aufgegeben hat, mit seinen Raupenfahrzeugen weiter als bis Misgar zu kommen. Der Berg hat sich ihm nach der Überquerung der Himalaya-Pässe verschlossen. Die Mechaniker sind in Gilgit und warten auf die Rückkehr nach Frankreich. Sie sind demoralisiert, tief erschöpft, bis über die Grenzen ihrer Kräfte hinaus verausgabt. Ferracci, der seine Leute aufmuntern will, sagt ihnen immer wieder: »Wir haben den Pamir nicht erreicht, aber wir haben den Himalaya überquert. Die Raupen haben gehalten! 290 km lang!«

Ein See bei Mintaka, der durch die Schmelzwasser der Karakul-Gletscher jeden Sommer neu entsteht. Die Karawane, die von Moulabai angeführt wird, dem Burjaten aus Sibirien, zieht in Richtung Tash Kurghan weiter.

DER KILIK-PASS, ÜBERGANG NACH CHINA

Es ist ein stummer, trostloser Abschied, die Männer fühlen sich verwaist und nutzlos ohne ihre Fahrzeuge: Sie nehmen den »Goldskarabäus«, zerlegt und in Kisten verpackt, mit nach Hause. Der »Silberhalbmond« ziert bereits den Schießplatz des *Mir*[31] von Hunza. Der Chefmechaniker weigert sich, mit Haardt zu sprechen, der von Misgar aus anruft. Oberst Gabriel kehrt der Expedition wütend den Rücken: so viel vergeudete Mühe, Material und Geld, und alles nur um des Ruhmes willen! (Allein die Überquerung der Himalaya-Pässe hat über 100000 Francs für Träger, Ausrüstung und Verpflegung verschlungen.)

Audouin macht sich mit seiner Karawane erneut auf den Weg. Sie durchqueren Hunza, das höchstgelegene Königreich der Welt. In einer Talmulde, von hohen Gipfeln eingefasst, ragt der Palast des *Mir* auf einem Felshang auf. Der Weizen wird hier mit der Sichel geerntet. Die Luft riecht nach gezuckerten Pflaumen. Der *Mir* empfängt sie in seinem Teehaus, umgeben von seinen Tänzern, hinreißenden Jünglingen, deren Perücken aus dem Haar chinesischer Frauen gemacht sind.

Audouin erreicht Misgar am 30. August. Misgar ist der Ort, an dem die drei Gruppen zusammentreffen, die Wiedervereinigung nach dreimonatiger Trennung. »30. August. Zwei Meilen vor Misgar tauchen Williams, Morizet, Hackin, dann Haardt auf seinem weißen Pferd auf. Mein Eindruck: Er sieht gealtert, erschöpft, traurig aus, eine tiefe Sorgenfalte quer über den Augen. Die ersten Worte zeugen von der Erschöpfung. Die Fragen bleiben ohne Antworten. Lastendes Schweigen. Wir wissen jetzt, dass die China-Gruppe in Urumchi gefangen sitzt. Wir werden Sinkiang durchqueren, koste es, was es wolle.«[32]

Die Karawane bricht wieder auf. Auf 4900 m Höhe erreichen sie den Kilik-Pass, Schnittpunkt großer Reiche: Afghanistan, Russland, Indien und China. Es ist ein berauschender Ritt in diesem Gebiet, das kein Land für sich beansprucht, das nur als *political districts* bekannt ist. »In der Nähe der afghanischen Grenze«, schreibt Audouin am 4. September, »kommen wir zu einem Gletscher, dessen Schmelzwasser den Amu-Darja – in der Antike Oxus genannt – und das Tarim-Becken speisen. Bei einer Erkundungsmission zum Wakhjir-Pass wird auf 5020 m Höhe ein See entdeckt, der in keiner Karte eingezeichnet ist. Der Berg öffnet sich schließlich auf das Hochtal des Kosh-Bel. Die Kirgisen empfangen uns herzlich, setzen uns Yak-Käse und Yak-Milch in ihrer Jurte vor.«

Eines Tages kommt ihnen eine Karawane mit 70 Kamelen unter der Führung von Moulabaï entgegen. Petro hat sie vor einem Jahr geordert. Die Karawane hat soeben China durchquert und wird die Expedition, falls nötig, bis Urumchi begleiten. Tash Kurghan auf 3120 m Höhe ist die erste chinesische Stadt seit der Überquerung der Grenze. Nach einer strengen Grenzkontrolle wird die Expedition Citroën vom *Amba*[33] empfangen, der sich in seiner Festung verschanzt hat. Am Tag der Abreise werden die Männer zum Tee eingeladen. Der *Amba* lässt seinen Gästen französische Musik vorspielen. Als dann plötzlich die ersten Takte einer vertrauten Melodie erklingen, springt die ganze Mannschaft auf die Füße und nimmt Habachtstellung ein. Der Hausherr verliert für einen Moment seinen asiatischen Gleichmut, so bestürzt ist er über diese Reaktion. Wie hätte er auch wissen sollen, dass diese martialische Musik die *Marseillaise* ist?

»21. September, Kashgar. Wir machen dem *Tao-taï* unsere Aufwartung. O wundersame chinesische Höflichkeit! Die Gesichter von vollendeter Liebenswürdigkeit. Die Höflichkeit ist wie ein Rausch, eine Sinnenlust, die man als Kenner genießt, die man bis in ihre feinsten Nuancen goutiert.– ›Mein Leben wird von heute an stets von dem Gedanken erfüllt sein, welch unvergessliche Erinnerung mir durch Ihre Durchreise zuteil wurde‹.«

Was bedeutet dieses ganze Zeremoniell? Wird man ihnen erlauben, zur China-Gruppe zu stoßen? Wird Point ihnen mit den Wagen entgegenkommen? Dürfen die Expeditionsteilnehmer ihre Studien durchführen, insbesondere an den Stätten, die Hackin ihnen ans Herz gelegt hat?

Ankunft in Tash Kurghan (3120 m), erstes chinesisches Dorf seit der Grenze. Die Grenzkontrollen sind scharf, der Empfang durch die Behörden ist höflich, aber reserviert.

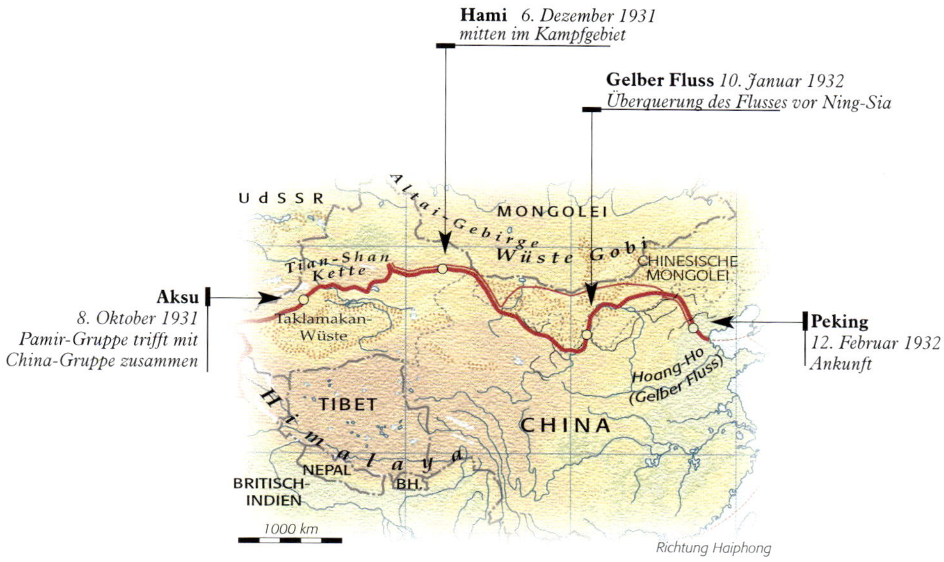

»Nachdem er den Edsengol erreicht hat, nimmt der Reisende die endlose Straße nach Osten, von der er zum ersten Mal die Chinesische Mauer erblickt.«

(Aus dem Tagebuch von Louis Audouin-Dubreuil)

Das Reich der Mitte

Zwischen dem Himmelsgebirge im Norden und der Taklamakan-Wüste im Süden durchquert der Tarim, gespeist von den Gletschern des Karakorum, die Provinz Sinkiang, lässt Oasen erblühen und verschwindet in den Salzsümpfen von Lop-Nor. In der Ebene, einer Halbwüste, atmen die Reiter den Wind der Weite ein, der mit dem Geruch der angewehten Gräser befrachtet ist. Die Hoffnung verleiht ihnen Flügel: Die Pamir-Gruppe und die China-Gruppe werden bald zusammentreffen. Aber die wieder gefundene Weite ist nicht gleichbedeutend mit Freiheit. Während die Pferde lautlos im Sand dahintraben, erinnert das Klirren der Säbel an den Steigbügeln beständig daran, dass die Männer von Soldaten eskortiert werden, »die sich auskennen und verhindern werden, dass sie irgendwelche Irrtümer begehen«. Sie kommen durch die Tumshuk-Ebene, und ihre Gedanken weilen bei den Archäologen Pelliot und von Lecoq, wenn sie ein Feld mit Häuserfundamenten und geschnitzten Balken durchqueren. Hackin ist in düsterer Stimmung. Steif und würdevoll ziehen die Reiter auf ihren Tieren vorbei. Nur nicht das Gesicht verlieren, das ist jetzt die Hauptsorge der Entdecker. Sie kommen durch Dörfer mit staubverwehten Straßen und niedrigen, fensterlosen Lehmhäusern. Im Schatten der Pappeln, Trauerweiden und Tamarisken sitzen Turkmenen [34] mit gleichmütigen, reglosen Gesichtern und sehen schweigend zu, wie diese neuen Eroberer an ihnen vorüberziehen. Sie tragen noch die Kennzeichen ihrer arischen Vorfahren: den ovalen Gesichtsschnitt, die helle Hautfarbe, die gerade Nasenlinie. Wie es scheint, haben sie jede Vermischung mit den sich stetig folgenden Eroberern vermieden. Die unverschleierten Frauen in ihren bunten Lumpen sehen traurig aus.

8. Oktober. Einer der Männer murmelt: »Vor sechs Monaten haben wir die Mittelmeerküste hinter uns gelassen.« Keine Reaktion. Es ist viel zu heiß – ein trostloser, brütender Herbsttag in der Provinz Sinkiang. Plötzlich zeichnet sich ein Reiter am endlosen Horizont ab. Eine Luftspiegelung? Nein, ein Reiter, der in einer Staubwolke direkt auf sie zugaloppiert. »Carl!«, brüllt Hackin. Umarmungen, Gelächter, Nachrichten werden ausgetauscht. Aksu rückt näher. Hinter einer Wegbiegung taucht die Silhouette des Jesuitenpaters Teilhard de Chardin auf. Eine lange, knochige Gestalt, fast nur Haut und Sehnen, ein fein gezeichnetes, zerfurchtes Gesicht. »Da seid ihr ja! Endlich!«, ruft er, und in seinen Zügen spiegelt sich die Freude wider, die alle empfinden.

Im Lager vier nagelneue Raupenfahrzeuge, säuberlich nebeneinander aufgereiht, die französische Flagge und die Standarten flattern im Wind. Penaud und seine Mannschaft in großer Galamontur. Unter dem Weinspalier Lampions, chinesische Girlanden und ein blumengeschmückter

LINKS: *Ein Steinriese wacht seit Jahrhunderten am Rand der Geisterallee, die zur Gräberstadt der Ming-Kaiser in der Nähe von Peking führt. 1386 verjagt Zhu Yuanzhang die mongolischen Eroberer, Abkömmlinge von Dschingis Khan, die 1206 die Macht an sich gerissen hatten. Er begründet die Ming-Dynastie. 1644 bricht ein Bauernaufstand aus, angeführt von Li Zicheng, der Peking belagert. Der letzte Ming-Kaiser, Chongzhen, begeht Selbstmord.*

Tisch mit 20 Gedecken. Ein Vorkriegs-Pernod, den der Französische Freundeskreis von Tientsin ausgibt. Rauschende Feststimmung. Zwei Männer fehlen jedoch an diesem Abend: Victor Point, der General King mit einem Raupenfahrzeug und einer Funkstation in die Kampfzone begleiten muss, und Petro, der noch immer in der Stadt Hami festsitzt, die von den Shantou [35] belagert wird. »Es ist schrecklich – alles hat irgendwie verkehrt angefangen, und so geht es auch weiter!«, bricht es aus Penaud heraus. Er bestätigt damit die letzte Nachricht von Victor Point, die eben erst zu Audouin-Dubreuil durchgedrungen ist. Starke Eindrücke, ungeschminkt wiedergegeben von einem Mann, der viel durchgemacht hat:
»Ach, könnte ich doch wieder bei euch sein! Ich habe Schlimmes erlebt in den letzten fünf Monaten, manchmal wirklich zum Fürchten. Es hat mich zwei Monate zähes Verhandeln gekostet, bis ich endlich die Erlaubnis erhielt, euch vier Wagen entgegenzuschicken, und als Gegenleistung muss ich nun ins Kriegsgebiet reisen und die Funkstation installieren, die ich dem Gouverneur überlassen habe. (...) Ich reise in einer Woche nach Hami ab, wo ich hoffentlich Petro mit zurücknehmen kann; er sitzt seit zwei Monaten in der Stadt fest, die von Ma-Jong-Yis Truppen umzingelt ist. (...) Was mich betrifft, so habe ich für den Rest meines Lebens genug von China. (...) Die muslimische Revolte gewinnt täglich an Terrain. (...) Falls die Kämpfe auf die Region Kucha oder Aksu übergreifen, sollten Sie schleunigst Ihren Weg fortsetzen. Von den muslimischen Rebellen haben Sie nichts zu befürchten, aber seien Sie auf der Hut vor den aufgelösten oder besiegten chinesischen Truppen. Kampieren Sie nie in einer Stadt oder in einem Dorf, da Sie sonst vielleicht nicht mehr herauskommen. Möge Sinkiang Sie gastfreundlicher empfangen als mich. Mit freundschaftlichen Grüßen, Ihr Victor Point.«

DIE ODYSSEE DER CHINA-GRUPPE

»Wir haben es zwar nicht zu unserem Treffpunkt in Kashgar geschafft, Monsieur Haardt, aber wir sind mit allen vier Wagen nach Urumchi gekommen.« Penaud ist stolz, alle hängen gebannt an seinen Lippen, als er die Abenteuer der China-Gruppe schildert:
»Als wir im Hafen von Tientsin gelandet sind – M. Brull, die ganze Mannschaft (Balourdet, Rémillier, Piat, Dielman, Conté, Nuret, Kégresse, Gauthier, Delastre) und ich –, war Monsieur Point schon da und hat uns in Empfang genommen. Die sieben Wagen waren in ihren Kisten in einer Garage hinten versteckt. Die Chinesen mögen keine Fremden, sie unterstellen ihnen böse Absichten. Wir haben 14 Tage für die Vorbereitungen gebraucht, wir mussten zwei Lastwagen mieten und mit der Ausrüstung

»24. Oktober. Ich bin an der Spitze des Konvois, eine schwierige Felsenstrecke des Toksun-Passes liegt vor uns. Plötzlich kommt in einiger Entfernung ein Räderfahrzeug auf uns zu. Point, Petro und Chauvet steigen aus dem Wagen. Wir stürzen zu ihnen, wir umarmen uns, drücken uns, lachen vor Freude. Vielleicht weinen wir auch? Nachrichten werden ausgetauscht ... Point ist zurück, heil und gesund, strahlend vor Jugendkraft. Petro konnte aus Hami entkommen, als die Stadt von den Shantou angegriffen wurde.« (Louis Audouin-Dubreuil)

beladen, fast zwei Tonnen Gewicht. Am 6. April sind wir endlich aufgebrochen, morgens um drei, weil wir keine Spitzel anlocken wollten, aber in Peking sind Studenten auf unseren Konvoi aufmerksam geworden. Wir haben unser Tempo beibehalten. Wir wollten ihnen keine Zeit lassen, die ganze Stadt zu alarmieren. So was macht verdammt Angst, selbst wenn man im Krieg war wie ich. Wir hatten auch große Angst, dass wir mit chinesischen Nationalisten zusammenrasseln würden.

Auf der Kaiserallee hatten wir dann die ersten Pannen. Also, das ist mir bis heute schleierhaft. Unsere Raupen haben in der tunesischen Wüste viel größere Strapazen mitgemacht. Sie haben sich bei allen Testfahrten bestens bewährt, und dort, auf diesem Terrain, lassen sie uns plötzlich im Stich! In Kalgan die nächste Zwangspause, außerdem war eine Kette kaputt. Wir mussten auf den Ersatz warten, den Javel uns mit der Transsib schicken wollte. In der Zwischenzeit haben wir den Grund für die Kettenbrüche herausgefunden: ein defektes Gussstück, das zu Verbiegungen geführt hat. Brull hat ein neues Gussstück entworfen, Kégresse hat es gezeichnet, dann sind sie nach Peking gefahren, um das gesamte defekte Material umzubauen. Point ist mit ihnen gefahren und hat mit den chinesischen Behörden geredet, die wütend waren, dass unsere Wagen ohne die chinesische Flagge durch Peking fuhren, wo wir doch für sie die ›chinesisch-französische Expedition‹ sind. (...) Wir also wieder los, mit Pater Teilhard, der inzwischen zu uns gestoßen ist. Diesmal halten die Ketten. Wir fahren durch ein Chaos von Felstrümmern, über Wege, auf denen der Staub 50 cm hoch liegt, so dass die Lastwagen sich ständig festfressen. Wir verfahren uns auf den Pisten, gehen den Banditen aus dem Weg, vor denen man uns gewarnt hat. Und endlich erreichen wir Bailingmiao.«

Teilhard de Chardin erzählt weiter: »In Bailingmiao wurden uns die chinesischen Wissenschaftler präsentiert, und wir hatten die Hoffnung, dass sie sich als gute Kameraden erweisen würden. Aber es war ein kalter Empfang. Professor Tsu-Ming-Yi war so abweisend, dass ich ihn kaum wiedererkannte. Er ist jetzt Mitglied des Zentralkomitees des Kuomintang und hat mir klar gemacht, dass er sich als Chef unserer wissen-

OBEN UND UNTEN: *In den kleinen Städten und Oasen Turkestans mit ihren feudalistischen Sitten ist die Bevölkerung islamisch. Die Frauen sind nicht verschleiert, sondern schmücken sich mit Kappen in leuchtenden Farben. Über ihren weiten Hosen tragen sie lange, geblümte Baumwollröcke, die bis auf die Stiefel fallen. Wattierte Jacken schützen sie vor der bereits schneidenden Kälte. Ein rätselhaftes Volk, das die Engländer Osttürken nennen, die Russen Sarten, die Chinesen Shantou oder Turkis.*

schaftlichen Mission betrachte. Yao, der in Saint-Cyr war, trug einen wertvollen geprägten Jadeblock als Anhänger, das Siegel des Gouverneurs von Nanking. Tiao kommt aus einer sowjetischen Militärakademie. Professor Ho von der Universität Nanking hat mit Doktor Humel Sinkiang erforscht. Liou, der Botaniker, hat keinerlei Interesse bekundet, seinen Kollegen Reymond kennen zu lernen. Chow, ein Journalist, hatte keine Einladung von uns bekommen, und ich war sehr befremdet über seine Anwesenheit. Und Young, der im *Service géologique de la Chine* mein Stellvertreter war, hat so getan, als würden wir uns zum ersten Mal sehen. Es war klar, dass man uns eine Überwachungsmannschaft aufgezwungen hatte.

Es kam auch rasch zu Zwischenfällen. Kaum waren wir in die Wüste Gobi vorgedrungen, waren sie ganz aus dem Häuschen vor Angst. Wir haben eine Route genommen, auf der es 1500 km weit keine Möglichkeit gab, Hilfe zu holen oder Verpflegung zu erhalten. Bei jedem Halt bin ich rausgegangen, um die Felsformationen zu studieren; Reymond hat die Fauna erkundet oder Skorpione gefangen; Petro und Carl waren mit kartografischen Aufzeichnungen beschäftigt. Und die ganze Zeit wurden wir von den chinesischen Kollegen bespitzelt. Point hat dieses feindselige Klima nur schwer ertragen. Jede Nacht, wenn er anhand der Sterne unsere Position ermittelte, ist Ho ihm gefolgt wie ein Schatten. Eines Tages hat Point ihn angerempelt, als er vor Spetchs Kamera vorbeispazierte. Und weil Ho auf diese Weise sein Gesicht verloren hat, ist er mit der erstbesten Karawane, der wir begegnet sind, verschwunden. Die Spannung war enorm. Wir haben uns an den Karten orientiert, die Sir Aurel Stein [36] angefertigt hat. Unsere beiden Führer Cumbo und Gao, die an den langsamen Rhythmus der Karawanen gewöhnt waren, haben im Auto die Orientierung verloren. Mehrmals haben wir uns auf schwierigem Terrain verirrt. Wir sind in einen Sturm geraten, der tagelang gewütet hat, die Hitze war unmenschlich ...«

Die mongolische Prinzessin Balta Nirgidma de Torhout mit Victor Point vor ihrer Jurte. Sie trägt ihr Staatsgewand, denn Morizet und Sivel sind im Begriff, eine Filmszene zu drehen. Die Prinzessin ist auf der Durchreise nach Urumchi. Seit sechs Monaten wartet sie auf ihren Pass, den General King zurückhält. Da sie in einem Schweizer Internat erzogen wurde, spricht die Prinzessin hervorragend Französisch.

Penaud nimmt den Faden wieder auf: »Die gelbe Erde Asiens schlägt uns allmählich aufs Gemüt. Aber das Schlimmste ist, dass die Wagen Kondensatoren bilden, sie laden sich mit Elektrizität auf. Wir müssen jeden Augenblick darauf gefasst sein, dass die Funken unsere Benzintanks in Brand setzen. Und irgendwann gibt es kein Benzin mehr und nichts mehr zu beißen. Wir also nach Süden ins Kriegsgebiet, in Richtung Suzhou. Wir hatten keine andere Wahl, wir wussten, dass zwei der Vorratsdepots auf unserer Route geplündert worden waren. Wir mussten unbedingt nach Suzhou kommen, wenn wir nicht verhungern wollten. Die Stadt hatte gerade einen Angriff erlebt, und was wir dort zu sehen bekamen, war einfach unbeschreiblich.«

»Unter den Festungswällen lagen die Leichen der Erschossenen, und wir mussten mit ansehen, wie die Hunde sich über sie hermachten«, erzählt Pater Teilhard und verstummt, von der Erinnerung überwältigt. Nach einer Weile fährt er fort: »Man hat uns die Pässe weggenommen und wir durften keine Funksprüche mehr durchgeben. Die Wagen wurden beschlagnahmt, aber unsere Waffenverstecke waren sicher, und die Maschinengewehre wurden nicht entdeckt. Point musste wieder einmal verhandeln. Es folgten endlose Palaver, die nach fünf Tagen zu einem Ergebnis führten. Und in diesen fünf Tagen haben die chinesischen Wissenschaftler, die sich hier sicher fühlten, die Situation ausgenützt und uns regelrecht erpresst. Sie erklärten, sie würden die Reise mit uns fortsetzen und uns helfen, unsere Durchreise mit den chinesischen Behörden oder mit den Kampftruppen auszuhandeln, auf die wir unterwegs stoßen würden, aber nur, wenn Victor Point die Leitung der Gruppe abgeben würde; ansonsten wollten sie nach Peking zurückkehren. Tsu hatte die Kränkung nicht vergessen, die Ho erlitten hatte, er rächte sich jetzt, indem er dafür sorgte, dass Point ebenfalls sein Gesicht verlor. Point akzeptierte die Bedingung, denn wir konnten nicht riskieren, dass die Regierung von Nanking uns ihre Protektion entzieht. Die ›Verträge von Suzhou‹ wurden unterzeichnet und Brull zum Chef der chinesisch-französischen Mission ernannt. So viel vergeudete Zeit!

Mit gutem Benzinvorrat und einigem Proviant sind wir wieder aufgebrochen. Wir hatten uns verpflichtet, die Wüstenroute zu nehmen und so das Kriegsgebiet zu umgehen. Trotzdem sind wir über Schlachtfelder gekommen, die mit Toten und Verwundeten übersät waren. Unter Delastres Anleitung haben wir die Überlebenden verarztet, aber es waren nicht viele. Ich habe mich nach Verdun zurückversetzt gefühlt, wo ich als Sanitäter eingesetzt gewesen war. Der Medizinwagen, der hervorragend ausgestattet ist, und die moderne Ausrüstung waren uns dabei sehr nützlich. Auf dem Weg nach Hami haben Waffenkonvois unseren Weg gekreuzt und wir sind durch zerstörte Dörfer gekommen. Hami hatte gerade einen Überfall von Ma-Jong-Yi abgewehrt und es drohten neue Angriffe. Aber wir mussten in die Stadt hinein, um an unsere Depots zu kommen. Der Prinz von Hami hat uns einen Passierschein bis Turfan ausgestellt. Die chinesischen Gelehrten, die bei dem Gedanken an eine Shantou-Revolte in helle Panik gerieten, stahlen sich eines Nachts klammheimlich davon. Petro wollte die Stadt auf keinen Fall ohne seinen Lastwagen verlassen, der einen Motorschaden hatte. Er sagte, er würde in Urumchi wieder zu uns stoßen. Seither keinerlei Nachricht von ihm. Er hat zehn Jahre in China gelebt, er kennt die Mentalität der Chinesen und spricht ihre Sprache... Es besteht Hoffnung... Wir sind also schweren Herzens wieder aufgebrochen. Wir haben uns große Sorgen gemacht.«

»Zu Recht, *mon père*«, wirft Penaud ein. »Überall in der Stadt waren Leichenteile von massakrierten Muslimen an die Bäume genagelt – Köpfe, Herzen, Leber, Füße ...«

Brull übernimmt es, das Ende ihres Abenteuers zu erzählen: »Schließlich kommt die China-Gruppe, die sich in dem feuchtschwülen Klima von Turfan, bei 50°C im Schatten, auch noch die Ruhr geholt hat, unter meinem Kommando in Urumchi an. Die Männer fiebern, sind ausgemergelt, die Ausrüstung ist abgenützt und ramponiert. Point, der nach seinem Aufenthalt in General Kings Gefängnissen ganz zerzaust aussieht, erwartet uns auf der Straße. (Point war vor seiner Gruppe in Urumchi eingetroffen, nachdem ihn der Provinz-Gouverneur herbestellt hatte.) Er hat uns in ein

OBEN: *Die Mechaniker der China-Gruppe setzen die Raupenfahrzeuge in Stand, die bei der Durchquerung Chinas von Osten nach Westen auf eine harte Probe gestellt wurden.* SEITE 68 – 69: *Im Süden von Urumchi überquert der »Silberhalbmond« den Toksun-Pass.*

kleines Wäldchen außerhalb der Stadt geführt. Unsere rollenden Panzer sind für vier Monate verstummt. Wir saßen in unserem ›Widerstandslager‹ und haben auf die Haardt-Gruppe gewartet. Als Gefangene.«

WARTEN IN URUMCHI

Haardt und Audouin übernehmen wieder das Kommando über die Citroën-Flotte. Der Weg zu General Kings Hauptstadt kostet sie 21 Tagesmärsche mit etlichen Zwangspausen. Die Expeditionsleiter richten es so ein, dass die chinesischen Kontrolleure im letzten Wagen mitfahren, der prompt eine »Panne« hat. Auf diese Weise gewinnen die Wissenschaftler in den vorderen Wagen mehrere Stunden Vorsprung, so dass sie die Möglichkeit haben, unbemerkt die beiden gräko-buddhistischen Stätten Kizil und Sorchuq zu besichtigen. Hackin, Carl, Iacovleff und Le Fèvre studieren die Heiligtümer von Kizil. Leider wird kein einziges Foto gemacht. Williams sitzt zu seiner Verzweiflung im Filmwagen fest, der tatsächlich eine Panne hat. Die Zeit reicht nicht aus, um Wandmalereien zu kopieren. Hackin macht Notizen. Für die Besichtigung von Sorchuq wird eine neue Strategie ausgearbeitet. Während der Konvoi in Richtung Karashar fährt, schwenkt Audouin, der den weniger strengen der beiden chinesischen Überwacher an Bord hat, von der Piste ab und hält auf Sorchuq zu. Hackin bereitet seine Mitreisenden auf den Besuch der Stätte vor: »Die Kashgarei war im Mittelalter ein Land mit indoeuropäischer Sprache, buddhistischer Religion und indoiranischer Zivilisation. Aber sie stand auch unter dem Einfluss des sassanidischen [37] Persien.«

Auf einem Hügel ragen die Ruinen der Wüstenstätte auf. Der Tempel wurde niedergebrannt. Auf dem Boden finden sich Lehmstatuen, die vom Feuer gehärtet wurden und auf diese Weise erhalten geblieben sind. Köpfe mit griechischen Profilen, harmonische, feingliedrige Körper, Fragmente von Draperien, Rosetten, zarte Hände, meisterhafte Frauentorsi ... Hackin sammelt ein Fragment einer Statuette auf, die noch Spuren einstiger Bemalung aufweist. Der chinesische Bewacher macht einen Schritt

OBEN: *Das »Widerstandscamp« in Urumchi, in einem Wäldchen in der Nähe der Stadt; von links nach rechts: Victor Point, Charles Brull und Teilhard de Chardin. Nach zwei ungewissen Wochen in General Kings Gefängnissen hat Point den Befehl erhalten, seine Gruppe in die Hauptstadt Sinkiangs zu führen.* MITTE: *Point hat vorsichtshalber das Lager außerhalb der Stadtmauern Urumchis errichten und die Motoren auseinander nehmen lassen.* UNTEN: *Die Stadt Urumchi liegt auf halbem Weg zwischen Moskau und Kanton; in der Ferne sieht man die Bogdo-Kette.*

auf ihn zu, um irgendein Verbot auszusprechen. Doch Hackin kommt ihm zuvor: »Hier, behalten Sie Ihre Schätze!« Und damit lässt er das Corpus Delicti in die große seidene Tasche im Gewand des Chinesen gleiten. Die anderen folgen seinem Beispiel. Bald reichen die Taschen nicht mehr aus, um die Ausbeute zu fassen. Das Gewand, jetzt hochgeschürzt wie ein Sack, füllt sich zum Bersten. Schließlich kehrt der Bewacher mit leuchtenden Augen zum Wagen zurück. Noch am selben Abend findet eine äußert lukrative Transaktion im Biwak statt. Kostbare Fragmente der Vergangenheit dank menschlicher Habgier gerettet.

Letztes Ereignis vor der Ankunft in der Hauptstadt von Sinkiang: Begegnung mit Point in Toksun. Point kehrt unversehrt von der Front zurück, wo er an der Schlacht teilgenommen hat. Petro begleitet ihn. Nachdem er aus Hami geflüchtet und einen Monat lang durch die Wüste geirrt war, ohne sich in die Dörfer zu wagen, ist er einige Tage zuvor in Urumchi eingetroffen, mager und fröhlich, im Besitz seines Lastwagens.

27. Oktober. »Urumchi, von den Gipfeln der bereits im Herbst schneebedeckten Bogdo-Kette überragt, ist eine Stadt, in der die Ungewissheit vor dem Morgen auf dem Reisenden lastet. Man kann sich dort nur hineinwagen, wenn man viel Zeit zu vertrödeln hat.« [38] Haardt, der gehofft hatte, er könne seine finanziellen Transaktionen mit General King zügig abwickeln und einen Kollektiv-Pass für die Weiterreise nach Peking beschaffen, kann ein Lied davon singen. Nachdem die Verhandlungen zwischen der Citroën-Leitung und General King über die Einreise nach Sinkiang endlich zu einem Ergebnis geführt hatten, waren drei Raupenfahrzeuge und Funktstationen via Russland nach Urumchi geschickt worden. Die Expedition wartet nun auf den Konvoi, der von Salesse eskortiert wird. King schuldet den Citroën-Werken 800000 Francs für diese Ausrüstung. Haardt hat den Ehrgeiz, André Citroën die Summe in Goldbarren nach Frankreich mitzubringen.

Haardt eröffnet die Verhandlungen mit dem mächtigen General King. Die Audienzen finden nur sonntags statt, bei endlosen schwelgerischen Festmählern. Der General empfängt seine Besucher, umringt von Soldaten, die bis an die Zähne mit Gewehren und Pistolen bewaffnet sind und jeden im Saal scharf im Auge behalten. Es ist nicht ratsam, allzu schnell ein Taschentuch herauszuziehen, selbst wenn man vor dem Mahl seinen Revolver im Vorzimmer abgeliefert hat. Der General wird von einer strammen Garde weißrussischer Frauen bedient. Jedes Gesuch, das Haardt vorbringt, wird vom zuständigen Ministerium geprüft. Das führt zu weiteren Gelagen bei den Ministern, und dort muss man ziemlich trinkfest sein, um die zahlreichen Schalen Reisschnaps zu verkraften. Die Wertschätzung, die einem Gast entgegengebracht wird, hängt von der Alkoholmenge ab, die er in sich hineinschütten kann. Pecqueur, der seit kurzem Korvettenkapitän ist, schlägt alle Rekorde: 27 Schalen. Audouin-Dubreuil verbringt zwei höllische Nächte damit, einen lallenden, wankenden Pecqueur einzufangen, der mit aller Macht zum Palast des Ministers zurückstrebt, um ihm für den »unvergesslichen Abend« zu danken.

Haardt verliert allmählich die Geduld und sein diplomatisches Geschick, ganz im Gegensatz zu Iaco. Der »Hofmaler« (so wird er von seinen Freunden genannt), der mit einer guten Portion Humor gesegnet ist, hat seine Freude daran, »das edle Konterfei einer hochgestellten Persönlichkeit« auf die Leinwand zu bannen, »besonders wenn es sich um einen Chinesen handelt«. Über King schreibt er: »Wenn mir der Gouverneur von Sinkiang

LINKS: *Porträts sind sehr beliebt bei den Chinesen. In Urumchi hält Iacovleff die Züge aller Minister fest, hier die von General King höchstpersönlich. Die Sitzungen finden in einer bisweilen etwas angespannten Atmosphäre unter den Augen bewaffneter Leibwächter statt.*
RECHTS: *Ein kasachischer Jäger mit einem Adler.*

sein wächsernes Opiumgesicht zukehrte, in einer sorgfältig einstudierten Pose, die er sich von Fotos hoher Militärs in westlichen Zeitungen abgeschaut hatte, bewachten mich zwei grimmige Soldaten, die Hand an der Mauser, das *coupe-coupe* in seiner scharlachroten Lederhülle an der Hüfte baumelnd.«

Während die diplomatischen Bemühungen ihren Gang gehen, werden Fuchs-, Wolfs-, Schafs- und Hundepelze gekauft. Shantou-Schneider werden angeheuert, um eine Ausrüstung wie für eine Arktisexpedition anzufertigen: Lammfelljacken, lammfellgefütterte Hosen, gefütterte Galoschen und Stiefel, Mützen aus Persianerwolle. Die Winterkleidung der Raupen wird von Shantou-Sattlern hergestellt: dicke Pelzmotorhauben, Yakfilz-Polsterung auf der Rückseite der Planen. Die Mechaniker fabrizieren ein über den Motor beheiztes Röhrensystem. Öfen werden vom Blechschmied angefertigt, kalorienreiche Lebensmittel eingekauft. Noch bläst der Wind Asiens aus dem Süden, aber wenn er sich legt, werden Wolken aus dem Norden aufziehen und Schnee und Eis mit sich bringen. Die Expedition hat drei Monate Verspätung, sie wird in den Winter Nordchinas und der Wüste Gobi hineingeraten. In Urumchi, dieser weltvergessenen Stadt, warten zahlreiche Fremde auf die Ausstellung eines Passes: die schöne Mongolen-Prinzessin Nirgidma de Torhout, ein Mitglied der archäologischen Mission des Entdeckers Sven Hedin [39], eine Amerikanerin… Niedergeschlagenheit macht sich in der Expedition breit. Abends, wenn die Arbeit ruht, lastet die Trostlosigkeit des Ortes auf den Männern, bedrückt sie. Die Gespräche drehen sich im Kreis, Streitereien flackern auf, selbst der Pater fährt aus der Haut, wenn jemand etwas Dummes sagt, und haut mit der Faust auf den Tisch. Sie lesen dieselben Bücher

Kara-Khoja, das in der Nähe von Turfan liegt, ist eine der toten Städte des Tarimbeckens. Ein Erkundungstrupp unter Audouin-Dubreuil ist dorthin aufgebrochen. Hackin, Teilhard de Chardin und Iacovleff studieren drei Wochen lang die archäologischen Stätten der Turfan-Region.

zum x-ten Mal, singen halbherzig ein paar Lieder. Der Nachtwächter geht vorbei und schlägt mit seinem Knüppel auf den Boden, um die bösen Geister zu vertreiben. »Soll man etwa resignieren, es hinnehmen, dass die Zeit verrinnt und Vergessen bringt, soll man sich dieser Tristesse überlassen und sie vielleicht gar eines Tages schön finden, dank großer Mengen Opiums und russischen Wodkas und reizender Chinesinnen?« [40]
Endlich kommt die Citroën-Bestellung. Die Männer schöpfen wieder Hoffnung, die lähmende Trostlosigkeit fällt von ihnen ab. Salesse hat viele gefährliche Abenteuer erlebt, aber selbst jetzt, so müde und traurig er auch sein mag, hat er immer ein Lächeln parat. Der Pass, der die Freiheit bedeutet, wird Haardt ausgehändigt. Die Wissenschaftler erhalten grünes Licht für die Erforschung des Turfan-Komplexes, der in der Nähe liegt. Bei einem Abschiedsessen lässt General King durchblicken, dass er den baldigen Aufbruch der Expedition wünscht. Haardt ist außer sich, der Gouverneur hat seine Schulden noch nicht beglichen. Am nächsten Morgen hält ein schwerer Karren vor der großen Jurte, Haardts Hauptquartier. Ein Packen wird abgeladen. Er wird geöffnet, eine Flut von Yen-Münzen [41] quillt hervor, ein Goldbarren fällt dumpf zu Boden. »Ihr Chef mag in seinem Land allmächtig sein, aber hier ist er nichts.« So der Außenminister zu Petro, dem Dolmetscher.
Mehrere Männer verlassen die Expedition: Brull, der sehr geschwächt ist, Jourdan, Kégresse, der einen entzündeten Blinddarm hat, aber nicht in Sinkiang operiert werden kann, weil der Eingriff zu riskant wäre, und Carl, der mit anderen Arbeiten beschäftigt ist. Salesse wird ihnen ein paar Tage später mit den bisher erstellten Sammlungen und Dokumentationen folgen.

Lager in Murtuk, im Turfan-Komplex; von hier aus besichtigt das Archäologenteam die Fundstätten der Region.

TURFAN UND SUZHOU

Am 18. November brechen Hackin, Teilhard de Chardin, Iaco, Sauvage, Le Fèvre, Williams und Audouin als Vorhut von Urumchi auf, um die Stätten des alten Königreichs Turfan zu erforschen, die toten Städte der Wüste Gobi. Sie besichtigen nacheinander die Heiligtümer von Bezeklik, die Grotten von Murtuk, die toten Städte Sangim und Kara-Khoja. Hier wurden von 1902–1914 bereits Studien von berühmten Vorgängern durchgeführt, den Archäologen Aurel Stein und von Lecoq, aber es gibt noch viel zu tun. Hackin ist gut vorbereitet, er kommt mit vermehrten Kenntnissen an diese Orte, mit neuen Mitteln und mit seiner einzigartigen Bamiyan-Erfahrung. Er führt eine methodische Untersuchung der Heiligtümer im Hinblick auf den Malstil, den künstlerischen Wert und die Ikonografie durch. Die Studie bestärkt ihn darin, »weiter gehende Vergleiche innerhalb dieser Welt der religiösen Bilder anzustellen, deren Überreste im Osten in Turfan, Sorchuq und Kizil, im Westen im Bamiyan-Tal überdauert haben.«[42] Alle arbeiten mit Feuereifer, angesteckt von Hackins Enthusiasmus.

Iaco kopiert die interessantesten Wandmalereien. Er wendet die Technik der Temperamalerei an. Damit seine Farben nicht gefrieren, stellt er seine Metallpalette auf einen Benzinkocher. Die Farben müssen trocknen, bevor sie vereisen. Tagsüber werden jetzt minus 10 °C gemessen. Williams macht hunderte Fotos: Wandmalereien, Tempel, Gräber, ganze Landschaften aus grandiosen Ruinen. Es ist eine tote Welt, dem Verfall preisgegeben. Zum ersten Mal wird ein Dokumentarfilm gedreht. Hackin ist zuversichtlich. Sieben Tage, das ist nicht viel, aber die Auswertung der Dokumente, Notizen und Illustrationen, die sie mit nach Hause bringen, liefert das Ausgangsmaterial für eine besonders interessante Studie, die die Arbeiten ihrer Vorgänger ergänzen wird.

Teilhard de Chardin zieht mit seinem Geologenhammer, die unvermeidliche Baskenmütze auf dem Kopf, in die Hügel hinaus und prospektiert unermüdlich den ganzen Tag. Nichts entgeht seinen scharfen, lebhaft blitzenden Augen. Die Gesteinsernte ist reich. Am Abend im Biwak spricht der Pater von der Erde, dieser Erde, deren Geheimnisse er lüften will. »Mitreißende Worte eines enthusiastischen Gelehrten.«[43]

Der harte chinesische Winter bricht herein, die Gipfel der Bogdo-Kette werden vom Schnee verhüllt. Zeit zum Aufbruch, gut 3000 km trennen die Expedition von Peking, 3000 km ruinenübersätes Niemandsland, Elend und Kälte. Die Haardt-Gruppe muss wieder zu den Forschern in Pishan stoßen, die am Fuß des Buddhaturms von Lukchun kampieren. Der Turm ragt wie der letzte Meilenstein in dieser toten Welt auf und bietet im kalten Licht seine klaffenden Öffnungen dar, 100 Nischen mit Buddhastatuen, die alle im 7. Jahrhundert von muslimischen Eroberern geköpft wurden. Haardt hat vier Tage Verspätung. Ein paar seiner Männer sind in Turfan beinahe erstickt. Sie hatten unvorsichtigerweise den Kohleofen für die Nacht angezündet, eine Nacht, die leicht ihre letzte hätte sein können, wenn Delastre nicht vom Hund geweckt worden wäre. Delastre kann sich

OBEN LINKS: *Die Stadt Hami hinter ihren Schutzwällen, verloren in der endlosen Weite der Wüste, die von den Barkul-Shan- und Karlik-Tagh-Bergen begrenzt wird. Hier erscheint alles friedlich, aber noch vor wenigen Wochen war die Stadt der Schauplatz schrecklicher Kämpfe zwischen den Ma-Jong-Yi-Rebellen und General Tang.* OBEN RECHTS: *Als die Karawane sich der Stadt nähert, wird ein ganzes Heer von Soldaten an den Toren der Stadt postiert.* RECHTS: *»In einem zerstörten Dorf, von den Shantou niedergebrannt, begegnen wir einem* lao-tao, *der dabei gewesen sein will, als die Citroën-Depots von Petro in Xingxingxia vergraben wurden. Der Bonze erinnert sich an das Versteck, und dank seiner Hilfe kann die Expedition, die jetzt wieder über genügend Benzin und Proviant verfügt, ihren Weg fortsetzen.« (Louis Audouin-Dubreuil)*

im letzten Moment aus der Benommenheit reißen und seine Gefährten wiederbeleben. Haardt, den es besonders schlimm erwischt hat, scheint noch ziemlich geschwächt zu sein. Das Tempo muss beschleunigt werden. Keine Aufenthalte zu Forschungszwecken mehr. Die Funkstation bleibt von jetzt an stumm, der letzte Kondensator ist zerknallt. Es gibt also keine Verbindung mehr zur Außenwelt. Die Expedition muss so schnell wie möglich aus Sinkiang herauskommen, Hami durchqueren, das inzwischen von den Truppen des Generals Tang zurückerobert wurde. Der Prinz konnte fliehen, aber man spricht von 800 Toten. Die Expedition verzichtet darauf, unter den hohen Mauern zu kampieren, auf denen ein Heer von Soldaten aufzieht, sobald sie sich der Stadt nähern. Die Kälte ist entsetzlich, minus 29 °C, das Wasser gefriert in den Kühlern, das Eis muss mit dem Schneidbrenner zum Schmelzen gebracht werden, und die Motoren springen erst an, wenn man sie vorher aufgewärmt hat. Haardt entscheidet, dass von jetzt an keine Pausen mehr eingelegt werden. Die Strecke wird in Etappen von 400 bis 500 km eingeteilt. Die Männer müssen Tag und Nacht fahren, denn sie werden kaum ein Lager in Höhen von 1600 m aufschlagen können, wenn sie nicht erfrieren wollen.

Ein weiteres Problem: Mit viel Glück reichen die Benzinreserven bis Suzhou, wo die Depots geplündert wurden, aber sie werden nicht bis Kanchou zu den deutschen Missionaren kommen, die noch kostbare Vorräte haben. Point bestätigt, dass vor einem Jahr ein Depot in Xingxingxia eingegraben wurde, aber er kennt das Versteck nicht. Es käme einem Wunder gleich, wenn sie es finden würden. Das Wunder begegnet ihnen in Gestalt eines alten Chinesen, eines *lao-tao*. Petro entdeckt den Bonzen in den Ruinen eines Dorfes und kommt mit ihm ins Gespräch. Der Alte ist auf Befehl seines Großlamas vor 20 Jahren von Shansi nach Westen aufgebrochen, immer weiter nach Westen, um die zerstörten Heiligtümer wieder-

OBEN LINKS UND RECHTS: *Die Kälte ist schwer zu ertragen: - 25 bis - 30°C in der Nacht, kaum mehr am Tag. Trotz dieser eisigen Temperaturen sind die nur notdürftig bekleideten Kinder fasziniert von unseren Maschinen.* MITTE: *Bewohner von Sinkiang flüchten aus dem Kampfgebiet; sie sind mit einem Seil zusammengezurrt, um nicht aus dem überladenen Gefährt geschleudert zu werden. Ein paar Stunden später werden drei von ihnen tot aufgefunden, der Rest wurde von Banditen ausgeplündert.* UNTEN: *Die Heiligtümer der Region sind verwüstet.*

aufzubauen, die er auf seinem Weg antreffen würde. Er fand nur Ruinen vor und hat stattdessen die Toten auf den Schlachtfeldern begraben.
Er will gesehen haben, wie das Citroën-Depot in der Nähe einer großen Mauer vergraben wurde. Das klingt sehr vage. Eine nächtliche Expedition mit Audouin, Sivel, Chauvet, Petro, dem *lao-tao* und seinem Gefährten, einem kleinen Pekinesen, wird auf die Beine gestellt. Die Männer brechen in ein unbekanntes und gefährliches Gebiet auf, ihre Pelzkrägen gespickt mit Eiskristallen, die Wimpern steif gefroren, kalt bis auf die Knochen. Sie müssen lange umherirren, ehe die Mauer im Licht ihrer Scheinwerfer auftaucht. Stundenlang hacken sie die Eisschicht auf, die steinhart gefrorene Erde, bis sie endlich das ersehnte Klirren hören: 100 Benzinkanister, Antarktis-taugliches Schmieröl, Speiseöl und Corned Beef werden aus dem Versteck geborgen. Die Expedition Citroën ist gerettet, sie wird nicht in der Unendlichkeit des chinesischen Winters verloren gehen.
Sie lassen die Provinz Kansu hinter sich und entgehen so den Übergriffen der regulären chinesischen Truppen, aber jetzt müssen sie vor den muslimischen Rebellen auf der Hut sein. Ma-Jong-Yi und seine Truppen machen hier die Gegend unsicher. Aus Leichtsinn geraten sie in Suzhou für ein paar Tage in Gefangenschaft. Das Risiko, das sie eingegangen sind, indem sie die befestigte Stadt betreten haben, hätte tödlich sein können, und es lohnt sich nicht wegen der paar Lebensmittel, die von einem einsamen Missionar gerettet wurden, dem Einzigen, der von seiner Kongregation überlebt hat. Die Kondensatoren haben die Plünderer zum Glück liegen lassen. Die Funkstation kann also wieder senden.
Der Mast wird aufgerichtet. Nach drei Monaten Funkstille wird die erste Botschaft übermittelt: »Sind von Suzhou zurück…« Die Frage ist nur, ob die Marinedivision diese vier Worte auffängt. Dann wird die Sendung abrupt unterbrochen, Soldaten überfallen den Funker in seiner Kabine. Es entsteht ein Handgemenge. Haardt wird zum General gerufen. Dieser wirft ihm vor, die Franzosen hätten seine Soldaten geschlagen. Haardt, der sich von Petro die so fremdartige chinesische Mentalität erklären lässt, antwortet ihm: »Ihre Männer haben wohl schlecht geträumt …« Das

19. Dezember, Suzhou. »Ich fürchte, es wäre sehr gefährlich, die Stadt zu betreten. Auf jeden Fall würde es uns mehrere Tage Verhandeln mit den Chinesen kosten. (…) Beim Aufwachen haben wir das unangenehme Gefühl, umzingelt zu sein. Die Wache an den Stadttoren wurde um sechzig Soldaten und zwei Maschinengewehre verstärkt.« (Louis Audouin-Dubreuil)

Gesicht ist gewahrt. Doch als der General den Inhalt der Botschaft erfährt, wird er blass. Haben die Franzosen etwa die Absicht, ihn mit Nanking zu entzweien? Die Expedition wird aufgefordert, die Stadt unverzüglich zu verlassen. Alles stürzt zu den Stadttoren. »Unter dem riesigen Portal baumeln die Köpfe von 27 hingerichteten Banditen wie Anhänger einer schaurigen Halskette. In der Ebene liegen 27 kopflose Leichen.«[44]

DIE CHRISTLICHEN MISSIONEN UND DIE ÜBERQUERUNG DES GELBEN FLUSSES

Weiter geht es zwischen den Nan-Shan-Bergen, den Ausläufern des tibetanischen Hauptmassivs, und der Ala-Shan-Wüste, in jenem hügeligen Korridor, den die Karrenräder im Lauf von Jahrtausenden geschaffen haben. Drei bis vier Kilometer pro Stunde im Durchschnitt, manchmal acht. Eine unvorstellbare Kälte. Wiederholte Pannen, Reparaturen bei Tag und Nacht, die oft Stunden dauern. Wenn man eine Schraube herausdrehen oder ein Gussstück loskeilen will, muss man die Handschuhe ausziehen; die Finger erstarren, die Haut bleibt am Metall hängen. Balourdet, Rémillier, Piat, Penaud legen eine unerschütterliche Geduld an den Tag. Aber nach jedem dieser Manöver verraten ihre hohlen Gesichter, ihr tiefer Erschöpfungsschlaf oder die Magenkrämpfe, die sie bekommen, sobald sie nur die geringste Nahrung zu sich nehmen, wie es in Wahrheit um sie steht. Gauffreteau bringt das Kunststück fertig, in seiner durchgerüttelten Küche bei jedem Halt eine heiße Suppe zu servieren. Er zerhackt den gefrorenen Thunfisch mit der Axt, erhitzt seine »Félix Potin«-Kon-

Ein Dorf in der Kanchou-Region, die Expedition nähert sich der Großen Mauer. Es geht nur langsam voran in dem hügeligen Korridor, der in Jahrtausenden von Karrenrädern geschaffen wurde. Wiederholte Pannen, Tag und Nacht Reparaturen, die Kälte ist entsetzlich.

serve. Dreißig Sekunden, um die Mahlzeit hinunterzuschlingen, bevor sie sich in einen eisigen Stein verwandelt. Audouin fasst die Situation wie folgt zusammen: »Die Große Mauer zieht sich in der Ebene dahin. Unsere Isolation ist entsetzlich. Zehn Stunden fahren, zehn Stunden Pannen beheben, zwei Stunden für die Mahlzeiten, zwei Stunden Schlaf. Verfluchtes Land, nichts als Qualen, Ängste, Schrecken.«

Mitten in diesem eisigen China erleben sie ein paar freundliche Tage in den befestigten Missionen, die von Überfällen und Plünderungen bedroht sind, den schlimmsten Übergriffen seit Beginn der chinesischen Republik 1911. Die Missionen liegen weltvergessen an den Ausläufern der Großen Mauer bis hin zum Ufer des Gelben Flusses. Kanchou, Heiligabend, nach drei Tagen und drei Nächten ununterbrochener Fahrt. Die deutschen Pater erwarten sie. Die Erschöpfung ist so groß, dass alle zusammenbrechen und nicht einmal an der heiligen Messe teilnehmen können. »Unter einem sternfunkelnden Himmel wirft ein großes schwarzes Kreuz seinen Schatten über die Zelte. Aus einer schlichten Kapelle steigt ein urtümlicher, frommer Gesang auf. Fünf junge Chinesen knien vor dem Altar und singen eine Litanei in einem heidnischen Rhythmus. Die Expedition schläft unter dem Zeichen des Kreuzes.« [45].

Am 25. Dezember liest Pater Teilhard die Messe und hält eine Predigt. In der Kapelle steht eine Krippe, deren Anblick einige Männer zu Tränen rührt. Im Refektorium wird ein Frühstück serviert. Die Wände sind mit heimatlich anmutenden Berglandschaften bemalt. Iaco illustriert die Speisekarten mit Karikaturen, in denen er die Marotten seiner Mitreisenden aufs Korn nimmt. Unter einem Weihnachtsbaum, den die Mechaniker geschmückt haben, liegen Autoersatzteile als symbolische Geschenke.

Am 29. Dezember folgt ein siebentägiger Aufenthalt bei den Ordensbrüdern der deutschen Mission in Lianghzou. Pater Volpert ist seit 30 Jahren nicht mehr in der Heimat gewesen. Pater Régional hat in Verdun gekämpft. Am 1. Januar 1932 hebt er sein Glas »auf ein gutes Gelingen Ihrer Expedition, liebe Brüder, und auf ein vereintes Europa - möge der Tag kommen, an dem die Grenzen zwischen unseren Ländern fallen werden«.

OBEN: *Shan-Tang-Hien, erste Stadt an den Wällen der Großen Mauer.* UNTEN: *Am 29. Dezember werden die Expeditionsteilnehmer in Lianghzou in der Mission der deutschen Pater aufgenommen, wo sie eine Woche lang bleiben.*

LINKS UND OBEN: *9. Januar 1932; der Gelbe Fluss gräbt sich sein Bett zwischen den hohen Sandbergen der Ala-Shan-Wüste und dem Ordos-Gebiet. Dann das Unglück: Beim Landen am Ufer bricht die Fähre mit dem »Silberhalbmond« im Eis ein. Es dauert einen ganzen Tag, bis die Wagen hinübertransportiert sind, und das bei - 30°C!* UNTEN: *Zum letzten Mal wird ein Lager im Schutz der mit Eis überzogenen Hügel errichtet. Von jetzt an laufen die Motoren Tag und Nacht. Das Antarktis-taugliche Öl ist knapp geworden und die Männer müssen die Motoren beim Starten mit dem Schneidbrenner aufwärmen.*

Der Aufbruch kostet diesmal große Überwindung. Das nächste Ziel der Expedition sind die Ufer des Gelben Flusses, von wo sie zwischen den hohen Sandbergen der Ala-Shan-Wüste und dem extrem trockenen Ordos-Gebiet nach Norden in die Steppenländer aufsteigen. Die Überquerung des Flusses dauert drei mühselige Tage. In einer pechschwarzen Nacht bricht Audouins Wagen im Eis ein. Die Männer müssen sich acht Stunden lang pausenlos abrackern, um ihn wieder herauszuhieven. Am Ufer großes Entsetzen. Der »Silberhalbmond« ist der Wissenschaftswagen, er birgt wertvolle Kisten. Williams brüllt vor Verzweiflung, seine fotografischen Platten sind ruiniert. Pater Teilhard tritt von einem Fuß auf den anderen, er bangt um die Kisten mit seinen Gesteinsproben. Reymond ist nicht minder angespannt, denn eine der Kisten enthält das Skelett eines Wildpferdes. Audouin-Dubreuil trauert seinem Smoking nach, den er bei der Ankunft in Peking tragen will, aber er wagt es nicht, seine Kameraden mit einer solchen Lappalie zu behelligen.

Zwei Erinnerungen prägen diese Männer, für die es keine Zeit mehr gibt, die allmählich befürchten, dass die Reise niemals enden wird. In der Mission der belgischen Pater von Ningsia wird ein Konzert für sie gegeben: zwei Violinen mit Orgelbegleitung. Es ist wie Balsam für ihre strapazierten Gemüter. In San-Tao-Kou, einer befestigten Mission, die auf der Durchgangsroute von Armeen, Banditen, Rebellen und Pilgern liegt, sind die Pater Kriegermönche. Monseigneur Schotte, Pater de Wilde, der Missionsvorsteher, sind seit über 30 Jahren in China. Die Kongregation der Barmherzigen Schwestern ebenfalls. Pater de Wilde berichtet: »1928 war die Hungersnot so groß, dass die Frauen verkauft wurden. Tauben fielen wie Steine vom Himmel, den Kropf von Dornen zerstochen, das Einzige, was die Menschen an Essbarem übrig gelassen hatten. 1929 mussten wir zu den Waffen greifen, um uns zu verteidigen. 300 Angreifer wurden getötet.«

Die Expedition erlebt selber einen Überfall in der Nähe von Pa-Tse-Bolong. Bei dem Versuch, die Schutzwälle der Stadt zu umgehen, werden sie von Soldaten umzingelt und zum Anhalten genötigt. Zu beiden Seiten der

OBEN LINKS: *Eine neuerliche Überquerung des Gelben Flusses endet mit einer Katastrophe.* MITTE: *Der Wagen von Audouin-Dubreuil mit der gesamten wissenschaftlichen Ausrüstung bricht im Eis ein.* RECHTS: *Die Bergung des Fahrzeugs aus dem Wasserloch ist ein äußerst riskantes Manöver für die Mechaniker, die dabei dem eisigen Wasser ausgesetzt sind.* UNTEN: *13. Januar, Ningsia; eine Pagode auf der wuchtigen Stadtmauer.*

Piste liegen Soldaten in den Gräben, die Gewehre im Anschlag. Als die Fahrer der beiden vorderen Wagen die Gefahr erkennen, beschleunigen sie ihr Tempo. Audouin und Chauvet greifen zu den Maschinengewehren. Schon pfeifen ihnen Kugeln um die Ohren. Eine ganze Salve wird auf sie abgefeuert. Chauvet und Audouin schießen zurück. Plötzlich Stille. Dann wird eine weiße Fahne auf den Schutzwällen oben geschwenkt. Die Chefs treffen zusammen. Der Chinese behauptet, sie hätten Haardt und seine Männer für Japaner gehalten. Der Kühler des Küchenwagens ist durchlöchert; die Dural-Platten des »Silberhalbmonds« sind von Kugeln durchsiebt, die sich in die Camping-Ausrüstung gebohrt haben.

Liegt die Hölle jetzt hinter ihnen? Am Rand der mongolischen Wüste, in den Steppenländern, ist das Klima immer noch rau, aber die Mongolenvölker sind ihnen freundlich gesinnt. Point hat sich bei einer seiner Erkundungsmissionen mit Prinz Hsi-Hsu-Ning angefreundet. Dieser bezahlt Tribut an die Regierung von Nanking, um den Frieden in der Region zu sichern. In Pao-Tou empfängt sie ein seltsamer Lama: Goerger. Der Sekretär der Mission hat, von Gilgit ausgehend, Paris, dann die UdSSR und Peking auf seine Seite gebracht, wo er die Ankunft der Expedition vorbereitet. Ihre Funksprüche waren abgefangen worden, ihr Vorrücken wird beobachtet. In den USA wird Williams' Artikel publiziert.

Am 27. Januar erreichen sie die Steppe, endlos weite Plateaus, auf denen man stundenlang nichts als den Horizont vor Augen hat, den klaren Himmel, die helle Erde und das Gras, in dem mongolische Reiter, den *ourga*[46] in der Hand, und aufstiebende Gazellen auftauchen. Die Lamaklöster Bailingmiao und Sarra-Murren liegen am Rand der mongolischen Wüste. Orte des Friedens und der inneren Sammlung, wo die Zeit vom Gongschlag beherrscht wird, vom tiefen Klang der mit einem Holzhammer angeschlagenen Bronzeglocken. Am Vorabend des »ersten Tages des ersten Mondes« trifft die Expedition in Bailingmiao ein. Es ist *tsagan*, das chinesische Neujahrsfest. Bei Sonnenaufgang »ruft das tiefe Dröhnen der tibetanischen Muschelhörner die Lamas zum Gebet«[47]. Die Tempel und die Mönchszellen ziehen sich stufenförmig den Hang hinauf. Flammendes

OBEN LINKS: *Nicht weit von der befestigten Stadt Ho-Hian geraten die Wagen in einen Hinterhalt; 17 Einschusslöcher werden später am »Silberhalbmond« gezählt, der Kühler des Küchenwagens ist durchsiebt.* OBEN MITTE: *In San-Tao-Kou haben die Raupenfahrzeuge eine Zuflucht im Innenhof der Mission gefunden.* OBEN RECHTS: *In den kurzen Haltepausen wird die Funkantenne ausgefahren, die einzige Möglichkeit, mit der Außenwelt in Verbindung zu bleiben.* RECHTS MITTE: *Père Van Dyck, ein Pater der belgischen Scheut-Mission in San-Tao-Kou. Die befestigte Mission liegt am Durchgangsort von Armeen, Banditen, Rebellen und Pilgern.* UNTEN: *Die Pater hier sind Kriegermönche und ihre Schäflein üben sich im Schießen.*

Rot und schillerndes Weiß, ein Farbenrausch. Dann taucht plötzlich eine Stadt aus Filz auf, zwölf runde Jurten.

Der Pantschen-Lama, einer der beiden Oberhäupter des buddhistischen Lamaismus, ist auf der Durchreise. Er kommt von Nanking und kehrt nach Tibet zurück, wo er in zwei Jahren eintreffen will. In seinem schwarzen, hermelingesäumten Seidenkaftan, umgeben von seinen Bogenschützen und Höflingen, empfängt er Prinz Hsi-Hsu-Ning, der gekommen ist, um an den offiziellen Zeremonien teilzunehmen. Der Prinz schreitet unter einem gelben Sonnenschirm, zwölf Banner [48] begleiten ihn. Es vergehen Stunden mit Höflichkeiten und Begrüßungen. Ein Einblick in das kaiserliche China, das einst von den Mongolen beherrscht wurde.

In Sarra-Murren herrscht Hochbetrieb bei den Filmleuten. Die Tonaufnahmen verschrecken die jungen Bonzen, der Reflektor schmerzt in den Augen. Sauvage brüllt ins Megafon, Sivel, mit seinem Klappstuhl bewaffnet, jubiliert, Spetch kümmert sich um die Aufnahmen. Dann gerät das Team in helle Verzweiflung: Die Lamas kehren in ihre Tempel zurück. Gekränkt und wütend verschwindet Haardt in seinem Zelt. Von nun an geht es in großen Etappen, von Plateau zu Plateau, langsam in die chinesische Ebene hinab. Das Schlimmste ist überstanden, aber es kommt keine Freude auf. Die Männer haben zu viel durchgemacht. Sie ertragen die Kälte (minus 30 °C) nicht mehr so klaglos wie früher; abends, am Lagerfeuer, herrscht dumpfes Schweigen statt der einstigen Frotzeleien; böse Worte fallen; Williams' unbekümmertes Lachen ertönt nur noch selten. Audouin macht sich Sorgen: Haardt hustet ganze Nächte hindurch. Ein

SEITE 84 – 85: *Bevor die Expedition die mongolische Steppe erreicht, muss sie die wandernden Dünen der Ausläufer der Ala-Shan-Wüste durchqueren.*
OBEN: *200 km nördlich von Baotou liegt das Lamakloster Bailingmiao.* UNTEN: *Im »Grasland«, am Rand der Wüste, wacht ein Mongole, den* ourga *in der Hand.* RECHTS: *Lamas von Bailingmiao. Das tiefe Dröhnen der langen tibetischen Hörner ruft die Mönche zum Gebet.*

LINKS: *Lamakloster Sarra-Murren. Prinz Hsi-Hsu-Ning ist eben mit seinem Hofstaat eingetroffen und die Expedition wird zum chinesischen Neujahrsfest am Hof des Prinzen eingeladen.* OBEN: *Filmaufnahmen.* MITTE: *Der Pantschen-Lama lässt seine Zeltstadt, bestehend aus zwölf Jurten, aufstellen. Er kommt aus Nanking und ist auf dem Rückweg nach Tibet, wo er in zwei Jahren einzutreffen hofft; Zeit ist unerheblich in Asien.* UNTEN: *Zwei Mongolen besuchen das Lager.*

Zwischenfall ist bezeichnend für die Gereiztheit und tiefe Erschöpfung, unter der alle leiden. Bei einer Panne steht Petro, der seit Stunden am Boden liegt, plötzlich auf, stößt ein fürchterliches Gebrüll aus, donnert seinen Kopf gegen eine Wand und bricht ohnmächtig zusammen. Als er wieder zu sich kommt, stammelt er: »Wir schaffen es nie ... nie, nie, nie!«
Vor Kalgan überqueren sie die Große Mauer. Unter dem Portal ragen Skulpturen mit grimmigen Gesichtern über einer Inschrift auf: »Hier beginnt das Reich der Mitte. Jenseits dieser Grenze liegt das Land der Barbaren.«

ANKUNFT IN PEKING

12. Februar 1932: Peking, 12120 km. Das Ziel rückt näher. Letzter Halt in der Geisterallee, die zu der Gräberstadt der Ming-Kaiser führt. Am bergigen Horizont zeichnen sich die Marmorhallen ab. Riesige steinerne Krieger, monströse Fabeltiere, sitzende Elefanten, zertrümmerte Skulpturen, die auf dem Boden liegen oder halb im Sand vergraben sind, säumen die Allee. Überreste einer glanzvollen Vergangenheit, die in den Bürgerkriegen und Revolutionswirren vollends zu verschwinden droht.
Schon kreuzen sich Schotterstraßen, alte Coupés, Karren und Rikschas rattern vorüber. Die ersten Steinmauern tauchen auf, dann vergoldete Holztafeln. Der Konvoi fährt durch den wuchtigen Bogen des Pekinger Westportals in die Stadt ein. Wie auf Kommando schieben sich Radfahrer an die Flanken der Raupenfahrzeuge heran, und im Schutz dieser Eskorte rollt die »Expedition Citroën« durch eine dichte, gleichgültige Menge, die ihren Alltagsbeschäftigungen nachgeht, sich in das Gewirr der Trambahnlinien einfügt, rasanten Automobilisten ausweicht. Das Gedränge, der Lärm überwältigen die Männer, die das Gefühl haben, einem Albtraum entronnen zu sein, und sich nun in dieser fremden und verwirrenden Welt wiederfinden. Ein paar Sekunden lang tritt ihnen das alte China vor Augen, als sie die rote Ringmauer der Verbotenen Stadt durchqueren. Die Stadt, reglos und stumm, spiegelt sich in einem See; die gelben Ziegel des Winterpalasts funkeln mit der Sonne um die Wette.

LINKS: *Kalgan liegt 100 km von Peking entfernt. Um die Stadt zu erreichen, muss man die Große Mauer passieren. Dabei müssen, wie in jeder befestigten chinesischen Stadt, drei Tore durchschritten werden. Schwere Karren, von Yaks gezogen, wühlen sich in den Sand und wirbeln Staubwolken auf.* OBEN: *Die Dörfer liegen im Schutz von Baumgruppen. Die Dächer haben geschwungene Giebel, eine Reminiszenz an die Nomadenzelte ferner Ahnen.*

Doch es bleibt keine Zeit zum Verweilen, in der französischen Gesandtschaft wird bereits mit Fanfarengeschmetter ihre Ankunft verkündet. Madame Wilden, die Frau des französischen Gesandten, und dessen Stellvertreter Lagarde nehmen sie in Empfang, da der Gesandte selbst in Shanghai weilt. 500 Europäer stehen seit Stunden bereit, um die Champagnerkorken knallen zu lassen. Lagarde hält eine Rede, die Haardt erwidert. Dann wird das Büfett gestürmt, die Kaviar-Canapées verschwinden im Handumdrehen. Kaum eine halbe Stunde später hat sich die Menge aufgelöst. Die Mechaniker konnten der Verlockung eines guten Mittagessens nicht widerstehen, die französischen Würdenträger auch nicht. Audouin bleibt allein zurück.

Im Grand Hôtel hält man ihn für einen Touristen, der seltsamerweise mit einem Jagdgewehr bewaffnet und mit verstaubten Säcken beladen ist. Sobald Audouin sich in seiner Suite eingerichtet hat, bestellt er drei Cocktails, einen Manhattan, einen Bronx und einen Mariani – drei Cocktails, von denen er in der Wüste geträumt hat, eine fixe Idee, die ihn ständig begleitet hat und unverzüglich in die Tat umgesetzt werden muss. Die Enttäuschung ist groß. Liegt es an der Erschöpfung oder an der Hitze, dass die Cocktails nach nichts schmecken? Audouin merkt plötzlich, dass er immer noch seine »Gobi-Kluft« trägt; es ist das erste Mal, dass sich eine Citroën-Expedition in ungezwungener Aufmachung bei einem offiziellen Empfang präsentiert hat. Im nächsten Moment fliegen drei Paar Socken durchs Zimmer, gefolgt von drei Paar Strümpfen, drei gefütterten Hosen, drei Westen, zwei Pullovern, zwei Hemden, eines davon pelzgefüttert, der Shackleton-Weste [49] und schließlich noch der Lammfelljacke. Aufatmend sinkt Audouin-Dubreuil auf ein Sofa und sinniert über die Eitelkeit allen Ruhmes nach. Victor Point hat bei der Ankunft in Peking erfahren, dass sein Vater gestorben ist. Petro wurde von seiner jungen Verlobten erwartet, sie wollen am nächsten Tag in der amerikanischen Gesandtschaft heiraten.

Am Abend begibt sich Audouin zu Haardt, der in seiner Suite von Journalisten aus Peking und Shanghai umringt ist. Die beiden Expeditionsleiter essen allein zu Abend. Haardt ist tief erschöpft, aber heiter und glücklich. Peking stellt die wichtigste Etappe seiner Expedition dar, aber nicht die letzte. Er hat vor, auf dem Seeweg nach Indochina zu gelangen, wo ihn General Pasquier erwartet. Gemeinsam werden sie Indochina bereisen, wie es der französische Staatspräsident Gaston Doumergue 1929 vorgeschlagen hat, ein Wunsch, der von seinem Nachfolger Paul Doumer, dem ehemaligen Generalgouverneur Indochinas, erneuert worden war.

Audouin wird als Kundschafter vorausreisen und sich um die Organisation kümmern. Ein paar Tage später wird sich der Rest der Truppe einschiffen. Haardt wird an Bord der *Waldeck-Rousseau* nach Shanghai reisen, um Wilden und Admiral Heer dafür zu danken, dass sie in den ganzen zehn Monaten die Funkverbindungen für die Expedition gewährleistet haben. Die Rückkehr wird über Siam, Birma, Indien, den Süden Persiens, den Irak und den Libanon erfolgen. Nur ein Teil der Gruppe wird diese Rückreise in leichten Kabrioletts antreten, die bereits in Rangun bereitstehen. Am Abend jenes 12. Februar wird die Route mit Rotstift auf der Asienkarte eingezeichnet. Die beiden Männer ziehen sich in ihre Suiten zurück. Audouin, von einer unerklärlichen Schwermut erfasst, schreibt nur zwei Zeilen in sein Tagebuch mit den blauen Seiten: »Heute, am 12. Februar 1932, betrachte ich den Himmel durch eine Glasscheibe. Wir sind immer nur Gefangene des Schicksals.« [50]

LINKS: *12 km von Peking entfernt wacht ein Steindrache am Eingang der Allee, die zur Gräberstadt der Ming-Kaiser führt.*
RECHTS: *Die Citroën-Wagen fahren in die Vororte Pekings ein.*

Am nächsten Morgen weicht die Trübsal blanker Verzauberung: Peking bietet dem tiefblauen Himmel die Mauern seiner vier ineinander verschachtelten Städte dar. Im Zentrum die Verbotene Stadt, Residenz des Himmelssohns, das Herz des Kaiserreichs, von einer sechs km langen pupurroten Mauer geschützt. Peking, die rotgoldene Stadt, deren geschwungene Dächer, eine Reminiszenz an ferne Ahnenzelte, den wichtigsten Schmuck der chinesischen Architektur darstellen. Haardt und Audouin, die vom Himmelstempel auf die Stadt hinunterblicken, fühlen sich an das Reich der Mitte erinnert, wie es die chinesischen Gelehrten dem Jesuiten Matteo Ricci [51] im 16. Jahrhundert präsentiert haben. Auf den damaligen Karten war China ein riesiges Rechteck im Mittelpunkt des Universums, umgeben von winzigen Inselchen; der Rest der Welt: Barbaren. Streifzüge im Gewimmel der staubigen oder schlammigen Hutong-Gässchen[52], Ankauf von Kunstsammlungen, offizielle Besuche und Feste, die sie noch einige Tage in Peking festhalten. Dann der Abschied: Hackin reist nach Tokio, wo er die *Maison franco-japonaise*, das französisch-japanische Kulturinstitut, leitet, Teilhard de Chardin nach Tientsin. Audouin-Dubreuil reicht Haardt in der eisigen Morgenfrühe des 26. Februar die Hand, ohne zu ahnen, dass es das letzte Mal sein wird.

OBEN: *12. Februar 1931, Empfang in der französischen Gesandtschaft. Die Mitglieder der Citroën-Expedition werden von Mme Wilden, der Gattin des französischen Gesandten, und dessen Stellvertreter Lagarde begrüßt.*
MITTE: *Die Menschen auf der Straße betrachten mit unbewegten Gesichtern die Wagenkolonne.*
UNTEN: *Eine Straße in einem reichen Viertel Pekings.*

LINKS: *Auf den Märkten in den Pekinger Vororten gibt es ein reiches Warenangebot.* OBEN: *Wie in allen chinesischen Städten sind auch in Peking die Restaurants auf den Gehsteigen angesiedelt.* UNTEN: *Eine Shantou-Frau auf einer Straße in Peking. In der Hauptstadt sind alle ethnischen Gruppen des Landes vertreten.*

»Wir nähern uns Hanoi. ... Ein Jahr lang waren meine Kameraden und ich von der heutigen Welt getrennt, nicht nur durch die Länder, die wir bereist haben, sondern durch unser Leben und die Raupenfahrzeuge, deren langsames Vorrücken dem der antiken Karawanen gleichkam. ... Frauen lachen und gestikulieren. Nackte Männer waschen sich. Sonne, Zivilisation, Leben, Freude! Es gibt also noch Länder, in denen die Hoffnung lebendig ist.«

(Aus dem Tagebuch von Louis Audouin-Dubreuil)

Indochina

Indochina ist die letzte Etappe der Expedition. Audouin reist mit dem Schiff nach Hanoi voraus. Selbst die viertägige Fahrt auf dem Chinesischen Meer bis zur Mündung des Jangtsekiang kann die tiefe Ungewissheit, die latente Angst nicht auslöschen, die an ihm nagt. Er muss an einen Ausspruch des Pessimisten Brull denken: »Von allen Übeln, die einen in der Fremde befallen, ist der Asienkoller, der Horror vor diesen endlosen, leeren Ebenen, am schlimmsten.«[53] Audouin kann den Blick nicht vergessen, den Haardt ihm beim Abschied geschenkt hat. Es lag Freundschaft darin, gewiss, aber vor allem tiefe Erschöpfung und etwas wie ein stummer Vorwurf. Nach dem kurzen Lebwohl hat Audouin sich gefragt: »Denkt er, dass ich ihn im Stich lasse?« Am nächsten Morgen begibt er sich mit der *Dairen* auf See.

Im Chinesischen Meer, nicht weit von der Jangtse-Mündung, patrouillieren japanische Kriegsschiffe und Torpedoboote. Die Präsenz ausländischer Flottenteile auf dem Fluss deutet darauf hin, dass der Krieg bereits begonnen hat, obwohl er immer noch nicht offiziell erklärt ist. Doch die zahlreichen amerikanischen Torpedoboote, englischen Kreuzer, ein italienisches Kriegsschiff und die Flugzeuge auf dem hastig hergerichteten Terrain sprechen eine deutliche Sprache. Aus drei Meilen Entfernung beobachtet Audouin die Einschläge der Maschinengewehre und Granaten, die in gleichmäßigen Abständen explodieren. Shanghai bietet ein Bild der Verwüstung. Zahlreiche Häuser sind eingestürzt. Die Chinesen halten die Stellung, die Japaner rücken vor. Ein absurder Krieg. Audouin muss an die Erklärung des Marschalls Tchang-Hsu-Liang denken: »Wir führen Krieg, ohne ihn je zu erklären, denn in manchen Gebieten werden wir auf der einen Seite von den Japanern, auf der anderen von den Kommunisten in die Zange genommen.«

Die *Dairen* legt für einige Stunden gegenüber dem Felsen von Hongkong an. Waddington, der Mann, der die Rückreiseroute der Expedition prüfen soll, kommt an Bord. Audouin schildert ihm Haardts Verfassung und Waddington zeigt sich sehr beunruhigt. Seit einigen Tagen grassiert eine Grippe, die bereits mehrere Tote gefordert hat.

Am 7. März fährt das Schiff in den Haiphong-Fluss ein. Noch am selben Abend wird Audouin von Pasquier empfangen, dem Generalgouverneur Chinas. Am nächsten Morgen arbeitet er mit seinen Beratern – darunter sein Freund, Hauptmann Grossard[54] – den Plan für die Durchquerung Indochinas aus und legt die erforderlichen Vorarbeiten fest. Die Kabrioletts, die von Frankreich hergeschickt wurden, liegen seit Wochen am Kai.[55] Diese Fahrzeuge erlauben ein rasches Fortkommen, an den archäologischen Stätten wie in den industrialisierten Zonen oder in den riesi-

LINKS: *In Indochina reist die Citroën-Expedition auf Wunsch der französischen Regierung in offizieller Mission. Hier, in Savannakhet in Laos, wird die Expedition von jungen Mädchen mit Jasminsträußen begrüßt.*

gen, noch unerforschten Gebieten, die durch den dichten Urwald geschützt sind. Audouin lebt allmählich wieder auf, die alte Begeisterung ergreift von ihm Besitz.

Point, Goerger und die Mechaniker gehen am 14. März an Land. Sie machen besorgte Gesichter. Haardt ist so geschwächt, dass er in der Repulse Bay bleiben musste, wo er von Pecqueur und Waddington betreut wird. Die Mechaniker sind bedrückt, weil sie ihren Chef zurücklassen mussten. Am 15. März trifft ein Telegramm für Audouin ein: »Telegramm 14 und 15 erhalten – Stopp – Grippe entwickelt sich zu Lungenentzündung – Stopp – sehr hohes Fieber – Stopp – heute und morgen kritisch – Waddy, Pecqueur.« Die Männer vermeiden es, einander in die Augen zu sehen; sie haben Angst, dass man ihre Gedanken lesen könnte. Am nächsten Tag schreibt Audouin-Dubreuil in sein Tagebuch:

»16. März 1932. Georges-Marie Haardt ist tot.

Die Raupen stehen am Kai des Haiphong-Flusses aufgereiht. Sie warten, wie sie oft auf den Pisten Asiens gewartet haben. Wir reisen in offizieller Mission nach Hanoi ab. Der ›Goldskarabäus‹ fährt langsam an, am Steuer der getreue Balourdet. Die Karawane sieht aus, als folge sie einem Leichenwagen. Die Kameraden hängen stumm ihren Gedanken nach. Für mich stellt sich immer wieder die Frage: Hätte man besser auf Haardt achten müssen? Seit Misgar hat er sich von seinem bösen Geschick verfolgt gefühlt. Seine Kräfte haben ihn verlassen, seine Ausdauer, sein Durchhaltevermögen wurden auf eine harte Probe gestellt. In Urumchi

OBEN LINKS: *Die* Croisière jaune *ist in Hanoi eingetroffen.* OBEN RECHTS: *Am 16. März 1932 wird die Expedition vom Generalgouverneur Indochinas empfangen. Georges-Marie Haardt ist am Morgen dieses Tages gestorben.*
UNTEN: *Auf dem Weg ins Land der vietnamesischen Bergvölker müssen mehrere Mekong-Arme auf wackligen, aus Bambusstangen hergestellten Brücken überquert werden.*

haben ihn General Kings Worte: ›Er mag mächtig sein in seinem eigenen Land, aber hier ist er nichts!‹ bis ins Mark getroffen.

Seit dem Zwischenfall in Turfan, der ihn beinahe das Leben gekostet hätte, hat Haardt das Vertrauen in unser Unternehmen verloren. Nach dem Überfall in Pa-Tse-Bolong konnte er es kaum fassen, dass er noch am Leben war. In Peking, als er bereits krank war, wollte er sich nicht von Delastre behandeln lassen. Er hat sich mit überflüssigen Besuchen verausgabt, bis sein Zustand immer bedenklicher wurde. Er hat mich gebeten, ihn zu vertreten, seine Reden vorzutragen.... Der Ruhm ging ihm über alles... An unserem letzten gemeinsamen Abend haben wir den Himmelstempel besichtigt, ein großer Leichtsinn. Er fröstelte in der milden Luft. Der Abschied am nächsten Morgen hat mir fast das Herz abgedrückt; ich

OBEN: *Vietnamesische Bauern transportieren ihre Ware in Körben, die an den Enden einer langen, biegsamen Stange befestigt sind.*
UNTEN: *Tonkin. Eine spezielle Variante des Schachspiels, bei der das Schachbrett so groß wie ein Tennisplatz ist. Diese Tai-Frauen aus den reichen Tälern des oberen Tonkin tragen den Namen ihrer Schachfigur auf einem Silberkragen eingraviert.*

hatte eine Vorahnung von seinem nahen Tod, habe den Gedanken jedoch rasch wieder verdrängt. Hätte ich ihn retten können?
Hanoi. In einem feinen Nieselregen erreichen wir das Rathaus. Die Menge bleibt stumm. Ich muss an unsere triumphale Ankunft in Timbuktu, dann in Tananarive denken, an die aufwühlenden Momente, die ich mit dem Verstorbenen erlebt habe. Der Regen fällt. Wir arbeiten uns durch die Menge zur Ehrentreppe vor. Die Menschen, an denen wir vorbeidefilieren, betrachten uns wohlwollend, scheinen aber nicht zu wissen, ob sie uns grüßen oder applaudieren sollen. Der Bürgermeister kommt uns entgegen, begleitet von zivilen und militärischen Würdenträgern, er übermittelt uns das Beileid der Regierung, des Generals, der Armee. Ich drücke zahlreiche Hände... Worte, wozu? In der Residenz spricht mir General Pasquier sein Beileid aus. Es wird keine Rede gehalten.«

DIE LETZTE REISE

Die Expedition muss ihren Weg durch Indochina fortsetzen, sie hat sich Pasquier gegenüber verpflichtet. André Citroën bestätigt diese Entscheidung. Es ist die letzte wichtige Etappe der Expedition, aber die Reise findet auch zu Ehren der in der Fremde lebenden Franzosen statt, wie es der französische Präsident gewünscht hat.
Audouin verteilt die Aufgaben. Die sieben schweren Raupen werden unter Penauds Kommando die 1700 km bis Saigon auf der »Straße der Mandarine«[56] zurücklegen. Dort werden die Fahrzeuge am Kai des Saigon-Flusses auf die Ankunft der *Félix-Roussel* mit Haardts Leichnam an Bord warten. Drei Gruppen werden gebildet und auf die leichten Kabrioletts verteilt. Die Filmgruppe mit Sauvage, Morizet, Sivel, Nuret und Conté wird an jeder historischen Stätte, die bedeutend genug ist, um eine Filmdokumentation zu rechtfertigen, von der Straße der Mandarine abschwenken. Die zweite Gruppe mit Iaco und Williams wird in der Halong-Bucht starten, durch das Kohlegebiet von Champha bis Cao-Bang fahren, dann den Norden Tonkins durchqueren und über Angkor

SEITE 100–101: *In Angkor tanzt die königlich-kambodschanische Balletttruppe vor einem Tempel, den die Wurzeln eines Baumes zu verschlingen drohen.*
LINKS: *Aus den flachen Gewässern der Halong-Bucht im Golf von Tonkin ragen zahlreiche nackte Kalkfelsen auf.*

nach Saigon weiterreisen. Die dritte Gruppe mit Audouin-Dubreuil, Point, Reymond, Delastre und Spetch wird Annam besichtigen, einen Abstecher nach Laos machen und im Land der Moi auf die Jagd gehen.

Es läuft alles nach Plan. Iaco und Williams sind zufrieden, die erstellten Dokumente einzigartig. Die Jäger werden gastfreundlich von den Moi empfangen, Ackerbauern, die ihre Traditionen hochhalten. Das Jagdglück bleibt ihnen zwar verwehrt (nur Reymond bringt einen Tiger mit nach Hause), aber es lohnt sich, diese wenig bekannte Region zu erforschen. Die ethnografische Dokumentation (Fotos und Filmmaterial) soll zu einem besseren Verständnis des Moi-Volkes führen, über das nur wenig und oft Unzutreffendes bekannt ist. Sauvage gerät ins Schwärmen, wenn er über die Schönheit der Landschaft, die Mentalität der Tai-Völker spricht.

»Saigon, 1. April 1932. Noch vor Tagesanbruch sitze ich am Steuer des ›Silberhalbmonds‹. Point neben mir bleibt stumm. Wir denken beide an Haardt, wie könnte es auch anders sein. Die Straße, die vor uns liegt, führt zum Cap Saint-Jacques, an dessen östlichem Horizont die *Félix-Roussel* auftauchen wird, und unsere Gedanken kehren immer wieder zu Haardt zurück, der im Bauch des Schiffes liegt. Point bricht das Schweigen. Er fragt mich, wie eigentlich die ersten Reisepläne entstanden seien. Und so drehe ich für ihn die Zeit zum Beginn des Abenteuers zurück. Das erste Frühstück im *Cercle interallié*, die Diskussionen im luxuriösen Dekor der Rue de Rivoli Nr. 220, die rote Linie, die 1920 in die Sahara-Karte eingezeichnet wurde, der leichte Weißwein, den wir tranken, während wir die Sandberge des Grand Erg und die spärlichen Wasserstellen in der

Ein laotisches Dorf. Die Häuser stehen auf Pfählen, die Wände sind locker aus geflochtenem Stroh gebaut. Die Moi sind ein Ackerbauer- und Jägervolk, das an seinen Traditionen festhält. Einige von ihnen leben in Urwäldern, in die noch kein Europäer vorgedrungen ist.

5086

Wüste auf der Karte suchten... Schließlich die letzte rote Linie, eingezeichnet im August 1928 in Iacos Maler-Atelier auf Capri, hoch über der Piccola Marina.

An der Spitze des Cap Saint-Jacques bläst ein heftiger Wind. Ein grauer Fleck auf einem grauen Meer unter einem grauen Himmel. Das Schiff legt an. Drohend ragt sein riesiger schwarzer Rumpf über unseren sieben winzigen Raupen mit der französischen Flagge und den windgepeitschten Standarten auf. Haardts Wimpel ist mit einem Trauerflor umhüllt. Pecqueur, Petro, Waddy kommen die Reling herunter und schließen sich unserer Gruppe an [57].«

»4. April 1932. Vor einem Jahr haben wir die Ufer des Mittelmeeres hinter uns gelassen, heute kehren wir der Küste Asiens den Rücken [58].«

»29. April 1932. Die Küste Frankreichs zeichnet sich in dem ungewissen Licht ab. Eine Barke gleitet auf die *Félix-Roussel* zu. André Citroën kommt an Bord, er ist tief bewegt... Georges-Marie Haardts Sarg, mit der Trikolore bedeckt, wird auf dem Kai abgestellt. So endet die *Expédition Citroën Centre-Asie* [59].

OBEN LINKS: *Das Tagbau-Kohlegebiet Champha im Süden von Cao-Bang.* OBEN RECHTS: *Das Kabriolett ist im Land der Moi eingetroffen. Die Jäger, die aus dem Wald gekommen sind, drängen sich um den Wagen. Sie jagen noch mit der Armbrust, manche haben alte Gewehre.* UNTEN: *Fischer auf dem Mekong mit Seerosenblättern als Kopfschutz. Ihr langer, tiefer, flacher Kahn wird mit der Stake vorwärts bewegt.*

Epilog

Die Küste Asiens liegt hinter ihnen, aber die Geschichte der Expedition ist noch nicht zu Ende. Erschöpft und ausgelaugt kehren die Männer nach Europa zurück. Die seelischen und körperlichen Strapazen der Reise, die monatelangen unmenschlichen Qualen und schließlich Haardts Tod haben tiefe Spuren bei ihnen hinterlassen.

Am 2. Mai 1932 wird Haardt auf dem Friedhof von Passy zur letzten Ruhe gebettet. Der Trauerzug ist überwältigend. Haardt hatte davon geträumt, am 14. Juli mit seinen Raupen durch den Triumphbogen zu fahren.

Am 3. Mai trommelt André Citroën Audouin-Dubreuil, Iacovleff, Point und Goerger zusammen. Er setzt ihnen kurz auseinander, dass die Zeit drängt. Die Weltwirtschaftskrise hat nun auch Frankreich eingeholt, es ist unerlässlich, »in den Augen der Öffentlichkeit die enormen Gelder und Energien zu rechtfertigen, die in die Expedition geflossen sind, die zahlreichen Opfer, die gebracht werden mussten, um ein so gewaltiges Unternehmen zu einem guten Ende zu führen«.[60] Die ganze Welt hat ein Jahr lang dieses einzigartige Abenteuer von Anfang bis Ende mitverfolgt. Vier Tageszeitungen – *L'Intransigeant, Le Journal, Le Matin* und *Le Petit Parisien* – haben sich zum Sprachrohr der Expedition gemacht. Die Zeitschrift *L'Illustration* hat dem Unternehmen sechs Nummern mit den jeweils neuesten Nachrichten gewidmet, die per Funk an die Pressedienste übermittelt wurden. Man habe die Franzosen die ganze Zeit in Atem gehalten, erläutert André Citroën, jetzt dürfe man sie nicht enttäuschen, indem man sie auf die Ergebnisse der Expedition warten lasse. Die Kolonialausstellung (1931) habe 30 Millionen Besucher angezogen, Abenteuerreisen seien derzeit *en vogue*. Spätestens bis Juni müsse eine Ausstellung mit Tonfilm-Ausschnitten auf die Beine gestellt werden, um die Neugier der Menschen zu befriedigen. »Wir müssen den Reklamerummel um Ihre Rückkehr ausnützen«, bemerkt André Citroën abschließend. Kurzum, die Ausstellung wird Ende Juni stattfinden. Bestürzung bei den Entdeckern. Das schöne Projekt eines umfassenden Programms mit zahlreichen simultan ablaufenden Veranstaltungen zerplatzt wie eine Seifenblase angesichts dieser Dringlichkeit. Wie Iaco ganz richtig vorausgesehen hatte, »bei André Citroën muss man auf alles gefasst sein«[61].

Die Entdecker verteidigen ihren Standpunkt: Die Wissenschaftler und Künstler werden ihre Ausbeute nicht zeigen können, da noch nicht alle Sammlungen in Frankreich eingetroffen sind, die kunsthistorische Forschung wird darunter leiden etc. Citroën lässt sich erweichen und gibt ihnen Zeit bis Oktober. Dann ruft er in der folgenden Nacht Audouin-Dubreuil an: »Mein lieber Audouin, der Ruhm wartet nicht, die Werke des Menschen sind flüchtig, die Ausstellung muss am 18. Juni ihre Pforten öffnen. Strukturieren Sie die Asienabteilung um. Die Arbeiten, die unsere Wissenschaftler und Künstler erst später abliefern, sind nicht verloren, sondern werden dafür sorgen, dass die Erinnerung an unser glorreiches Unternehmen nicht so bald erlischt.«[62]

Im Ausstellungspalais der Citroën-Werke, Place de l'Europe, wird am 18. Juni 1932 eine Ausstellung eröffnet, die über sechs Säle verteilt ist. In einem der Säle ist eine Auswahl von Iacovleffs asiatischen Arbeiten untergebracht. Ein zweiter enthält die naturkundlichen Sammlungen Reymonds, der seine Studien fortführt und noch keine Resultate vorlegen kann. Ein Saal ist der *Société de Géographie* gewidmet, ein weiterer der *National Geographic Society of Washington*, in dem Williams' einzigartige Fotos gezeigt werden. Die Sammlung der Kunst Indochinas ist

In Saigon werden die Raupenfahrzeuge für die Rückreise nach Frankreich verladen.

faszinierend, aber unvollständig. Die Präsentation der Wissenschaftswagen, insbesondere des Funkwagens, stößt beim Publikum auf lebhaftes Interesse. Zwei wichtige Persönlichkeiten sind nicht in dieser Ausstellung vertreten: Pater Teilhard, der noch in Asien weilt und dessen Arbeiten mit Stillschweigen übergangen werden, und Joseph Hackin, Konservator des *Musée Guimet*, der in Japan aufgehalten wurde und zutiefst empört ist, dass man ihn nicht konsultiert hat. Er schreibt an Audouin: »Ich will annehmen, dass man bei dieser ersten Präsentation den archäologischen und historischen Teil gänzlich ausgeklammert hat, der unrettbar verpfuscht wäre, wenn man mit einer solchen Eile zu Werke ginge. Es müssen die allergrößten Anstrengungen unternommen werden, um Afghanistan den ihm gebührenden Platz einzuräumen.«

Im August 1932 begeht Victor Point Selbstmord. Audouin-Dubreuil schreibt: »Er war ein schöner, intelligenter, mutiger junger Offizier. Er hat seine Widerstandskräfte auf der langen Reise erschöpft, die Gabe der Geduld verloren. Er ist dem asiatischen Gesetz gefolgt, das verlangt, dass man sich den Tod gibt, wenn man sein Gesicht verliert, sein Ansehen bei einem anderen unrettbar verscherzt hat.«

Am 30. November 1932 werden André Audouin-Dubreuil und die Mitglieder der *Croisière jaune*, während einer feierlichen Zeremonie im Auditorium maximum der Sorbonne in die *Société de Géographie* aufgenommen. Marschall Franchet d'Esperey, der Präsident der Gesellschaft, verleiht der *Mission Citroën Centre-Asie* bei diesem Anlass die große Goldmedaille. Pater Teilhard de Chardin präsentiert die Resultate seiner Arbeiten sowie einen Abriss der Forschungen Hackins und die ersten Erkenntnisse Reymonds.

Im Juli 1933 beendet Georges Le Fèvre, der Historiograf der Expedition, sein Werk, den offiziellen Expeditionsbericht, *La Croisière Jaune*, verfasst und zensiert im »Geist der Citroën-Werke«. Das Wichtigste, gewissermaßen die Essenz der rund tausend Tagebuchseiten, geht dabei zum großen Teil verloren. Am 18. März 1934 wird ein Galaabend in der Pariser Oper veranstaltet, bei dem der Film *La Croisière jaune* gezeigt wird.

Zwischen 1933 und 1935 werden 98 Konferenzen in Frankreich und im Ausland abgehalten, mit Filmvorführungen oder Fotos untermalt. 1935 wird Audouin-Dubreuils Tagebuch unter dem Titel *Sur la Route de la Soi*, »Auf der Seidenstraße«, herausgegeben und von der *Académie française* mit einem Preis ausgezeichnet.

Die *Croisière jaune*, dieses einzigartige Abenteuer, hat sich in der Erinnerung als sportliche Großtat festgesetzt, eine Art »Gesamtkunstwerk«, das nur durch den Mut, die Ausdauer und die ungewöhnlichen Fähigkeiten der Expeditionsteilnehmer ermöglicht wurde.

Man sollte jedoch darüber nicht die verschiedenen Ziele aus den Augen verlieren, die André Citroën persönlich formuliert hat und die, in knappen Worten zusammengefasst, auf dem Briefkopf der offiziellen Dokumente figurieren: *Mission scientifique et artistique française à travers l'Asie*, »Wissenschaftlich-künstlerische Expedition durch Zentralasien«. Die Expeditionsteilnehmer, alles angesehene Vertreter ihres Fachs, haben eine hervorragende Arbeit geleistet, die nicht vergessen ist. Zahlreiche Schriften, Fotografien, Filme und Dokumente ethnografischen, archäologischen, geografischen Inhalts bleiben als lebendige Erinnerung an diese Expedition erhalten. Die Archive der *Croisière jaune* werden bis heute für aktuelle wissenschaftliche Forschungen herangezogen.

Die Félix-Roussel *liegt am Kap Saint-Jacques vor Anker, dem Hafen von Saigon. Am 4. April 1932 sticht das Schiff mit der Mannschaft der* Croisière jaune *an Bord in See und lässt die Küste Asiens hinter sich.*

TEIL II

Die wissenschaftlichen und künstlerischen Arbeiten der *Croisière jaune*

Archäologie und Geschichte

Joseph Hackin und Jean Carl

Vor dem ersten Jahrtausend wurden Waren zwischen China und Vorderasien auf dem Seeweg über das Südchinesische Meer oder über die Steppe ausgetauscht, die sich vom nördlichen China tausende Kilometer nach Zentralasien bis in den Iran hinein erstreckt. Nach den ersten diplomatischen Kontakten, die China in den Gebieten westlich des Pamir schließt, gewinnt der Karawanenhandel zunehmend an Bedeutung. Kaiser Wudi (87 – 40 v. Chr.) aus der Han-Dynastie schickt mehrere Gesandtschaften an den Hof des Königs Mithridates in Seleukia am Tigris. Seit dieser Zeit hat sich das Netzwerk einer kontinentalen Route in die Landkarte Asiens eingegraben; zahlreiche Wege für den Transport der Seide entstehen.

DIE SEIDENSTRASSE

Die Seidenstraße ist die Straße des ersten Jahrtausends. Sie beginnt in Xian, dem ehemaligen Changan, Hauptstadt der Han-Kaiser, und führt über Touen-Houang am östlichen Rand Chinesisch-Turkestans bis zur westlichen Ausdehnung der Großen Mauer. An den Rändern Ost-Turkestans teilt sich die Straße in zwei Verzweigungen auf, die das Tarim-Becken mit der Taklamakan-Wüste umrunden. Die beiden Routen führen durch eine Kette von Oasen. Die eine überquert im Süden die Lop-Wüste in Richtung Loulan und Miran, ehe sie auf die Ausläufer der tibetischen Hochebene trifft und nach Khotan, Yarkand und Kashgar weiterführt. Die andere, im Norden, säumt die Tian-Shan-Kette und führt durch die Oasen von Turfan, Karashar, Kucha, Aksu, Tumchuq, Kizil und Kashgar. Von Kashgar aus überquert die Route die Hindukusch-Pässe und führt durch Tash-Kurghan und den Wakhjir-Pass nach Balkh (im Norden von Kabul), Merw, Nishapur, Meshhed, Teheran, Hamadan, Kermanshah, Bagdad und Palmyra. In Palmyra, dem großen Handelsumschlagplatz der Antike, folgt die Seidenstraße drei Pisten in Richtung Antiochien, Phönizien und Ägypten. In uralten Texten, die aus dem 9., 6. und 4. Jahrhundert v. Chr. stammen, wird die Seidenstraße als einer der Reichtümer von Shandong und Honan bezeichnet. Gegen Ende des 1. Jahrhunderts v. Chr. lässt ein griechisch-römischer Handelsherr namens Maes Titanios die Route der Seidenstraße

SEITE 108 – 109: *Das Bamiyan-Tal in Afghanistan. Die 55 m hohe Buddha-Statue ragt majestätisch am Felshang auf.* LINKS: *Palmyra, Portikus der Königin Zenobia, die von 266 – 272 n. Chr. über Palmyra herrschte. Die Königin ließ sich nicht von Rom bevormunden,eroberte Ägypten und Kleinasien und brachte den ganzen Orient unter ihre Herrschaft.* OBEN: *Baalbek, das ehemalige Heliopolis der Griechen. Auf dem El-Beka-Plateau, vor dem Hintergrund der verschneiten Berge des Antilibanon, ragen die Ruinen eines zu Ehren der Sonne errichteten Tempels auf.*

von dem berühmten Geografen und Mathematiker Marynos von Tyros erkunden. Der Bericht dieser Forschungsreise ist in den Schriften des Geografen Ptolemäus (um 150 n. Chr.) überliefert.

Die *Croisière jaune* folgt der Route entlang der Seidenstraße, die in archäologischer Hinsicht am meisten zu bieten hat – jene zentrale Route, die seit der Hochantike bekannt ist und die schon die assyrischen Könige, die achämenidischen Läufer [63], Darius, Alexander der Große und die Römer genommen haben.

RENÉ GROUSSETS EMPFEHLUNGEN

René Grousset, Historiker und Orientalist, empfängt Audouin-Dubreuil, Victor Point und Iacovleff zu einem langen Gespräch im *Musée Guimet*, das er in Joseph Hackins Abwesenheit leitet. (Hackin ist 1929 an die Ausgrabungsstätte Bamiyan, dann nach Tokio gereist, wo er die *Maison franco-japonaise* [64] leitet.) Grousset verfasst für die Expeditionsleiter ein Memorandum, in dem er die bedeutendsten archäologischen Stätten aufführt, Hinweise und Informationen gibt, die Geschichte bestimmter Orte darlegt. Dieses Memorandum ist umso wichtiger, als die Expedition zwischen Beirut und Kabul nicht über einen Archäologen verfügt, der die Forschungsarbeiten leiten könnte. Joseph Hackin, der Archäologe der Expedition, schließt sich erst in Afghanistan der Mannschaft an. Das Foto- und Filmteam und der Historiograf der Expedition werden die wertvollen Hinweise René Groussets gewissenhaft befolgen und nach Möglichkeit alle seine Wünsche erfüllen, die sehr unterschiedlicher Natur sind. 1931 ist die fotografische Dokumentation der meisten Stätten, die untersucht werden sollen, ergänzungsbedürftig oder muss überhaupt erst in Angriff genommen werden; Filmdokumente gibt es zu diesem Zeitpunkt kaum.

René Grousset gibt eine Dokumentation über das antike Phönizien in Auftrag, über die phönizische Stadt Baalbek, das alte Heliopolis der Griechen, römische Kolonie unter Augustus, über »die omajadische Baukunst [65] der Großen Moschee von Damaskus mit den Mosaiken, die soeben von

150 km von Damaskus entfernt ein Krak, während der Kreuzzüge errichtet. Die Festung in unverfälscht romanischer Bauweise datiert aus dem 12. Jahrhundert.

Lorey [66] entdeckt wurden«. Was Palmyra angeht, hält er es für dringend geboten, »Fotos vor seiner völligen Zerstörung durch die täglichen Plünderungen« zu machen. Diese Stätte findet seit dem 3. Jahrtausend v. Chr. in den alten Texten Erwähnung. Nach der Eroberung Alexandrias hellenisiert, wird Palmyra im 1. Jahrhundert römische Kolonie. Im Irak soll die Expedition ihr Augenmerk auf »die neu entdeckten sassanidischen Funde von Ktesiphon [67] am Ufer des Tigris« richten. Ktesiphon, ein altes Partherlager, gegenüber Seleukia am Tigris gelegen, war die Hauptstadt der Arsakiden, dann der Sassaniden. »Die einzigen jüngeren Fotos von Babylon stammen aus Deutschland«, präzisiert Grousset und fügt hinzu: »In Kerbela bitte Fotos des Pilgerortes und der Wandmalereien, auf denen das schmerzlich-wilde Wehklagen über den Tod von Ali und Hussein dargestellt sind.«

Von der Durchquerung Persiens bringt die Citroën-Expedition eine besonders reiche Dokumentation mit, die es den Forschern später ermöglicht, wichtige Forschungsprojekte fortzusetzen und zu ergänzen. »Die

OBEN: *Die abassadische Alkazimayn-Moschee in Bagdad; im Vordergrund die Grabmäler des muslimischen Friedhofs.*
RECHTS: *In Palmyra, in der Nähe eines alten römischen Wachturms, wurde ein Lager aufgeschlagen.*

Stätten Takht-i-Bustan, Hamadan und Bisutun in der Nähe von Kermanshah sind die schönsten Altertümer Persiens. Die sassanidischen Reliefs sind atemberaubend.« Grousset macht sehr genaue Angaben, denn er möchte »einen Vergleich zwischen der Figur eines Perserkönigs in Takht-i-Bustan und den Prinzengestalten anstellen, die an der Seite des Buddhas von Bamiyan schreiten und sassanidische Kopfbedeckungen, überragt von Halbmonden und Kugeln, tragen.«

Williams, der Fotograf der *National Geographic Society*, fertigt einzigartige Aufnahmen der sassanidischen Reliefs von Takht-i-Bustan für René Grousset an. Der Sieg über den Feind ist eines der häufigsten Themen dieser Reliefszenen, die dem Ruhm der Sassaniden-Könige geweiht sind. Williams hält im Bild das Hochrelief fest, das Shapur I. (241 – 272 n. Ch.) in den Felshang schlagen ließ, um seinen Sieg über Kaiser Valerian zu demonstrieren. In einer der Höhlen findet Williams die Gestalten, die Grousset beschrieben hatte. Sie sind auf dem Hochrelief zu sehen, das die Inthronisation König Chosros II. (590 – 628 n. Chr.) im Beisein zweier Gottheiten darstellt. Die Reiterstatue des Königs unter dieser Skulptur ist fast völlig plastisch skulptiert. An derselben Stätte finden sich Jagdszenen in Basrelief mit einer Vielzahl von Details, die eine wahre Goldgrube für das

Das sassanidische Takht-i-Bustan bei Kermanshah im Iran. OBEN LINKS: *Wandmalerei, auf der die Thronbesteigung König Chosros II. im Beisein zweier Gottheiten dargestellt ist: Ahura Mazda zu seiner Rechten, Anahita links. Die göttliche Inthronisation ist eines der wichtigsten Themen sassanidischer Hochreliefs; bis zum Ende der sassanidischen Periode steht der König unter Legitimiationszwang.* OBEN RECHTS: *Die Reiterstatue des Königs.* UNTEN LINKS: *Shapur II. (309 – 379) Auge in Auge mit dem Gott Ahura Mazda; Mithra hinter ihm ist von einem Strahlenkranz umgeben.* RECHTS: *Eine Hirschjagdszene; die Bewegungen sind meisterhaft wiedergegeben. Der reitende König legt seinen Bogen auf die flüchtenden Hirsche an.*

Studium der Kleidung, der Waffen und des Alltagslebens der Sassaniden darstellen. Die Wildschwein-Jagdszene ist eine nautische Szene. Der König und sein Hofstaat treten in Begleitung von Musikanten (Frauen und Männern) auf, die die Laute schlagen. Die erlegten Wildschweine werden von Elefanten getragen. Eine Fülle von Details zeichnet die Darstellung aus, wodurch die Szene sehr lebendig wirkt. Der Ablauf der Handlung wird wie eine Comic-Geschichte erzählt. Auf der gegenüberliegenden Wand ist eine Hirschjagd zu sehen, die Williams ebenfalls mit der Kamera festhält. Der König, hoch zu Ross, wird von berittenen Treibern und von seinen Musikanten begleitet. Er zielt mit dem Bogen auf die fliehenden Hirsche. Bewegung und Handlung sind meisterhaft wiedergegeben.

Bisutun ist eine achämenidische Stätte zwischen Bakhtaran und Hamadan. Dort ist in die Felswand ein Relief zu Ehren des Perserkönigs Darius I. (522 bis 486 v. Chr.) geschlagen, das seinen Sieg über Gaumata verewigt. Unter dem Relief ließ Darius auch Inschriften in den Fels meißeln. Der Text ist in Keilschrift und in drei Sprachen abgefasst: Altpersisch, Babylonisch, Elamisch. Sir Henry Rawlinson, ein britischer Orientalist und Offizier in Persien, hat in den Jahren 1835 bis 1850 anhand dieser Inschriften das Altpersische, dann des Babylonische entziffert und so die Grundlage für das Studium der babylonischen Zivilisationen geschaffen.

René Groussets Ratschläge und Anweisungen werden gewissenhaft befolgt. Außer den Film- und Fotoaufnahmen der archäologischen Stätten, um die er die Expedition gebeten hat, interessieren den Gelehrten eine ganze Reihe weiterer Themen. Unter anderem regt er eine geologische Studie über die syrische Wüste an: »Wann ist die syrische Wüste zur Wüste geworden? Gibt es eine Möglichkeit, mehr Brunnen und Pisten anzulegen? Wäre eine Eisenbahnlinie zwischen Syrien und dem Irak realisierbar und welche Fragen würde ein solches Projekt aufwerfen?« In Sinkiang soll das Bewässerungssystem studiert werden, das über unterirdische Kanäle funktioniert. »Ist dieses System von den Persern beeinflusst worden?«, will Grousset wissen. Er interessiert sich für den wirtschaftlichen Aufschwung Bagdads und legt den Wissenschaftlern der Expedition ans Herz, »eine ethnografische Fotostudie über diesen Vielvölkerstaat zu machen: Perser, Syrer, Armenier, Kurden ...« Außerdem empfiehlt er eine »ethnografische und soziologische Studie Kurdistans, die Vergleiche zwischen diesen Bergvölkern und den Bewohnern Persiens ermöglicht.«

Die achämenidische Stätte Bisutun. Der Sieg über den Feind ist eines der häufigsten Themen der Werke, die dem Ruhm des Königs geweiht sind. Dieses Hochrelief verewigt den Sieg Darius' I. über Gaumata 522 v. Chr. Der riesenhafte König zertritt ein Tier mit den Füßen. Seine Diener folgen ihm. Vor ihm eine Kolonne angeketteter Gefangener. Der Letzte trägt ein Gewand, das an die Kleidung der Parther erinnert.

Den Abstecher nach Kucha in Chinesisch-Turkestan soll die Expedition nutzen, um »die Gesänge und Tänze der Schamanen bei kranken alten Frauen zu studieren. (...) Im 6. Jahrhundert war Kucha eine Hochburg von Musik, Gesang und Tanz, weltlicher wie religiöser Natur.« Grousset rät der Expedition, »ein *tamacha* [68] zu geben, ein Pilaf zu servieren und die besten Musiker kommen zu lassen«.

Des Weiteren beschreibt Grousset das Illi-Becken [69] als Schmelztiegel der »mandschurischen Völker, die sich im 13. Jahrhundert hier ansiedelten – Sarten, Westmongolen, kirgisische Türken, kasachische Türken, Taranshis (emigrierte Türken), Dunganes (nach China zurückgekehrte türkisch-chinesische Muslime)«, und er gibt Fotos dieser unterschiedlichen ethnischen Typen in Auftrag. Bei den ethnologischen Studien weist Grousset auf die Stadt Hami hin: »Hami ist die letzte sartische Stadt im Osten, mit einem türkisch-mongolischen Prinzen, Überbleibsel der Dschingiskhaniden. Hami ist der äußerste Punkt, den die indoeuropäische Zivilisation erreicht hat.«

Der Filmregisseur André Sauvage und sein Kameramann Morizet, der Fotograf Maynard Owen Williams und der Historiograf der Expedition,

Unter diesem Hochrelief wird eine Inschrift entdeckt. Der Text ist in Keilschrift und in drei Sprachen abgefasst: Altpersisch, Babylonisch und Elamisch.

Georges Le Fèvre, erstellen so eine ethnografische, archäologische und ökonomische Dokumentation über die Wegstrecke, die sie vom Libanon bis nach Afghanistan führt.

DER ARCHÄOLOGE JOSEPH HACKIN

Joseph Hackin erwartet die Citroën-Expedition in Kabul. Er ist ein renommierter Archäologe. 1907 wird er als Émile Guimets Sekretär im *Musée Guimet* eingestellt und 1913 zum stellvertretenden Konservator ernannt. Mit seinen Forschungen und Publikationen macht er sich einen Namen, unter anderem 1916 mit *Les Scènes figurées de la vie de Bouddha d'après des peintures tibétaines* (»Figürliche Darstellungen aus dem Leben Buddhas nach tibetischen Malereien«). 1920 wirkt er an der Umgestaltung des Museums mit und präsentiert die Sammlungen, die der Archäologe Pelliot aus Turkestan mitgebracht hat. 1923 wird ein Katalog der Sammlungen des Museums publiziert. Hackin »nähert sich ihnen auf dem Umweg über den Buddhismus an und stellt die Exponate aus Gandhara denen aus Tibet und Zentralasien gegenüber«.[70] Diese Methode lässt bereits den Schwerpunkt seiner künftigen Forschungen erkennen.

Ab 1924 ist Hackin auf Grabung. Er trifft in Balkh in Afghanistan mit A. Foucher zusammen, dem Gründer und Direktor der DAFA, *Délégation archéologique française en Afghanistan* (Archäologische Vertretung Frankreichs in Afghanistan). Hackin ist fasziniert von den Randgebieten Nordwestindiens, die er monatelang zu Pferd erkundet. Er behauptet, dass er die »Archäologie wie einen Sport betreibe«. Aber er räumt zugleich ein: »So viel Erde umgraben, um nichts als Erde zu finden!« Dieser erste Afghanistan-Aufenthalt endet mit der Besichtigung von Bamiyan. Un-

OBEN LINKS UND MITTE: *Bronzeamulett und -armband aus Luristan (1500 v. Chr.).* **OBEN RECHTS:** *Persische Miniatur im Saal eines alten Teheraner Palastes.* **UNTEN:** *Die Sepahsalar-Moschee in Teheran.*

mittelbar nach seiner Rückkehr wirkt er an der Publikation *Antiquités bouddhiques de Bamyan* mit. Hackin stellt sich zum ersten Mal die Frage: »Wäre es denkbar, dass wir der buddhistischen und sassanidischen Kunst zum Zeitpunkt der kurzlebigen Eroberung eines Teils von Baktrien [71] durch die Sassaniden auf der Spur sind? Hier mag auch die Erklärung für den sassanidischen Einfluss in der mittelalterlichen Kunst Turkestans liegen.« [72] 1929 reist Hackin erneut nach Afghanistan. Kaum in Kabul angekommen, gerät er mit seiner Frau und seinem Assistenten Carl in die afghanischen Revolutionswirren. Da er seine Arbeit in Bamiyan nicht fortführen kann, setzt er sich nach Tokio ab, wo er die *Maison franco-japonaise* (japanisch-französisches Kulturinstitut) leitet. 1930, nach der Machtergreifung Nadir Khans, kehrt er nach Afghanistan zurück.

Von Kabul bis Peking steht der Citroën-Expedition also ein kompetenter Archäologe zur Verfügung. Hackin hatte sofort zugesagt, als man ihm den Vorschlag machte, die Expedition über mehrere Monate zu begleiten. Die Gründe für seine Teilnahme sind klar umrissen: Hackin möchte eine Dokumentation der archäologischen Stätten erstellen, die auf der geplanten Route besichtigt werden, zuerst in Bamiyan, in Afghanistan, dann in Chinesisch-Turkestan und schließlich in den toten Städten im Norden des Tarim-Beckens.

Die Arbeiten seiner berühmten Vorgänger – Pelliot, Sir Aurel Stein, von Lecoq und Grünwedel [73] – waren durch den Krieg unterbrochen worden. »Unsere Vorgänger dort unten [in Chinesisch-Turkestan] haben es versäumt, eingehend zu beschreiben, was sie zurückließen. Wenn man die Dinge *in situ* vor sich hat, sieht man so viele Details mit anderen Augen im Hinblick auf die Einflüsse, die darin zu Tage treten; iranische Einflüsse

OBEN LINKS: *Schmucktafel im Innern des Marmor-Palastes in Teheran.* OBEN RECHTS: *eine persische Miniatur.*
UNTEN: *Im Audienzsaal des Palastes wird der durchscheinende Marmorthron von den Karyatiden getragen. Diesen Thron soll Nadir Schah 1783 von seinem Feldzug nach Indien mitgebracht haben.*

bei Kizil, chinesische bei Turfan. (...) Nachdem ich durch Bamiyan Grundkenntnisse über Zentralasien sammeln konnte, haben mich vergleichende Forschungen dazu gebracht, die Dokumente zu studieren, die Lecoq, Pelliot und Grünwedel mitgebracht hatten.« Am Ende der *Croisière jaune* schrieb Hackin über die in Bamiyan durchgeführten Arbeiten: »Da wir bei unseren Untersuchungen insbesondere die iranischen Einflüsse im Blick hatten, lenkten wir die Aufmerksamkeit des Malers Iacovleff auf den gesamten, bisher noch nicht kopierten ikonografischen Komplex, der sich als Vergleichsdokument für die asiatischen Malereien [74] am besten eignen würde.« Williams, Sauvage, Morizet und Spetch stellen eine wertvolle Dokumentation in Bamiyan zusammen. Es sind Ergänzungen zu Hackins früheren Arbeiten, die er im Lauf seiner ersten Studienaufenthalte angefertigt hat.

OBEN: *Nishapur, einst eine der vier Königsstädte von Khorasan; die Goldkuppel wurde von der Tochter Tamerlans erbaut.*
UNTEN: *Am Eingang eines friedlichen Gartens wacht ein Imam über zwei Gräber: das Grab von Mohamed Ali, dem Neffen des Propheten, und das Grab des Gelehrten und Dichters Omar Khayyam, der in Nishapur geboren ist.*

Über die geplanten Forschungsarbeiten an den Stätten des Tarim-Beckens schreibt Hackin: »Auf dem Weg nach Chinesisch-Turkestan konnte die Citroën-Expedition keinesfalls die Forschungsfelder vernachlässigen, die, davon waren wir überzeugt, zahlreiche nie da gewesene Beobachtungen ermöglichen würden. Georges-Marie Haardt, der mich in die Expedition aufnahm, gab mir also die Möglichkeit, ein Projekt zu verwirklichen, das mir besonders am Herzen liegt; denn auf diese Weise konnte ich von Afghanistan bis zu den Ostgrenzen Turkestans Etappe für Etappe die Ausbreitung der buddhistischen Kunst verfolgen…« Die in Bamiyan gesammelten Dokumente dienen später dazu, Vergleiche mit den Malereien der Heiligtümer Chinesisch-Turkestans anzustellen, die auf der Route der Expedition liegen.

BAMIYAN

Das weite, grüne Bamiyan-Tal, das ungefähr 12 km lang ist und auf 2500 m Höhe liegt, eingebettet in die mächtigen Berge des Hindukuschs, war von jeher der Durchgangsort für Reisende, Pilger und Eroberer. Diesen Weg nahm auch der Buddhismus, als er sich von Indien nach China und Japan ausbreitete. Im 6. Jahrhundert v. Chr. in Indien entstanden, kam diese neue Religion nach Afghanistan, nachdem die Indo-Skythen die letzten Griechenkönige der Seleukiden-Dynastie, die von den Generälen Alexanders des Großen begründet worden war, verjagt hatten. Alexander der Große hatte keinerlei direkten Einfluss auf den Bamiyan-Komplex, der vom 2. bis 7. Jahrhundert, der Epoche der muslimischen Eroberungen, eine außerordentliche Blüte erlebte. Es gab regelrechte Mönchskollegien: Bis zu 3000 wurden gezählt, verstreut in zahlreichen Heiligtümern.

Hackin führt die Teilnehmer der Citroën-Expedition über die Bamiyan-Stätte. Die ersten Worte des Archäologen, von Le Fèvre niedergeschrie-

OBEN LINKS UND RECHTS: *In Stuck gemeißelte Motive von dem hohen Minarett der Backstein-Moschee Mazandaran.*
UNTEN: *Herrliche Moscheen und Grabruinen zwischen Nishapur und Meshhed.*

ben, zeigen, welche Bedeutung er der Erforschung dieses Ortes beimisst, eine Arbeit, die nach der Überquerung des Pamir-Massivs in Chinesisch-Turkestan in der Taklamakan-Wüste und den Oasen der Wüste Gobi fortgeführt werden soll: »Bamiyan stellt in der Geschichte der Menschheit einen Knoten dar, in dem mehrere Zivilisationen miteinander verflochten sind… Es ist das Band zwischen Baktrien und dem chinesischen Zentralasien.«

Am Eingang des Tals stehen die Ruinen der prämongolischen Stadt Shai-Zoa, die im 6. Jahrhundert von Muslimen zerstört wurde. Darüber ragen sassanidische Ruinen auf. »Im Süden die Ausläufer des Hindukuschs, die Felsen ocker- und amethystfarben, fast silbergrau, dazwischen grünliche und zinkweiße Schichten. Zwei Nischen, in den Steilhang gehauen, beschützen die beiden riesenhaften Buddhastatuen.« Hackin präsentiert den 38 m hohen Buddha: »Die Proportionen des kleinen Buddha sind zweifelsfrei schöner als die des großen. Ganz offensichtlich war er der

OBEN: *Mauern der Stadt Herat. »Uralte Stadt, so oft besiegt und verwüstet. Der iranische Landstrich, den Alexander eroberte, als er das Achämenidenreich zerstörte, war wie eine Etappe auf dem ›griechischen Siegesmarsch‹ zu den Toren des chinesischen Reiches. Nichts hat überdauert von dieser hellenistischen Herrschaft …« (Louis Audouin-Dubreuil).* UNTEN: *Hinter den Mauern von Herat verbirgt sich eine Stadt aus Lehm. Die Souks quellen über vor Waren, Seide wird hier gewebt, dazu unzählige Goldschmiede.* RECHTS: *Die Stadtwälle von Girishk spiegeln sich im Wasser des Helmand.*

erste Versuch. Die Künstlermönche haben dann erkannt, dass sie eine Kolossalstatue von 55 m in den Fels schlagen könnten, den ›großen Buddha‹.«

Der Buddha ragt majestätisch, wenn auch verstümmelt, vor der Citroën-Mannschaft auf. Nur der untere Teil des Gesichts ist erhalten, die Hände wurden abgeschlagen. Die Statue ist am ganzen Körper mit Löchern übersät, die das Haften des Verputzes (Kalkmörtel) erleichtern sollten. Alle Gewandfalten sind im Verputz modelliert. Ursprünglich war der Buddha vergoldet: Der Mönch Xuanzang [75], der im Jahr 632 auf einer Pilgerfahrt hierher kam, bezeugte dies, indem er treuherzig versicherte, die Statue sei ganz aus Gold. Auf dem Gewölbe über dem Kopf sind eine Reihe von Buddhas mit ihren Stiftern und geschmückt mit sassanidischen Attributen abgebildet. Diese Stifter waren zum Buddhismus bekehrte Barbaren. Eine Treppe führt zu einem Umgang und zu Heiligtümern rings um den Buddha. Hackin weist auf eine besonders interessante Grotte hin: »Mit ihrer Verschmelzung verschiedenartiger Schmuckelemente stellt sie den Übergang zwischen den gemalten und den skulptierten Höhlen dar. Das Kuppeldach ist mit Blumenmustern verziert. Beachten Sie den Faltenwurf an den Figuren, deren Büsten aus der Wand heraustreten, und die Ausschmückung des Kranzgesimses der mit Löwenköpfen verzierten Endstücke. Die Werke stammen von anonymen Künstlern aus verschiedenen Schulen. Viele der Künstler waren zweifellos durchziehende Pilger, die sich auf diese Weise ihre Zeche verdienten. Durch dieses unablässige Kommen und Gehen über einen so langen Zeitraum hinweg wurde die Verbindung mit Zentralasien ermöglicht. (...) Beachten Sie auch den Bodhisattva hier, ein Element, das die rein modellierte und skulptierte Machart des großen Buddha ankündigt.« Am Ende dieses ersten Besuches bricht es aus Hackin hervor: »Erschütternd ... Diese Entwürfe, die niemals zur Ausarbeitung gelangten, diese Skizzen von Bewegungsabläufen, die mit einer solchen Meisterschaft eingefangen wurden.«

Im 6. Jahrhundert erlebte Bamiyan eine künstlerische Blütezeit. In dieser Periode wurden die meisten Grotten in den Fels getrieben und ausgeschmückt. Die beiden Kolossal-Buddhastatuen repräsentieren den Höhe-

Mahmud, Sultan von Ghazni (971–1030), schuf ein riesiges Reich, das von Khorasan bis Nordindien reichte. Er ließ die Routen, die er auf seinem Weg nach Indien nahm, mit Siegessäulen markieren. RECHTS: *Kabul. Ankunft der* Croisière jaune *in der modernen Stadt des Königs Amanullah, der 1929 abgesetzt wurde.*

punkt des Gandhara-Stils. Prachtvoll erhebt sich der große Buddha aus dem Fels, trotz seines verstümmelten Gesichts und seiner abgeschlagenen Arme. Die meisten Statuen sind jedoch verschwunden. Die künstlerisch wertvollsten Grotten wurden als Heuschober verwendet und im Lauf der Zeit hat sich viel Grasstaub angesammelt und einen extrem widerstandsfähigen Belag gebildet. Die Malerei dahinter ist stark beschädigt. In den Gängen haben einige Girlanden aus skulptierten Rankenornamenten überdauert. Ein Saal wurde restauriert: rechts und links Kleeblattbogen, bartlose Gestalten mit kegelförmigen Hüten, Spuren von Bemalung.
Joseph Hackin leitet die Arbeiten von Iacovleff, Sauvage, Morizet und Williams: Kopien der Wandmalereien, Fotografien der Ausgrabungsstätte, Filmaufnahmen. Der Aufenthalt in Bamiyan hinterlässt bei allen unauslöschliche Erinnerungen.
Die Arbeit geht rasch voran, da die Regierung Nadir Khans sie in jeder Hinsicht unterstützt. So schreibt Le Fèvre: »Wir trinken Tee auf der Terrasse des Gouverneurs von Bamiyan. Der König hat sie der *Délégation archéologique française* zur Verfügung gestellt. Uns gegenüber ragen zwei riesenhafte skulptierte Götterbilder im Steilhang auf, umgeben von klaffenden Höhlen, die mit sakralen Felszeichnungen ausgeschmückt sind.«
Die Mannschaft der *Croisière jaune* ahnt in diesen Tagen noch nicht, dass die entstandene Dokumentation 70 Jahre später eine einzigartige Bedeutung erlangen würde. Es sind kostbare Zeugnisse erloschener Zivilisationen, nachdem die Stätte heute restlos zerstört ist, ausradiert von fanatischen Islamisten, hinweggefegt von »der reinen und heiligen Erde Afghanistans« [76].

SEITE 126: *Vom 2. bis 7. Jahrhundert, der Epoche der islamischen Eroberung, erlebte Bamiyan eine außerordentliche Blüte. Der Buddhismus, der im 8. Jahrhundert v. Chr. in Indien entstanden war, setzte sich zu Beginn unseres Zeitalters in Afghanistan durch. Bamiyan war einer der Durchgangswege bei seiner Ausbreitung nach China und Japan. »Majestätisch ragt der große Buddha (55 m) im Licht auf, trotz seines verstümmelten Gesichtes und der abgebrochenen Arme. Um die Kolossalstatue herum wurden Höhlen in den Fels geschlagen, Heiligtümer, die einst von geschickten Künstler-Pilgern ausgeschmückt worden waren. In den Gängen haben einige Bögen aus skulptierten Rankenornamenten überdauert. Ein Saal wurde restauriert.« (Georges Le Fèvre)*

DIE TOTEN STÄDTE IN CHINESISCH-TURKESTAN

Die Citroën-Expedition soll den Spuren des Buddhismus auf seiner Ausbreitung nach Zentralasien durch Chinesisch-Turkestan über Kizil, Tumchuq, Sorchuq, Kucha, Karashar folgen, dann am Rand der Wüste Gobi, am nördlichen Tarim-Becken entlang, durch die Städte des Turfan-Komplexes: Bezeklik, Kara-Khoja, Sangim. Die Oasen des Tarim-Beckens auf der Seidenstraße erlebten dank der buddhistischen Bekehrung durch die Indo-Skythen seit dem Hochmittelalter jahrhundertelang eine ungeahnte Blütezeit.

Um 400–425 n.Chr. eroberten die hephalitischen Hunnen (auch Weiße Hunnen genannt) Baktrien und die Sogdiane [77], Königreiche, die von den Nachfolgern Alexanders errichtet und von den Indo-Skythen besetzt wurden, den Begründern einer Dynastie, deren berühmtester König, Kanishka, über ein Gebiet herrschte, das Chinesisch-Turkestan, Afghanistan und Kaschmir mit einschloss. Von den Hunnen verjagt, fliehen die

OBEN: *Tee auf der Terrasse des Gouverneurs von Bamiyan. Der König hat das Haus Joseph Hackin, dem Leiter der* Délégation archéologique française en Afghanistan, *zur Verfügung gestellt. Von links nach rechts: Waddington, Williams, Bourgouin, Jourdan, Hackin, von Iacovleff verdeckt, Haardt, stehend Pecqueur und Le Fèvre. Für Joseph Hackin sind »die Proportionen des kleinen Buddha schöner als die des großen. Es ist unübersehbar, dass der 38 m hohe Buddha ein erster Versuch war. Ein gelungener Versuch.«* UNTEN: *Der kleine Buddha war ursprünglich vergoldet, wie der Wandermönch Xuanzang, der im Jahr 632 als Pilger nach Bamiyan gekommen war, bezeugt hat. Auf dem Gewölbe über dem Kopf der Kolossalstatue eine Reihe von Buddhas mit Stiftern, die mit sassanidischen Attributen geschmückt sind.*

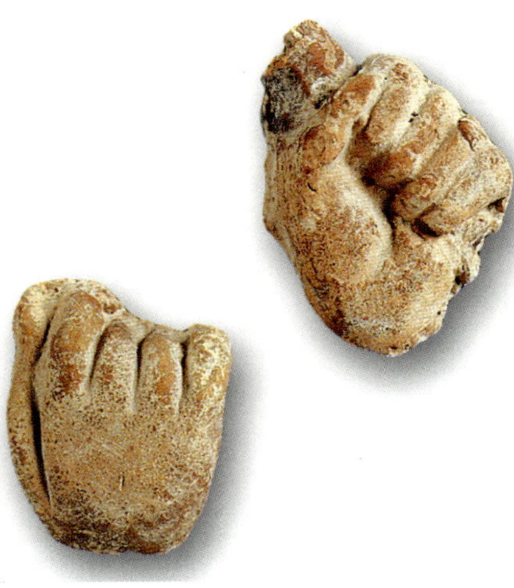

Indo-Skythen nach Osten. Sie siedeln sich dort an, wo Leben möglich ist, in Chinesisch-Turkestan. Sie gründen die Königreiche Kucha, Karashar und Turfan. Sie erneuern ihre Handelsbeziehungen zu den Iranern, mit denen sie eine ferne Blutsverwandtschaft verbindet. Die sogdischen Karawanenführer bringen nun erneut kostbare Ladungen aus Persien.

Die buddhistischen Pilger verbreiten eine mystische Lebenskraft, die zu jener Zeit bei der kuchanischen Aristokratie und den unabhängigen Völkern von Karashar und Turfan ein starkes Echo findet. Und so bildet sich in den Oasen, verloren in der riesigen Wüste, eine glanzvolle Zivilisation heraus, die fünf oder sechs Jahrhunderte andauert. Von der gräko-buddhistischen Zivilisation, die in der indoafghanischen Region ausgelöscht wurde, sind drei Jahrhunderte später nur noch einige hellenistische Einflüsse vorhanden, die in der Kunst des Tarim-Beckens zu Tage treten. In den Oasen von Kucha, Karashar und Turfan »sprechen die Bewohner indo-europäische Sprachen (Iranisch und Sanskrit) sowie europäische Sprachen (Italo-Keltisch, Slawisch ...) und Ostiranisch in der Region von Kashgar«.

Für das China der Tang-Dynastie, das die Herrschaft über Oberasien anstrebt, sind die Oasen des Tarim-Beckens unverzichtbar, wenn es die Karawanenstraße in Richtung Iran und Indien kontrollieren will. Der Kaiser Taizong unternimmt den Versuch, sie in seinen Machtbereich zu bringen. Die nächstgelegene Oase ist Turfan, das auch am stärksten vom chinesischen Einfluss geprägt ist. Im Jahr 640 wird es von den Armeen des Kaisers besiegt und 647 werden auch die anderen Königreiche unterworfen. Über die Geschichte Kuchas schreibt Grousset: »Der Kaiser schickte gegen die kuchanische Armee den türkischen Condottiere ins Feld, der mit einem Heer von regulären chinesischen Soldaten und tatarischen Söldnern in seinen Diensten stand. Die glänzende kuchanische Reiterei wurde in der Wüste bei Kucha in einen Hinterhalt gelockt und vernichtet. Es war das Ende der Unabhängigkeit für die indoeuropäische Stadt in der Wüste Gobi, das Ende einer zauberhaften und hochentwickelten Welt.«

Der chinesische Buddhist Xuanzang durchquerte zweimal die Oasen des Tarim-Beckens, 629/630 auf seiner Reise nach Bamiyan und 644 bei

Diese drei Fragmente aus getrocknetem Lehm mit Spuren einstiger Bemalung stammen aus dem 4. oder 5. Jahrhundert und wurden von einem Teilnehmer der Citroën-Expedition an der Stätte Sorchuq bei Karashar in der Ruine eines niedergebrannten Tempels aufgelesen. Von oben nach unten: Bodhisattva-Kopf; kleine Stele; Hände.

seiner Rückkehr durch die Oasenstädte. In dem Bericht, den er über seine Reise verfasst hat, schildert er das glanzvolle Leben der Königreiche, die er besucht hatte.

Im November und Dezember 1931 führt Hackin, assistiert von Iacovleff, Forschungsarbeiten durch und stellt vergleichende Studien über den Turfan-Komplex an. Er ist der erste Archäologe, der eine Verbindung zwischen den buddhistischen Stätten Afghanistans und den Heiligtümern Chinesisch-Turkestans erkennt. In seinem Band *Histoire de la Chine* äußert sich Grousset wie folgt über Hackins Arbeiten:

»In der Epoche, die durch diese wichtigen Ausgrabungen zu Tage gefördert wird, kommt die Kunst des Tarim-Beckens direkt aus den buddhistischen Ateliers Afghanistans, in ihrer doppelten gräko-buddhistischen und irano-buddhistischen Ausprägung. Die Stukkaturen von Fondukistan, die Joseph Hackin, Madame Hackin und Jean Carl zwischen Kabul und

OBEN: *Die Grotten von Bezeklik.* **UNTEN:** *Kara-Khoja im Herzen der Turfan-Senke.*

SEITE 130, OBEN LINKS: *Malerei an einer Kuppel von Murtuk. Die Gottheit, die auf einem Lotosblatt sitzt und eine Blüte in der Hand hält, ist im kuchanischen Stil gemalt. Die Körperform ist indisch inspiriert, das Gesicht verrät griechische Einflüsse.*
OBEN RECHTS: *Fragment einer großen Komposition, die ein* parinirvana *darstellt (Bezeklik).* UNTEN: *Fragment einer Wandmalerei, Mäzenatinnen der kuchanischen Aristokratie. Rechts daneben eine uigurische Inschrift, mit der die Eroberung des Königreichs Turfan durch die Uiguren im 8. Jahrhundert besiegelt wurde (Bezeklik).*
OBEN: *Fragment einer Wandmalerei: Reiter, der eine Art Helm trägt, Frauengesichter mit griechischem Profil (Bezeklik).*
UNTEN LINKS: *Kapelle eines Heiligtums (Turfan).* UNTEN RECHTS: *Darstellung eines Rentiers; Einfluss der Saka-Kultur (Turfan). Die Markierung des Bildausschnitts stammt von Lecoq.*

OBEN LINKS: *Joseph Hackin in einem Heiligtum in Turfan.* OBEN RECHTS: *Wandmalerei von Bezeklik. »Bisweilen fallen die Kettenhemden nach Sassanidenart bis übers Knie, aber öfter noch bedecken sie Brust und Schultern, während der Unterleib von einem Gurt aus verrückbaren Binden geschützt ist. Beachten Sie das kuchanische Schwert, ein langes, gerades Schwert mit einem schmalen Griff in Form eines Kreuzes und einem kugelförmigen Knauf.« (Joseph Hackin).* UNTEN LINKS: *Detail einer Wandmalerei in Turfan, das chinesische Einflüsse verrät.* UNTEN RECHTS: *Manichäische Wandmalerei in Bezeklik. »Eine große Komposition, auf der Adoranten und geflügelte Gestalten zu sehen sind, um den Baum mit dem dreifachen Stamm gruppiert, der mitten aus der Quelle der vier heiligen Flüsse emporwächst. Diese Komposition trägt eine lange Inschrift in uigurischer Sprache.«*

Bamiyan entdeckt haben und die anhand des Münzgelds des Sassanidenkönigs Chosro II. (590–628) datiert werden können, sind in dieser Hinsicht aufschlussreich. Tatsächlich zeigt sich in diesen Stukkaturen die buddhistische Kunst Afghanistans, die noch immer hellenistische Modelle bei den Buddha-Gestalten reproduziert, bei den Frauenfiguren hingegen reine Hindu-Modelle, während sie bei profanen männlichen Gestalten persisch-sassanidische Modelle damit kombiniert. Genau diese Zusammensetzung kehrt aber in den Wandmalereien der buddhistischen Höhlen von Kizil bei Kucha im nördlichen Teil des Tarim-Beckens wieder, Darstellungen, deren erste Periode Hackin zwischen 450 und 650 datiert, die zweite zwischen 650 und 750. »Das Ganze beweist uns, dass zwar die spirituelle Kultur einer Oase wie Kucha damals dank des Buddhismus eindeutig indisch geprägt war, die materielle Kultur jedoch einen starken persisch-sassanidischen Einfluss aufwies. Wie Sie sehen, bezeugen die weltlichen Herren und hier sogar die Prinzessinnen die direkte Imitation der iranischen Modelle. Was könnte aufschlussreicher für die Rolle dieser Karawanen-Oasen nicht nur als Pilgeretappen zwischen China und Indien, sondern auch als Handelsstationen zwischen China und dem Iran sein? Und was wir über die Wandmalereien in Kizil sagen, gilt auch für die Stukkaturen von Sorchuq bei Karashar und die Stukkaturen und Wandmalereien der Turfan-Gruppe.«

Die Ausgrabungen zu Beginn des 20. Jahrhunderts, die bei mehreren Forschungsreisen von Pelliot, Lecoq, Grünwedel, Sir Aurel Stein und Otani durchgeführt wurden, haben der Welt die Zivilisationen Chinesisch-Turkestans enthüllt. Vor 1914 wurden Wandmalereien nach Europa gebracht, und als Hackin und sein Team 1930 die Stätten besuchen, weiß man nicht, was davon noch übrig geblieben ist. Da es praktisch keine Aufzeichnungen gibt, ist das Erstellen einer Dokumentation umso wichtiger, damit die begonnenen Studien fortgesetzt werden können.

Wie sich herausstellt, können Hackin, Iacovleff, Williams und Sauvage keine Arbeiten an den Stätten von Kizil, Tumchuq, Sorchuq und Kucha durchführen. Die örtliche Regierung gestattet nur einfache Besuche, aber Hackin macht Notizen. In den Grotten von Kizil überwältigt ihn die Fülle

OBEN: *Stupa, Grabmal, das über der Reliquie eines Heiligen in Bailingmiao errichtet wurde.*
UNTEN: *Buddhistischer Turm von Luocun (Chinesisch-Turkestan). Alle Buddhastatuen sind kopflos; sie wurden während der ersten muslimischen Invasion in Zentralasien verstümmelt, die der glanzvollen tocharischen Zivilisation ein Ende setzte.*

und Vielfalt der dort noch vorhandenen Malereien. Sie erweisen sich als nützlich für seine späteren Studien.

In Tumchuq, der von Pelliot und Lecoq erforschten Stätte, bewundern Hackin und sein Team »die Lehmskulpturen eines kleinen Klosters, die in gewisser Weise an Hadda erinnern und von einer Eleganz, einem Charme, einem überraschenden Manierismus zeugen«. Der Besuch der Ruinen von Sorchuq bei Kucha ist ein gefühlsintensives Erlebnis. Audouin-Dubreuil schreibt in sein Notizbuch: »Der Tempel wurde niedergebrannt, auf dem Boden finden wir zunächst nur verkohlte Trümmer. Aber bald entdecken wir Lehmstatuen, die vom Feuer in Terrakotta verwandelt wurden und so erhalten geblieben sind. Hier und da Fragmente von Statuen, Köpfe mit griechischem Profil, wohl geformte, zierliche Körper, kleine, feine Hände, Rosetten, ein Bein, dessen Knie noch ein stilisiertes Oval erkennen lässt, ein Akanthusblatt, ein Fragment eines Kranzgesimses...« Hackin gelingt es, dem »chinesischen Bewacher« der Gruppe einige der Fundstücke abzuhandeln. Ein paar Monate später schreibt er an Audouin-Dubreuil, der die Ausstellung über die *Croisière jaune* vorbereitet: »Unter den Dokumenten der Expedition sind einige, die mir besonders am Herzen liegen, nämlich die Statuetten, die wir in Sorchuq erwerben konnten. Sie sind etwas verstreut, und Sie werden sogar in Pillen- und Tabaksdosen darauf stoßen. Ich halte es für das Beste, den Großteil der Stücke fotografieren zu lassen, damit ich schon hier mit dem Katalog beginnen kann, denn diese Arbeit muss sehr sorgfältig und gründlich durchgeführt werden.«

An den archäologischen Stätten der Turfan-Gruppe sind Arbeiten erlaubt. Hackin berichtet darüber: »Unsere Studien waren besonders ergiebig in Bezeklik, wo wir jedes der Heiligtümer hinsichtlich des Malstils, des künstlerischen Werts und der Ikonografie systematisch untersucht haben. Die ausgeführten Kopien und Fotografien stellen in ihrer Gesamtheit eine absolut einzigartige Dokumentation dar. Wir sind beim Studium der in situ vorgefundenen Stücke fast zu der Gewissheit gelangt, dass der buddhistischen Eroberung eine Periode vorausging, in der die Grotten manichäische Heiligtümer waren; die manichäischen Malereien und die Inschriften in uigurischer Sprache waren hinter rohen Lehmziegelmauern verborgen, die von den Buddhisten errichtet wurden.

OBEN UND UNTEN: *Fotos, die 1929 von Victor Point auf seiner Erkundungsreise an der Stätte Yün-kang im Norden von Shansi aufgenommen wurden. Die buddhistischen Grotten stammen aus der Zeit von 425–515 n. Chr.*

»Der manichäischen Periode [78] könnte eine große Komposition zugeordnet werden, die Gläubige mit geflügelten Gestalten zeigt. Sie sind um den ›Baum mit dem dreifachen Stamm‹ gruppiert, welcher derselben Quelle entspringt wie die vier heiligen Flüsse. Dieses Bild trägt eine lange Inschrift in uigurischer Sprache, die von uns kopiert wurde. Andere Stätten wurden ebenso methodisch studiert, unter anderem die Grotten in der Nähe des Dorfes Mustusk: Sangim, Kara-Khoja und Sirkap. Zahlreiche Kopien wurden ausgeführt und mehrere hundert Fotos gemacht. Die erstellten Dokumente, Notizen und Illustrationen liefern uns das Material für eine besonders interessante Studie, mit der die Arbeit unserer Vorgänger ergänzt werden kann.«

In seinem Bericht erwähnt Hackin noch einige zusätzliche Arbeiten, die bei Erkundungsreisen nach Afghanistan und China ausgeführt wurden, um die Durchreise der Citroën-Expedition vorzubereiten. In Afghanistan

OBEN: *Buddhistischer Tempel der Yün-kang-Region.* UNTEN: *Die mit farbigen Fayencen bedeckte Mauer, die den Eingang des Tempels beschützt. (Foto: Victor Point)*

studiert der Archäologe, eskortiert von Major Pecqueur, in der Region von Kandahar und Girishk die Münzprägungen der indoparthischen Herrscher. Er entdeckt gut erhaltene Bronzemünzen aus der Zeit der Könige Aces, Sparilises, Pacores, Orthagnes und Gondopharnes. In der Region von Ghazni werden kusano-sassanidische und sassanidische Münzen aufgefunden. Hackin fertigt eine vollständige Kopie der persischen Inschriften im Innern der Grotte von Tehehel-Zineh (17. Jahrhundert) an. In China studiert und fotografiert Victor Point auf einer Erkundungsreise in die Mongolei die buddhistischen Grotten von Yün-kang. Diese Grotten, die im Norden von Shansi liegen, stammen aus der Zeit von 452–515 (Wei-Dynastie). Kommentar von Hackin, zitiert von Grousset: »Die riesigen Buddha-Statuen, die den gesamten Höhlenkomplex beherrschen, erinnern in ihrer Machart an die Kolossalstatuen von Bamiyan... Die Skulpturen, welche die Nischen bevölkern, Statuen von geringeren Ausmaßen, schmal und lang, oft eckig, mit einem kraftvollen Faltenwurf, der

OBEN: *Basrelief, in die Portalwand eines der Tore der Großen Mauer geschlagen, auf dem folgende Inschrift zu lesen ist: »Jenseits von hier: Land der Barbaren...«* UNTEN: *Steinelefant am Rand der Allee, die zur Nekropole der Ming-Kaiser führt (Ming-Dynastie, 1386–1644).*

aber eine wohltuende Schlichtheit und jugendliche Anmut wahrt, führen uns vor Augen, was die ›formale‹ Bildhauerei von Gandhara nicht zu bieten hatte: eine rein spirituelle Kunst. (...) In einem reiferen Stadium scheint sich die Kunst der Yün-kang-Grotten etwas von ihrer archaischen Stilisierung zu entfernen. Die Formen werden runder und voller, die Mantelfalten weniger steif, die Arabeske der Linien erhält mehr Geschmeidigkeit. Dennoch behalten die Gestalten ein relativ strenges Aussehen, etwas unnennbar In-sich-Gekehrtes und Losgelöstes, das ihnen einen hohen Stellenwert in der religiösen Bildhauerei zuweist.«

Als Hackin wieder in Frankreich ist und die Durchsicht und Auswertung der von einer interdisziplinären Mannschaft erstellten Dokumentation beendet hat, schreibt er: »Insgesamt werden die Ergebnisse, die im Bereich der Archäologie und Ethnografie erzielt wurden, einen beträchtlichen Teil der Memoiren der Citroën-Expedition Zentralasien ausmachen.«

OBEN: *Wandmalerei in der Stätte von Angkor, Kambodscha. Die Armee der Khmer auf dem Vormarsch.*
UNTEN: *Der Preah-Khan-Tempel. Zwei Tänzerinnen des königlich-kambodschanischen Balletts posieren an einer Balustrade der Allee der Riesen.*

M. Ghulam Mohmad
Kashmiri

Ethnografische Dokumentation

Alexander Iacovleff und Maynard Owen Williams

»Ein jadegrüner Himmel, am Horizont ins Gelbliche spielend, die reine, frische Luft eines Oktobermorgens in Peking. Ich höre eine fremdartige Melodie, einen wilden, mystischen Singsang. Seit ich mit dem modernisierten China in Berührung gekommen bin, lasse ich nicht ab in meiner Bemühung, es zu verstehen, den Charme seiner tausendjährigen Kultur zu erspüren.« Diese Eindrücke wurden nicht 1932 niedergeschrieben, sondern zehn Jahre vor der Ankunft der *Croisière jaune* in Peking.
Alexander Iacovleff hat sie seinen Skizzenbüchern entnommen und in der Einleitung des von ihm illustrierten *Théâtre chinois* verwendet, einem sehr schönen Werk des Autors Tchou-Kia-Kien.
Iacovleff ist kaum in China eingetroffen, als die russische Revolution ausbricht. Da er nicht in seine Heimat zurückkann, schlägt er sich zwei Jahre lang in Peking, Shanghai und der Mongolei durch. Diese erste Asienreise endet mit einem sechsmonatigen Aufenthalt in Japan. Nachdem ihm Russland verwehrt bleibt, wo seine Frau, die Schauspielerin Bella Chencheva, auf ihn wartet (sie hofft vergeblich auf seine Rückkehr, bis sie 1927 stirbt), lässt sich der verzweifelte Iacovleff in Paris nieder. Ab 1920 stellt er seine asiatischen Werke in der Galerie *Barbazangues* in Paris aus, dann in der *Grafton Gallery* in London. Er hat sofort Erfolg mit seinen Bildern. Bereits zu diesem Zeitpunkt ist sein Werk von einer bestechenden Originalität. Ein Kunstkritiker sagt über ihn: »Seine Kunst ist eine Antwort auf den Impressionismus.«
Iacovleff hat sich die Kunst der Analyse und sein zeichnerisches Können im Atelier von Dimitri Kardowsky angeeignet. Charakteristisch für seine Bilder ist die Konstruktion fester Formen, eine Wahrheit, die in der Zeichnung und strengen Gestaltung liegt, eine Wiedergabe der Handlung, die Suche nach einem möglichst starken Ausdruck. Seine scharfsinnigen Porträts bauen auf einer ins Auge springenden Wahrheit auf, einer Haltung, einer Geste, die spontan in raschen Skizzen eingefangen wird; erst beim zweiten Durchgang erfolgt das Ausarbeiten einer festen Form, in der zugleich Kraft und Handlung gebannt sind. Die Skizzen, die Entwürfe wechseln zwischen dem Präzisen und Fließenden, fangen die Intensität

LINKS: *Porträt eines Kashmiri von Iacovleff (6. Juli 1931).* OBEN LINKS: *Der Maler der Expedition, Alexander Iacovleff, kopiert eine Wandmalerei in Bezeklik, in Chinesisch-Turkestan (Reproduktion des Originals auf Seite 132). Er wendet dabei die Technik der Temperamalerei an.* RECHTS: *Williams, der brillante Reporter und Fotograf der* National Geographic Society, *hat einzigartige Dokumente erstellt.*

oder Traurigkeit eines Blickes ein, halten Details fest. Die Temperamalerei oder Rötelzeichnung eliminiert alles Überflüssige, bringt Nüchternheit in die Komposition, eine größere Reinheit der Zeichnung, zügelt die Farben. Iacovleff möchte »das Dokumentarische, das nichts beschönigt, mit dem Künstlerischen verbinden, das auf Grund seiner umfassenderen Natur das Überflüssige auszusondern und zu verwerfen versteht«. Die meisterhafte Leichtigkeit der Ausführung, die Freiheit der Konzeption, die extreme Schmucklosigkeit der Bilder findet ihre Entsprechung in Iacovleffs Menschenkenntnis, die sich in der Haltung, im Ausdruck der porträtierten Persönlichkeiten manifestiert. »Wenn man einen Charakter verstehen will, muss man ihn übersetzen – zu einer Vertrautheit mit dem Modell finden«, schreibt er. Er arbeitet »menschlich, den Gesichtern zugeneigt«, notiert Audouin-Dubreuil.

1923 wendet sich André Citroën an Iacovleff und macht ihm den Vorschlag, die *Croisière noire*, die »Schwarze Expedition« durch Afrika, als offizieller Maler zu begleiten. Iacovleff sagt sofort zu. Er lässt sich auf ein Abenteuer ein, bei dem er sein technisches »Kapital« nur vermehren kann. Der Kontinent, den er entdeckt, ist faszinierend, und er fängt in seinen Skizzenbüchern Zivilisationen ein, die bald ganz erloschen sein werden. Am Ende bringt er ein beachtliches Werk von dieser Reise zurück: 700 Bilder und Zeichnungen, die 1926 in der *Galerie Charpentier* in Paris ausgestellt werden. Der Maler hat sich zum Ethnografen gemausert.

Iacovleff und Audouin-Dubreuil fassen Ende 1927 eine Expedition nach Asien ins Auge. Iacovleff reizt die Wiederbegegnung mit einer fremden und faszinierenden Welt. Audouin-Dubreuil möchte den Pisten der alten Seidenstraße folgen, auf der Suche nach den Wundern, die in Marco

LINKS: *Scheich Sattani, Häuptling der Haddadiden-Nomaden in Syrien, gemalt von Alexander Iacovleff.* OBEN: *Der Falkner des Scheichs Sattani in Palmyra.* SEITE 141 OBEN: *Kurdisches Zeltlager. Die Kurden, Besitzer großer Herden, durchziehen riesige Gebiete von Afghanistan bis nach Syrien. Oft bleiben sie für eine Saison in einer Region, bis die Ernte eingebracht ist. Die niedrigen Zelte sind aus Kamelhaar; im Vordergrund Ziegenmilch in einem Kessel.*

Polos unsterblichem, vom Zauber Chinas erfülltem Reisebericht geschildert sind. Die beiden Männer unterbreiten ihren Plan Georges-Marie Haardt. In Iacovleffs Atelier auf Capri findet ein Treffen statt und eine erste Reiseroute wird auf der Asienkarte eingezeichnet. Bis zum Tag des Aufbruchs drei Jahre später beteiligt sich Iacovleff unermüdlich an den Vorbereitungen für die Expedition. Er wird bei der Ausstattung des »Wissenschaftswagens« zu Rate gezogen, bei der Entwicklung und Fertigung aller Einzelteile. Er wählt die archäologische und naturkundliche Ausrüstung aus, die Koffer für die Sammlungen, die Ersatzapparate für Film, Fotografie und Fotolabor etc. Er bestimmt und kreiert die Arbeitsbedingungen in den Raupenfahrzeugen, ein wichtiger Beitrag, der die gute Stimmung in der Mannschaft während des monatelangen engen Zusammenseins zu wahren hilft.

Iacovleff begibt sich mit den beiden Expeditionsleitern, dem Foto-und-Film-Team und anderen ins *Musée Guimet*, wo sie von René Grousset

RECHTS: Zukhane-*Athlet. Er kämpft mit nacktem Oberkörper, einen Lendenschurz um die Hüften geschlungen, in einer gestickten Hose, die an den Knien mit Leder verstärkt ist. In Teheran ist* zukhane *die traditionelle Athletenschule, deren Ursprünge auf Abbas den Großen, Schah von Persien, zurückgehen (1557–1628).*

empfangen werden, dem Leiter des Museums, einem brillanten Archäologen und Sinologen. Grousset instruiert seine Besucher über die archäologischen Stätten, die auf der geplanten Route liegen, er macht Vorschläge, welche Aufzeichnungen oder ergänzenden Forschungen an bestimmten Stätten sinnvoll sind, er gibt fotografische Dokumentationen in Auftrag, die dringend für ausgewählte Studien gebraucht werden. René Grousset überreicht Iacovleff und Audouin-Dubreuil einen regelrechten »Routenplan«, der gewissenhaft befolgt wird. Iacovleff fährt nach London, um Karten von den zu bereisenden Ländern zu kaufen und Zelte auszusuchen. Der erfinderische Maler entwirft auch das Feldbett, das zusammengeklappt in seiner Kiste mitgeführt wird.

Als die *Mariette-Pacha* am 24. März 1931 im Hafen von Beirut anlegt, weiß Iacovleff, der offizielle Maler der »wissenschaftlich-künstlerischen Expedition in Zentralasien«, dass seine Bilder den Wert einer »ethnografischen Dokumentation« haben werden; heute würde man eher von »sozioanthropologisch« sprechen. Er definiert daher klar die Ziele seiner Mission. Als ethnografischer Maler und unermüdlicher Beobachter muss er eine möglichst große Auswahl ethnischer Typen zusammentragen, um die Merkmale unterscheiden zu können, die sich im Lauf der tausendjährigen Migrationen vermischt haben. »In Westasien, dem Schnittpunkt dreier Kontinente, haben sich die ethnischen Urtypen im Lauf der Jahrhunderte aufgelöst und neu gebildet, so dass sie nun die Spuren einer tausendjährigen Vermischung tragen.« Die tiefer liegenden ethnischen Unterschiede sind nicht auf den ersten Blick erkennbar. Die alten Bräuche haben sich vermischt, der Islam hat ihnen seinen Stempel aufgedrückt. Iacovleff schreibt später, dass der Westen die Völker Asiens nivelliere, »indem er ihnen seinen einheitlichen Kleidungsstil und sein gleichmacherisches Profitdenken« aufzwinge.

OBEN *(von links nach rechts): Porträts von Iacovleff: Mirza Loft Ali, persischer Gelehrter (Teheran); chaldäische Frau (Bagdad); Seine Exzellenz Medjed ed-Dowlet (Teheran).* UNTEN: *Dieses junge persische Paar symbolisiert die Bestrebungen der neuen Generation. Der Mann trägt zwar den* pahlevi *(die obligatorische Kopfbedeckung, die der Schah eingeführt hat) und die Frau den schwarzen Seidentschador mit dem* pitché *(einem bestickten Schirm, der das Gesicht beschattet), aber der westliche Traum hängt an der Wand ihres Hauses.*

Ein Jahr für die Durchquerung des asiatischen Kontinents, ein Jahr, um neue Länder zu entdecken, Menschen unterschiedlichster Herkunft kennen zu lernen und ihre Einzigartigkeit zu erfassen. Ein Jahr, in dem Iacovleff pausenlos arbeitet, mit der ihm eigenen Besessenheit. Da der Konvoi ständig in Bewegung ist, sind die Arbeitsbedingungen katastrophal. An seinem Beobachtungsposten im »Silberhalbmond« kritzelt Iacovleff, die Arme durchgestreckt, um die Stöße des Wagens abzufangen, fieberhaft Skizzen in sein Notizbuch. Sie sind mit zahlreichen Anmerkungen versehen, die sich später oft als unleserlich erweisen. Die Haltepausen, bemerkt er sarkastisch, »werden nicht von der Überzeugungskraft des Malerischen diktiert«.

In den kurzen Pausen fängt er mit dem Zeichenstift oder der Zeichenkohle, so rasch es eben die Situation erfordert, den besonderen Charakter eines Gesichtes ein, die Anmut eines Körpers, alltägliche Gesten, eine

SEITE 143: *Teheran. Zwei junge Iranerinnen im traditionellen Kostüm: persische Stoffe mit stilisierten Blumen und Blätterranken, eng anliegender Turban und gepaspelter Blouson. Die Mädchen singen und begleiten sich mit der Laute.*
OBEN: *Im Souk der Kupferschmiede von Herat in Afghanistan.*

Haltung, eine Bewegung, den Faltenwurf eines Stoffes, einen voluminösen Turban, eine Kappe, einen Hut mit eingerollter Krempe, die geschwungene Linie eines Daches, das Innere einer Jurte, ein gesatteltes Pferd, irgendeinen Gebrauchsgegenstand, Ackerbaugeräte, Musikinstrumente. Mit anderen Worten, »alles was ein Volk, eine Ethnie charakterisiert: Besonderheiten der Kleidung, Waffen, Reit- und Lasttiere... Details urtümlicher Szenen, welche die Atmosphäre des Alltagslebens wiedergeben.« Wenn im Lager die Zelte aufgestellt werden, »unsere flüchtigen Heimstätten«, wie er es nennt, fertigt er Entwürfe an, für die er die unterwegs gesammelten Notizen heranzieht. Sepia-, Rötel- oder Bleistiftzeichnungen, kombiniert mit Pastellkreiden, um Farbelemente, zum Beispiel von Stoffen, anzuzeigen.

Oft fehlt die Zeit, um mit den Menschen in Kontakt zu treten, sie in ihrem Alltag verstehen zu lernen. Bei einigen längeren Aufenthalten können jedoch umfangreiche ethnografische Dokumentationen erstellt werden, insbesondere in Baltit, der Hauptstadt des Königreichs Hunza. Dieser unabhängige Staat liegt im Hochgebirge zwischen dem Karakorum und dem Hindukusch, zwei Pferde-Etappen von Chinesisch-Turkestan ent-

OBEN LINKS: *Wächter der Zitadelle in Herat; er trägt den schweren Turban, von dem eine Bahn bis auf die Schulter fällt.*
OBEN RECHTS: *Turkomanen in Herat; sie sind Abkömmlinge derjenigen, die im 9. Jahrhundert den Iran eroberten.*
UNTEN: *Wirbelnde Tänzer, die das traditionelle Kostüm der Nomadentänzer in Mukur tragen.*
SEITE 146 – 147: *Über dem Dorf ragt die Zitadelle von Herat auf.*

SEITE 148: *Afghanischer Alikhulil-Krieger in seiner Paradekleidung, die mit Stickereien und winzigen Spiegelpailletten geschmückt ist.*
SEITE 149: *Die Souks von Ghazni, einerStadt zwischen Kandahar und Kabul.* OBEN LINKS: *Mohamed Nazim Khan, Mir von Hunza, gemalt von Iacovleff.* MITTE LINKS: *Baltit, die Hauptstadt von Hunza; Joseph Hackin unterhält sich mit Einheimischen, in diesem Fall Sarykolen.* UNTEN LINKS: *Die kleinen Tänzer des Mir von Hunza, die vor der Expedition aufgetreten sind; ihre Perücken sind aus dem Haar chinesischer Frauen gemacht.* RECHTS: *Der Palast des Mir, im Hintergrund der Karakorum. Die Holzrotunde ist vollständig geschnitzt, die Terrasse mit Teppichen aus Persien und China bedeckt. Die Gastgeber präsentieren alte chinesische Schilder.*

OBEN: *Ein* bourbachi *im Kosh-Bel, auf einem der hohen Pässe des Pamir. Die kirgisischen Wächter haben ein Schaf geopfert. Sobald ihm die Kehle durchgeschnitten ist, stürzen sich die Männer mit wildem Geschrei auf den Kadaver. Das Getümmel ist entsetzlich, bis schließlich einer der Reiter das blutige Bündel an sich reißt; er wird verfolgt, die Jagd dauert lange. Einige der Männer reiten nicht auf Pferden, sondern auf Yaks.* UNTEN RECHTS: *Diese Kirgisen sind Mongolen, die aus Russland geflüchtet sind. Als Nomaden führen sie ihre Jurte mit sich, ein Zelt mit einem leicht zerlegbaren Holzgerüst, das mit Yak-Filz bezogen ist. Die Kamele transportieren schwere Lasten über das Gebirge bis nach China.* UNTEN LINKS: *Eine kirgisische Mutter mit ihrem Kind im Kosh-Bel. Sie trägt einen wattierten Mantel über einem geblümten Kleid und einen Turban mit zahlreichen Quasten, eine Art Helm, an dem Perlenschnüre herunterhängen.*

OBEN: *Der Yak ist die Lebengrundlage der Kirgisen; er liefert Milch und Fleisch, er wird als Last- und Arbeitstier eingesetzt und sein Fell zu Filz verarbeitet. Die Gesichtszüge dieses Kirgisen erinnern eher an einen Türken aus Zentralasien als an einen Mongolen.*
UNTEN: *Die Männer von Kosh-Bel fabrizieren den Filz, mit dem sie ihre Jurten beziehen; zu diesem Zweck wird das Yak-Fell stundenlang gepresst und gerollt.*

LINKS: *Nomadenfrauen von Kashgar.* RECHTS OBEN: *Ein junger Turki der Aksu-Region, der soeben auf der Tenne Korn gedroschen hat.* UNTEN RECHTS: *Eine junge Turki-Frau und ihr Kind; das Baby wird in seiner Wiege festgebunden, damit es gefahrlos transportiert werden kann.*

fernt. Iacovleff, Hackin und Sivel verbringen dort einen ganzen Monat. Sie werden vom Mir von Hunza empfangen und erstellen eine reiche Dokumentation über die Lebenswelt, die Sitten und Sprache der Bewohner von Hunza und der Zugewanderten aus Hakhan, die sich in einer Reihe von Dörfern niedergelassen haben. Die Studien werden bei den Bevölkerungsgruppen indoeuropäischer Herkunft im Sarykol-Distrikt auf chinesischem Territorium fortgesetzt; in der Ebene des Kosh-Bel, wenige Etappen von Tash-Kurghan entfernt, auf den Lagerplätzen der Kirgisen; bei den Turki in Chinesisch-Turkestan; bei den Mongolen im Ordos-Gebiet und in den Lamaklöstern der Steppenländer. Der Maler trägt auf diese Weise das Material zusammen, das er für die Ausarbeitung seines asiatischen Werkes braucht, für »jene konzentrierte Arbeit im Atelier, die ich über alles stelle«.

Iacovleff leitet die archäologischen Studien auf dem ersten Teil der Wegstrecke, zwischen Beirut und Kabul, nachdem er sich bei René Grousset

OBEN: *Ein mongolischer Kamelreiter, angetroffen in der Nähe des Edsingol in der Wüste Gobi.*
UNTEN: *Mongole der Ala-Shan-Wüste.*

im *Musée Guimet* gründlich auf diese Aufgabe vorbereitet hat. In Westasien folgt die Expedition einer »Route, die von tausendjährigen Grenzen markiert ist: Monumenten, die wie riesenhafte Wächter aufragen, Zeugen eines erloschenen Glanzes, mit Narben übersät, die an die Gewalt der Eroberungen gemahnen.«

Als die Expedition Afghanistan erreicht, folgt Iacovleff bereitwillig den Anweisungen Hackins, der die *Délégation archéologique française en Afghanistan* leitet. Über Bamiyan schreibt er: »Ich widme mich tief bewegt dem Metier des Kopisten (...), von dem Drang erfüllt, den Geist dieser Kunst noch tiefer zu erfassen und zumindest ein paar Zeugnisse dieser Malereien zu bewahren, die in absehbarer Zeit ganz verschwunden sein werden. (...) Auf einem wackligen Klappstuhl, der auf der Wölbung des riesigen Schädels thront, muss man hier stundenlang bei der Arbeit ausharren, den Kopf zurückgeworfen, um den Verlauf der geschmeidigen, kraftvollen Linien auf der verwitterten und mit Einschusslöchern übersä-

OBEN: *Mongolische Prinzessinnen aus dem Gefolge des Ala-Khan-Prinzen Hsi-Hsu-Ning (Foto: Victor Point, aufgenommen bei seiner Erkundungsreise im Ordos-Gebiet, 1929).*
UNTEN: *Leibwächter des Prinzen Hsi-Hsu-Ning; im Hintergrund die Festtrommeln.*

ten Oberfläche zu entziffern.« Er wendet eine uralte italienische Technik an: die Temperamalerei. In Chinesisch-Turkestan, an den Turfan-Stätten, inbesondere in Bezeklik, arbeitet er ebenfalls mit Temperafarben, die er je nach Bedarf anreibt. Er malt bei unter minus 10°C. In dieser Kälte gefrieren seine mit Wasser angerührten Farben im Handumdrehen, und so fabrizieren ihm die Mechaniker eine Blechpalette, die er auf einen Benzinkocher stellen kann.

Iacovleffs asiatische Arbeiten, gewissermaßen das »Bildergedächtnis« der Citroën-Expedition, sind einzigartig. Die Ausstellung in der *Galerie Charpentier* am 16. März 1933 ist Georges-Marie Haardt gewidmet, der vor einem Jahr gestorben ist. Was hier präsentiert wird, mutet wie ein monumentales Wandbild an, auf dem Chaldäer, Araber, Kurden, Perser vorbeidefilieren, Turkmenen aus Herat, Nomaden aus Meshhed, Afghanen aller Stämme, Tänzer aus Mokhore, sarykolische Träger, der Mir des Königreichs Hunza, Kashmiri-Tänzer aus Srinagar, Hindus aus Kashmir, Kirigisen vom Hochgebirgspass Kosh-Bel, Turkmenen aus Sinkiang, Chinesen aus Kashgar, die Pater der am Ufer des Gelben Flusses verstreuten

OBEN: *Baotou, Zuschauermenge vor der Kulisse eines Freilufttheaters (Foto: Victor Point).*
RECHTS: *Bewohner von Peking, gemalt von Alexander Iacovleff.*

Handwerker in den Straßen von Peking.
OBEN LINKS: *Siegelgraveur.* OBEN RECHTS: *Schnurfabrikant.*
UNTEN LINKS: *Straßenmusikant.* UNTEN RECHTS: *Wasserträger.*

Missionen, Mongolen aus der Ala-Shan-Wüste und der Steppe, chinesische Generäle, Musiker aus Hue, eine Hexe aus Cao-Bang, Tonkinesen. Der Maler und Entdecker schreibt in sein Skizzenbuch: »Frühling in Persien, Sommer auf dem Himalaya, Herbst in Chinesisch-Turkestan, Winter in China ...« Und außerdem: »Von Neugier getrieben, sind die Entdecker ins Abenteuer gezogen, um es seiner Bilder zu berauben; heute lebt es mit dem Zeichenstift, der Pastellkreide, dem Pinsel wieder auf.«

SEITE 158: *Junge Mädchen von den Bergvölkern des oberen Tonking. Von links nach rechts: eine Angehörige des Stamms der Meo, der auf einer Höhe von über 1200 m lebt; eine Man Lan Tien, deren Volk sich auf einer Höhe von ungefähr 1100 m angesiedelt hat; eine Tai-Frau aus den reichen Tälern.* **OBEN:** *Ein Kornspeicher auf Holzpfählen in einem Moi-Dorf.* **UNTEN:** *Ein junger Mann aus Cao-Bang, gemalt von Alexander Iacovleff.*

»Die Erde ist eine Parzelle des Universums, in ständigem Werden begriffen, daher eine Erde, die sich bewegt, die lebt, die nicht tot und starr ist ... Mein Metier als Paläontologe, als Geologe gestattet es mir, die Gegenwart und das packende Menschheitsabenteuer, das sich im Lauf von Jahrmillionen zugetragen hat, weit hinter mir zu lassen ... Der Firnis der Farben und Landschaften langweilen mich zu Tode. Was ich liebe, sieht man nicht.«

(Pater Teilhard de Chardin)

Dynamische Geologie

Pater Teilhard de Chardin

Zwischen 1923 und 1927 hält sich Pater Teilhard de Chardin dreimal in China auf und begleitet in dieser Zeit Professor Licent, den Gründer des Museums von Tientsin, auf seinen Reisen in die Mongolei und in die Ordos-Wüste [79]. Zudem nimmt er an der amerikanischen Expedition von Roy Chapman Andrews teil, dessen Forschungen im Wesentlichen auf die Geologie und Paläontologie ausgerichtet sind. Diese spezialisierten Forschungen bilden den Ausgangspunkt für die Erforschung des chinesischen Paläolithikums und die Auswertung großer Fossilienvorkommen. In den 1930er Jahren führen diese Entdeckungen zu einer Studie des chinesischen Tertiärs und Quartärs. 1929 ist Teilhard de Chardin Berater des *Service géologique de Chine*, Abteilung Geologie und Paläontologie. In dieser Eigenschaft wird er zu den Ausgrabungen von Chou-Kou-Tien hinzugezogen, einem Fossilienvorkommen, in dem der *Sinanthropus pekinensis* entdeckt wird. Ende 1929 wendet sich Victor Point an Pater Teilhard und unterbreitet ihm im Namen André Citroëns das Angebot, die Expedition von Tientsin bis Kashgar als Geologe zu begleiten, mit anschließender Rückkehr nach China. Teilhard erfasst sofort die wissenschaftliche Bedeutung dieses Angebots, das ihm die Chance bietet, die neuesten Entdeckungen auf dem Gebiet der Paläontologie und Geologie in China zu erweitern und zu ergänzen. Victor Point gibt ihm eine Skizze der vorgesehenen Route. Im März 1930 schickt Teilhard seinen ersten Bericht an André Citroën: »Anmerkungen zu den geologischen und paläontologischen Studien, die während der *Croisière jaune* in China durchzuführen sind [80]«. Er wirft die zentrale Frage auf: »Welche wissenschaftlichen Resultate kann man von einer Durchquerung Chinas im Automobil erwarten, von einer raschen Durchquerung, ungeeignet für detaillierte Studien?« [81]

Die Expeditionen, die er bisher begleitete, waren langsame Reisen (zu Pferd oder zu Fuß), von langer Dauer (monatelanger Aufenthalt an einer Stätte), auf mehr oder weniger umfassende Gebiete beschränkt, was ein methodisches Arbeiten, eine eingehendere Untersuchung einzelner Parzellen ermöglichte. Es dürfte also schwierig sein, mit den Entdeckungen eines Mongolei-Experten, wie Roy Chapman Andrews, oder eines Spezialisten für Kansu und Sinkiang, wie Sven Hedin, Schritt zu halten. Andererseits könnte eine rasche Durchquerung Chinas auf dem 82. Breitengrad von Osten nach Westen eine optimale Momentaufnahme des asiatischen Kontinents liefern, den bisher noch kein Entdecker in seiner Gesamtheit bereist hat. Eine einzigartige Gelegenheit, umfassende Kenntnisse über Asien zu sammeln. Ausgehend von der geplanten Reiseroute schlägt Teilhard mehrere Forschungsaufgaben vor:

- Im nordwestlichen Teil des Ordos-Gebiets Eruptiv-Zentren lokalisieren, die bisher niemand erkannt hat, und mit deren Untersuchung beginnen.
- Die Tertiärdepots zwischen dem Ordos-Gebiet und Shansi im Hinblick auf die These erforschen, dass eine »Verbindung« und zweifellos auch Einheit zwischen zwei Regionen hergestellt werden kann, die bisher getrennt analysiert wurden. Auf Grund seines Wüstencharakters und des guten Erhaltungszustands seiner topografischen Oberflächen stellt das westliche Ordos-Gebiet, das am Schnittpunkt zwischen der Mongolei und den chinesischen Lössplateaus liegt, einen unverzichtbaren Schlüssel für das Studium der Geologie in China dar.
- Bestimmte geologische Besonderheiten, die bisher isoliert und an einzelnen Parzellenabschnitten erforscht wurden, miteinander vergleichen, das heißt, eine globale und zusammenhängende Untersuchung in Angriff

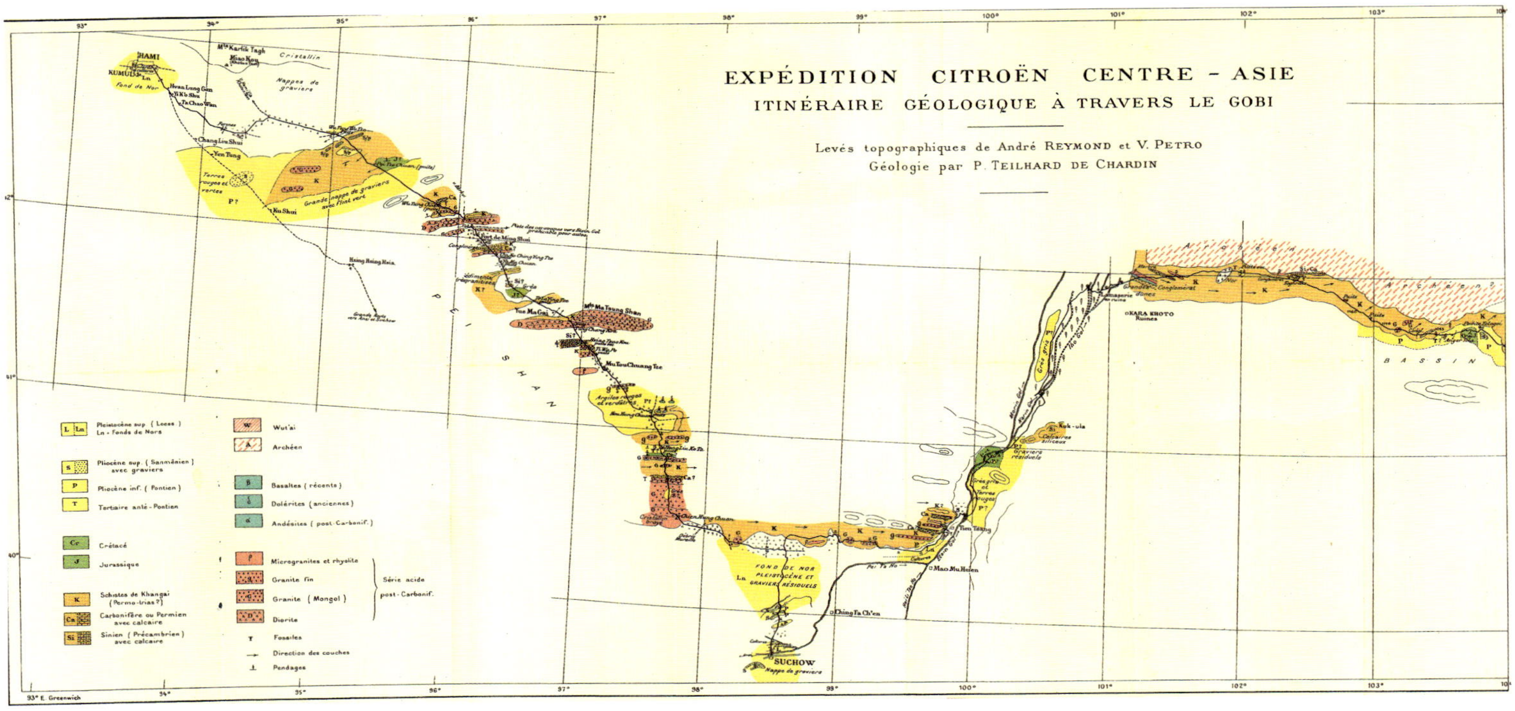

nehmen, mit deren Hilfe eine geophysikalische Karte von China erstellt werden kann.

• Ein neues Profil der Ala-Shan-Wüste [82] ausarbeiten, was einen unschätzbaren Beitrag für die Wissenschaft bedeuten würde.

• Die Ala-Shan-Wüste und das Liangzhou-Becken erforschen, was bisher nie gemacht wurde. Man würde auf diese Weise stratigrafische und paläontologische Dokumente (tertiäre und quartäre Formationen) erster Güte erhalten, »interessant im Hinblick auf den Ursprung der Menschheit«.[83]

Pater Teilhard schloss seinen Bericht wie folgt: »Selbst ›auf die Schnelle‹ durchgeführt, kann sich diese Reise als überaus wertvoll für die Wissenschaften vom Leben und von der Erde erweisen.«

Seine scharfe Beobachtungsgabe und seine Kenntnisse der Wüste Gobi sind ihm eine große Hilfe bei den täglichen Arbeiten. Als er 1932 Rechenschaft über seine Arbeit ablegt, kann Teilhard de Chardin bezeugen: »Die wissenschaftlichen Resultate der ›Expedition Haardt – Audouin-Dubreuil‹ sind beachtlich. Sie liegen zum einen in der Entdeckung neuer Gegenstände, zum anderen in dem besseren Überblick, der bei den bereits vorhandenen Kenntnissen geschaffen werden konnte.«

Was Teilhards Spezialgebiet, die dynamische Geologie, angeht, lassen sich mehrere bedeutsame Ergebnisse festhalten. Teilhard gelangt zu einer genaueren Identifizierung der Formationen des asiatischen Sockels, dessen Alter und Ausdehnung noch unzureichend definiert waren. Er stellt fest, dass die enorme Entfaltung der Schiefer- und Sandsteinschichten von Kangai (zwischen Bailingmiao und Edsengol) identisch mit derjenigen von Ling-Si ist (zwischen Suzhou und der Tian-Shan-Kette am Rand der Tarim-Senke). Die geologische Formation ist durch ihre Kontinuität und Ausdehnung definiert. Erste Schlussfolgerung aus diesen Beobachtungen: »Die geologische Einheit, die sich hier abzeichnet, könnte eines der Grundelemente unserer geologischen Hypothesen über Asien werden.«

Als Zweites stellt Teilhard fest, dass »die dunklen Schieferbänke keinerlei organische Spuren aufweisen; die dazwischen liegenden Kalkschichten hingegen bergen Meeresfossilien aus dem oberen karbonischen oder permischen Zeitalter«. Dank der Raupenfahrzeuge wurde eine breite Sondierung der Kalkbänke möglich, die eine in jüngerer Zeit entstandene Decke schlecht konsolidierter Ablagerungen während des Tertiärs und Quartärs auf dem oberasiatischen Plateau darstellen. Im Becken des Gelben Flusses, erklärt Teilhard, »wurden bereits fünf aufeinander folgende Zyklen von Erodierung und Ablagerung (des Flussgeschiebes) festgestellt, die jeweils durch ihre topografischen Oberflächen, ihren Kiesuntergrund, ihre Sedimente, ihre Fossilien charakterisiert sind«. Die Automobil-Expedition gibt ihm die Möglichkeit, diese stratigrafische Studie auf die angrenzenden Gebiete in Shansi und Kansu auszudehnen, wo die lakustrischen (organischen) Ablagerungen beträchtlich sind, reich an fossilen Gebeinen von Säuge- und Nagetieren. Die Forschungen erstrecken sich bis Sinkiang. In Urumchi, wo seine Gruppe monatelang von General King festgehalten wird, trifft Teilhard de Chardin häufig mit Doktor Eric Norin und seinem Mitarbeiter Yuan zusammen, beides Mitglieder der chinesisch-schwedischen Expedition des Gelehrten Sven Hedin, die ebenfalls auf ihre Pässe warten. Die Wissenschaftler nützen die Gelegenheit für einen Gedankenaustausch, um eventuelle Übereinstimmungen in Bezug auf Entdeckungen und Beobachtungen festzuhalten, die sie im Lauf der Jahre machen konnten. Im Übrigen setzen die Wissenschaftler ihre Studien in der Gegend um die Hauptstadt von Sinkiang fort, die auf 860 m zwischen der Bogdo-Kette und den letzten Ausläufern der Himmelsberge liegt. Zwei Routen-Karten werden 1932 in der *Revue de géografie physique et de géologie*

Ausschnitt einer geologischen Karte der Wüste Gobi, von Teilhard de Chardin nach den topografischen Erhebungen Reymonds und Petros erstellt.

dynamique (»Zeitschrift für Geophysik und dynamische Geologie«) veröffentlicht. Teilhard kommentiert diese Publikation: »Topografisch gesehen liegt ihre Hauptbedeutung in der Nutzung gemessener Distanzen, was durch den Einsatz der Automobile mit ihren Präzisionsgeräten ermöglicht wird. Ihr geologischer Wert besteht in der Tatsache, dass sie zum ersten Mal die Bausteine eines deutlich von Ost nach West führenden Gesamtprofils des mongolischen Plateaus liefert und so eine Verbindung zwischen den bisher getrennten Geologien Ostchinas und Turkestans herstellt.« Doktor Eric Norin ist einer der zahlreichen Mitarbeiter, die diese Arbeit realisiert haben. A. Reymond und V. Petropavlovsky haben die topografischen Aufzeichnungen während der Reise erstellt.

Teilhard de Chardins Arbeiten haben für die damalige wie auch heutige Zeit einen unschätzbaren Wert. Noch bedeutsamer ist jedoch die Tatsache, dass Teilhard im Lauf der Expedition dazu gelangt, die bisher unangefochtene Auffassung der Wissenschaft in Frage zu stellen, dass die Wiege der Menschheit im Pamir (dem »Dach der Welt«) und in Ostasien liege.

»Jede der letzten großen zentralasiatischen Expeditionen wurde in der Hoffnung begonnen, den Ursprung der Menschheit in den Wüsten des gelben Kontinents zu finden. Auch wir träumten davon. Doch in dieser Hinsicht (und ich sage dies mit größtem Nachdruck) ist das Resultat meiner Beobachtungen eindeutig negativ. Gewiss konnte ich, so wie meine Vorgänger, fast überall das Vorhandensein einer Fülle von neolithischen Werkzeugen feststellen. (Eine Ausnahme bildete ein Plateau zwischen Suzhou und Hami, das mit Werkzeugen aus Quarzit, vermutlich aus dem Moustérien, übersät war.) Ansonsten jedoch nichts in diesen riesigen Wüstengebieten, die so sorgfältig vom Wind sauber gefegt werden, dass selbst das unscheinbarste Steinwerkzeug, das irgendwo auf dem Boden liegt, sofort ins Auge fällt. Nichts, sage ich, deutet auf das Zentrum einer paläolithischen Kultur hin, wie sie gegenwärtig in Afrika entdeckt werden. Diese Absenz ist bedeutsam und stimmt mit der Tatsache überein, dass bisher keinerlei Überreste menschlicher Fossilien aus dem Pliozän im nördlichen Himalaya entdeckt wurden. Da sich die Forschungen in der Mongolei und Westchina zunehmend als fruchtlos erwiesen, setzten die Anthropologen, geblendet von den Mirakeln Zentralasiens, ihre Hoffnung auf Sinkiang, besonders das Tarim-Becken. Dort soll nun ihrer Überzeugung nach, die sich auf eine Reihe theoretischer Annahmen stützt, die Wiege der Menschheit liegen. Was ich von dieser Region gesehen habe, bestärkt diese Hoffnungen keineswegs ... Ich habe von diesen Gebieten eher den Eindruck gewonnen, dass Zentralasien immer einen Pol der Abstoßung, nicht der Ausbreitung in der Besiedelung der Erde darstellte. Der Mensch hat diese Länder, die stets in Gefahr waren, ganz in Wüste überzugehen, periodisch durchquert und erobert. Es sollte mich wundern, wenn er hier das Licht der Welt erblickt hätte. Wie ich bereits eingangs sagte, ist die Route, welche die Vorfahren des Pekingmenschen (*Sinanthropus*) im unteren Pleistozän genommen haben, um an die Ufer des Gelben Meeres zu gelangen, viel eher die südliche als die westliche. Jedoch ein negatives Ergebnis ist nicht unbedingt kein Ergebnis. Die Expedition Zentralasien hat, wie ihre Vorgänger, keinerlei Spuren einer noch so primitiven vorzeitlichen Menschheit gefunden. Es wäre bereits ein unschätzbarer Dienst an der Wissenschaft vom Menschen, wenn sie die Humanpaläontologie dazu bringen könnte, ihre Suche auf die tropischen Zonen der Erde zu beschränken und entsprechend zu intensivieren.«

Trotz der Weisung seines Ordens, sich nur über die Disziplin zu äußern, für die ihn die Citroën-Expedition engagiert hatte, ließ sich Teilhard de Chardin nicht davon abhalten, diesen Teil seiner Rede bei dem großen Empfang der *Société geographique* in der Sorbonne vorzutragen. Seine Rede wurde im Dezember 1932 ungekürzt im Bulletin der Geografischen Gesellschaft *Terre Air Mer* publiziert. Das Postulat vom Ursprung des Menschen war somit in Frage gestellt. Teilhard de Chardins Hypothese hat sich später bewahrheitet. Auf sein Gesuch hin wurde er umgehend wieder nach China geschickt. Muss man es als Exil betrachten?

Teilhard de Chardin (rechts) und Audouin-Dubreuil (links)

»Die Plastizität des tierischen Lebens macht zahlreiche Unterscheidungen auf dem gemeinsamen Boden der Geografie und Botanik erforderlich.«

(André Reymond)

Entomologie und Biogeografie

André Reymond

André Reymond ist 29, als er dem Wissenschaftsteam der China-Gruppe der *Croisière jaune* beitritt. Er reist im Auftrag des Naturkunde-Museums und des französischen Erziehungsministeriums. Nach einem brillanten Examen in Physik, Chemie und Biologie im Jahr 1921 wird er als Mitglied in die *Société d'entomologie de France* (Entomologische Gesellschaft Frankreichs) berufen. Er gibt sich mit diesem ersten großen Erfolg nicht zufrieden und erwirbt Universitätsabschlüsse in Zoologie, Geophysik und dynamischer Geologie. Dank seiner interdisziplinären Kenntnisse ist er in der Lage, weitaus umfassendere Forschungen durchzuführen, als ihm ursprünglich vorgegeben waren.

Später wird er voller Stolz sagen, dass sein »wahres« Leben als Naturkundler mit dem Aufbruch der China-Gruppe und unter der Ägide seines »Freundes und Chefs« Pater Teilhard de Chardin begonnen habe. Letzterer schätzt den jungen Gelehrten, der dank seiner Vorbildung den geologischen, anthropologischen und paläontologischen Studien des Paters zu folgen vermag. Reymond erfasst auch sofort die ganze Tragweite der neuen Wissenschaft, von der Teilhard träumt und die er in ihren Grundzügen entwirft: die Geobiologie. Reymond muss seine Forschungen im Wesentlichen auf die Entomologie der zentralen und westlichen Wüste Gobi beschränken. Er geht jedoch weit über diese Vorgabe hinaus. Die Studien, die er durchführt, gehören letztendlich in die Domäne der Biogeografie, einer Verknüpfung von Biologie und Geografie, zweier Gebiete, die bis dahin weit gehend getrennt behandelt wurden.

Reymond war der Erste in China, der den Versuch unternahm, die Verbreitung der Fauna und Flora in den zentralasiatischen Wüsten von Kalgan bis Turkestan zu erforschen und zu erklären. Er leistet also einen wichtigen Beitrag zur Biogeografie Zentralasiens. Reymond reist im erstklassig ausgestatteten »Wissenschaftswagen« mit und bildet mit Teilhard de Chardin, dem Architekten Jean Carl, der wertvolle topografische Aufzeichnungen für die geophysikalischen und geodynamischen Karten liefert, und dem Dolmetscher Petro das Aufklärungs-Team der Expedition. Als eigenständige Einheit kann sich diese Gruppe vom Konvoi entfernen, um ihren Forschungsarbeiten nachzugehen. An bestimmten Abschnitten der Route, wie zum Beispiel zwischen Bailingmiao und Edsingol oder von Suzhou nach Hami, kommt es zu wahren Gemeinschaftsprojekten. Nur mit dem Automobil, einem neuen Hilfsmittel im Dienst der Wissenschaft, war es möglich, China in einer einzigen Jahreszeit, dem Frühling, von Osten nach Westen zu durchqueren. Es war die unverzichtbare Voraussetzung, um gültige Beobachtungen und Vergleiche, zum selben Zeitpunkt erhoben, in Bezug auf Fauna und Flora machen zu können, »in einer Jahreszeit, in der gemeinsame Züge sichtbar werden und unterschiedliche Eigenschaften zu Tage treten«. Reymond kommt zu dem Schluss, dass das Tian-Shan-Massiv, das Himmelsgebirge, den Scheidepunkt zwischen einer zentralasiatischen und einer nahezu europäischen Fauna bildet. Die Beobachtungen werden drei Monate lang weitergeführt.

In der Schwemmebene des Tcheli, einem reichen Kornland nicht weit von Peking, studiert Reymond die Aprilflora und beobachtet auf den Weiden und Trauerweiden das Ausschlüpfen der Koleopteren (besonders der charakteristischsten Art, der Sandlaufkäfer). Auf den östlichen Hängen bei Kalgan bis hin zum Fuß des mongolischen Plateaus in der »grünen Mongolei«, an den Ufern der Teiche und am Rand der Dünen von Edsingol, im Herzen der Wüste Gobi und entlang des Karashar-Flusses, am Fuß des Himmelsgebirges, am Rand des Tarim-Beckens und im Westen von Chinesisch-Turkestan erforscht Reymond eine reiche entomologische Fauna.

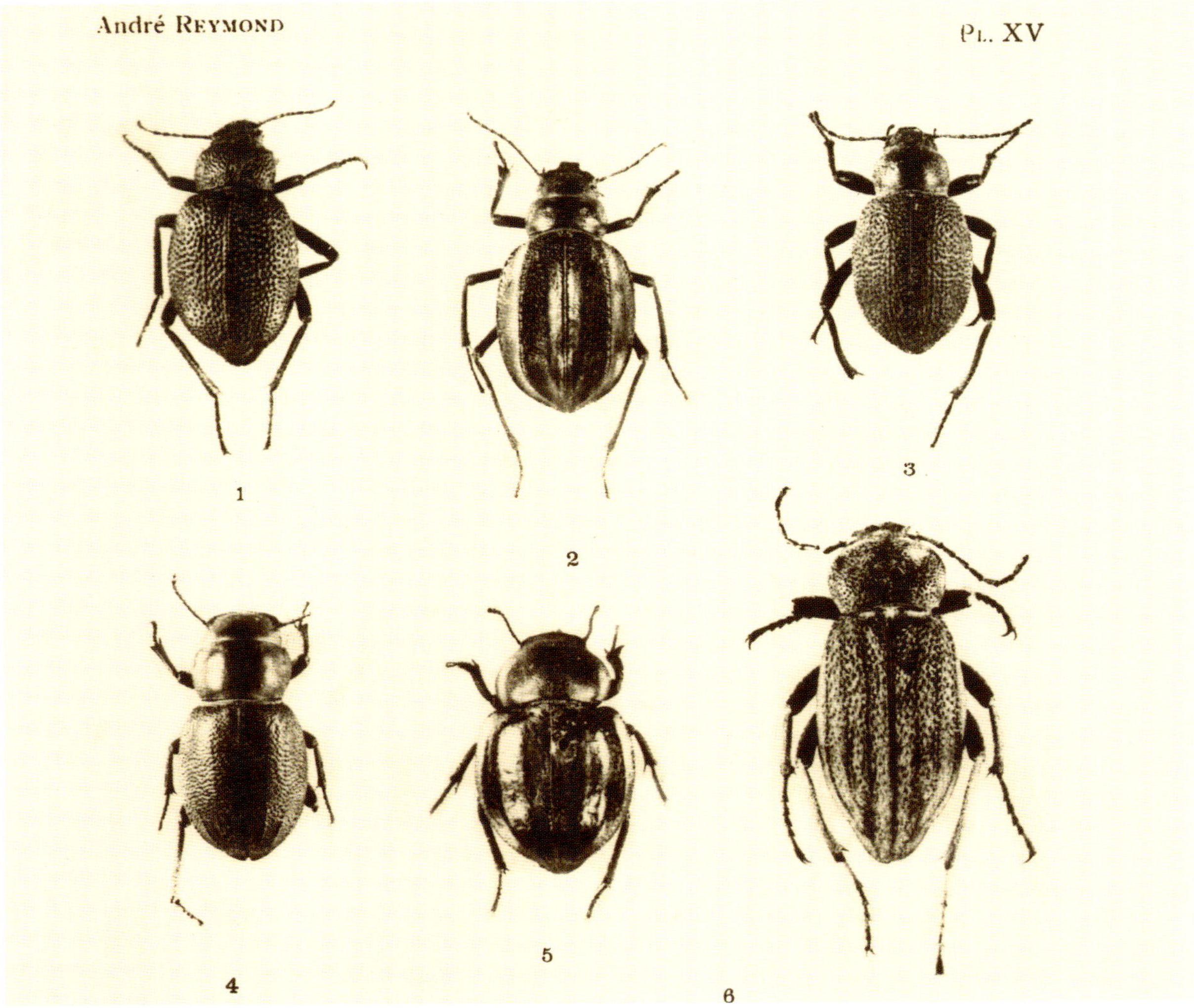

Einige neue Arten, einige noch nie da gewesene Formen werden gesammelt.
Reymond beobachtet zwei Gazellenarten: eine, die in Persien und Afghanistan beheimatet ist und die er im Tarim-Becken, in der Taklamakan-Wüste, in der gesamten Provinz Kansu und im trockensten Teil der Wüste Gobi wiederfindet; die zweite ist im Grasland des mongolischen Plateaus und in der mongolischen Steppe anzutreffen. Er publiziert einen Artikel über Wildpferde, die er im Osten der Wüste Gobi bis hin zum Tian-Shan-Massiv beobachtet hat, also über eine Strecke von 1500 km.
Er entdeckt neue Nagetier- und Reptilienarten. Er konstatiert die Ausrottung von Affen durch den Menschen. Er sammelt Schädel. Faszinierende Beobachtungen, vor allem hinsichtlich physikalischer Phänomene, drängen sich ihm auf: Sandhosen, Hagelschauer etc. Der größte Teil der von Reymond erforschten Regionen sind Wüstengebiete. Dort führt er geologische Arbeiten durch. Er erforscht die Flora der Oasen, unter anderem Tamarisken, Pappeln und Trauerweiden; in den Wüsten des Ostens vereinzelt Ulmen, die in der Zeit der Ming-Kaiser gepflanzt wurden und auf phreatischem Grundwasser überleben; in den Becken der zentralen und östlichen Wüste Gobi das Saxaul- und Zygophyllum-Gestrüpp.
Als weiteres Forschungsgebiet widmet er sich der Ornithologie: 250 Vögel bringt er zurück. Eine wertvolle Sammlung wird in der Ausstellung vom 18. Juni 1932 präsentiert. Leider wird es versäumt, die Exponate vorab im Ornithologie-Labor des Naturkunde-Museums zu untersuchen und mit einschlägigen Begleittexten zu versehen. Die Resultate werden erst Monate später publiziert. Umfangreiche Insektensammlungen werden ebenfalls ausgestellt. Das in China erstellte Herbarium ist eines der Glanzstücke der naturkundlichen Sammlungen. Reymond setzt im Entomologie-Labor des Museums die Bestimmungs- und Analysearbeit fort, so dass das Gros seiner Ausbeute auf die Karte der Wüste Gobi übertragen und zugeordnet werden kann. Die Beobachtungen, Studien und Analysen der *Croisière jaune* werden zwischen 1933 und 1935 in einem guten Dutzend Publikationen ausgewertet. 1938 veröffentlicht die *Revue*

Tafel mit Koleopteren Zentralasiens, von André Reymond erstellt (Sammlung Naturkunde-Museum Paris)

de géographie physique André Reymonds Dissertation. Sie trägt den Titel *Résultats scientifiques d'un voyage en Asie centrale; mission Haardt - Audouin-Dubreuil* (Wissenschaftliche Resultate einer Reise nach Zentralasien) und ist ein wertvoller Beitrag zur Erforschung der Geophysik, sowie der Flora und Fauna Chinas. Das Werk ist mit 20 Tafeln und drei Karten ausgestattet: eine Karte der »biogeografischen Provinzen Eurasiens«, eine vollständige Übersichtskarte der »Wege der *Croisière jaune* in China«, eine Karte mit den zurückgelegten Wegstrecken, unter anderem nach den Tagebüchern André Reymonds, den Dokumenten Jean Carls, den Aufzeichnungen Teilhard de Chardins und V. Petropavlovskys erstellt. Die Dissertation ist mit folgender Widmung versehen: »Dem Leiter der Citroën-Expeditionen in Afrika und Asien, Louis Audouin-Dubreuil, im Gedenken an Georges-Marie Haardt, an Victor Point, an das Wiedersehen in Urumchi und die Rückreise von Peking nach Saigon. Als dankbares Zeugnis der gemeinsamen Arbeit. André Reymond, 25. Mai 1939.«

OBEN: *Tigerjagd im Land der Moi; dieses Exemplar wurde in der Ausstellung der* Croisière jaune *im Juni 1932 präsentiert und 1935 dem Naturkunde-Museum gestiftet.* UNTEN: *die Ulmen von Kuarto am Ausgang des Défilé des grenats; Aufnahme in Richtung Osten am 28. Mai 1931.*[84]

Anhang

Die Teilnehmer der *Croisière jaune*

ANDRÉ CITROËN
1878 – 1935

André Citroën ist das jüngste von fünf Kindern aus der Ehe des belgischen Diamantenhändlers Lévi Citroën mit Masza Amalia Kleinmann, einer gebürtigen Polin.
Mit 20 schließt André die *École polytechnique* ab und tritt als Unterleutnant in die *École d'application de l'artillerie et du genie de Fontainebleau* ein.
1902, mit 22, erwirbt er während eines Besuchs in Warschau das Patent auf ein spezielles Zahnradgetriebe (winkelverzahnt, stellt in stilisierter Form – als Doppelwinkel – das Citroën-Emblem dar). Er erkennt sofort, dass dieses Verfahren, auf Stahl übertragen, neue Möglichkeiten der Fertigung in sich birgt.
In Frankreich trifft er sich in dessen Werkstätten mit dem Ingenieur Jacques Hinstin, der auf Lokomotiventeile spezialisiert ist.
Gemeinsam gründen Citroën und Hinstin ein erstes Werk in Corbeil, um ihr neues Patent auszuwerten. Die Firma fabriziert Zahnradgetriebe in allen Größen. In vier Jahren verdoppeln sich die Umsatzzahlen. Citroën und Hinstin eröffnen eine Niederlassung in Moskau und installieren Werkshallen in Österreich-Ungarn für Skoda.
1906 zieht die angeschlagene Automobilfirma Mors Citroën für eine Betriebsanalyse heran.
1908 wird er zum Generaldirektor des Unternehmens ernannt.
1912 gründet er die »Zahnradgetriebe-AG Citroën« und verlegt den Sitz der Firma an den Quai de Grenelle 31. Er besichtigt die Ford-Werke in den USA, um deren rationelle Arbeitsweise zu studieren.
Am 27. Mai 1914 heiratet André Citroën Giorgina Bingen, Tochter eines Genueser Bankiers.
1914 kommt er an die Front. Als Hauptmann des 2. Artillerieregiments der 4. Armee erlebt er den verhängnisvollen Munitions-Engpass nach der Schlacht an der Marne. Alexandre Millerand, damals Kriegsminister, appelliert an die Industriellen. Im Januar 1915 unterbreitet Citroën dem Artillerie-Direktor Baquet den Vorschlag, 5000 Schrapnell-Granaten pro Tag zu produzieren. 1917 produziert er 50 000 pro Tag. Seine Werkshallen in Javel erstrecken sich über eine Fläche von 18 000 m². 1919 wird der »Citroën 10 HP« als erstes französisches Auto in Serie gebaut. Die Jahresproduktion liegt bei 100 000 Stück. Jedes Modell stellt eine technische Revolution dar.
Citroën ist der Erste, der einen Serien-Wagen konzipiert, sparsam im Verbrauch, mit Elektroanlasser und Ersatzrädern.
1921 präsentiert er im *Salon de l'automobile* den »5 CV Kabriolett« *(Le Trèfle – das* »Kleeblatt«*)*, der erste wirtschaftliche Kleinwagen.
1922 gründet er die »Sovac«, die erste europäische Verbraucher-Kreditgesellschaft.
Citroën schickt eine Studien- und Testexpedition für das Modell 10 HP mit einem Antriebs-Laufgestell Kegresse-Hinstin in die Sahara, um die erste Citroën-Auto-Rallye vorzubereiten. Am 14. Dezember 1922 starten fünf Raupenfahrzeuge in Touggourt, durchqueren die Sahara, erreichen am 7. Januar 1923 Timbuktu und kehren auf demselben Weg nach Touggourt zurück: 3500 km auf jedem nur erdenklichen Terrain. Das Halbkettenfahrzeug hat die Sahara bezwungen.
Am 28. März 1923 wird Citroën in Detroit von Henry Ford empfangen.
1924 erstes *Bulletin Citroën*. Louis Audouin-Dubreuil startet von Colomb-Béchar zu einer zweiten Sahara-Durchquerung im Raupenfahrzeug. Die Sechsrad-Renaults erreichen zeitgleich mit ihm Bourem am Niger. Erste Sahara-Rallye.
Am 28. Oktober bricht die *Croisière noire* auf, die »Schwarze Expedition«, die am 26. Juni 1925 nach der Durchquerung des afrikanischen Kontinents Tananarive erreicht (26 000 km). André Citroën hat dieser Expedition eine neue Dimension verliehen. Er wird von mehreren Ministern mit Sondermissionen beauftragt. Die Ziele, die er sich steckt, sind ökonomischer, humanitärer, wissenschaftlicher und künstlerischer Natur.
Am 4. Juni 1925 erstrahlt der Name Citroën auf dem Eiffelturm. Über 100 000 Citroën-Verkehrsschilder markieren die Straßen Frankreichs.
1925 werden 2000 B.14-Taxis in Paris lanciert.
Am 21. Mai 1927 empfängt Citroën Charles Lindbergh in Javel, später auch Henry Ford.
1928 gründet er eine werkseigene Berufsschule.
Am 4. bzw. 6. April brechen in Beirut bzw. Peking zwei Raupenfahrzeug-Expeditionen auf, um China in entgegengesetzter Richtung zu durchqueren und in Urumchi zusammenzutreffen: Die *Croisière jaune* ist geboren.
1934 unterzeichnet der Verwaltungsrat ein Vereinbarungs-Protokoll Michelin-Citroën.
1935 werden die gesamten Citroën-Aktien auf Michelin übertragen.
Am 2. Juli 1935 stirbt André Citroën. In den Werkshallen von Javel defilieren hunderte zur letzten Ehrerweisung an seinem Sarg vorbei.

GEORGES-MARIE HAARDT
1884 – 1932

Geboren in Neapel. Seine Eltern sind Belgier, Inhaber eines Modehauses.
Haardt fängt als Handelsvertreter an und tritt dann bei Mors ein, der damals Lokomotiventeile fabriziert. Nach raschem Aufstieg wird er dort einer der leitenden Angestellten. Mit 24 lernt Haardt Citroën kennen, der ihn, als er Generaldirektor bei Mors wird, in seine Führungsmannschaft aufnimmt.
Georges-Marie Haardt ist ein brillanter Mann, elegant und weltläufig, der mühelos Kontakt zur Kundschaft herstellt. In den Kriegsjahren 1914 – 1918 leitet er die Schrapnell-Fabrik.
Bei der Gründung der ersten Citroën-Werke, 1918, wird er zum Generaldirektor ernannt. Eine tiefe Freundschaft verbindet ihn mit André Citroën.
Zwischen 1920 und 1931 kontrolliert Haardt das gesamte Handelsnetz. Ab 1921 zählt Citroën drei Niederlassungen und 295 Vertragshändler. Diese Zahl steigt im Lauf der Jahre stetig an. 1924 werden Niederlassungen in Madrid, Kopenhagen, Amsterdam, Mailand gegründet. Als unermüdlicher Reisender kontrolliert, organisiert und verbessert Haardt die Öffentlichkeitsarbeit.
1924 bringt er eine Gruppe Citroën-Mechaniker in die USA, mit dem Ziel, ein Ausbildungsprogramm auf die Beine zu stellen. Citroën-Techniker werden fortan regelmäßig bei Ford ausgebildet.
1922 übernimmt Haardt die Leitung der ersten Sahara-Durchquerung im Automobil.
1924/1925 leitet er die *Croisière noire*,
1931/1932 die *Croisière jaune*.
Am 16. März 1932 stirbt Haardt in Hongkong. »Haardt ist tot, sein Werk bleibt. Bringen Sie den Leichnam Ihres Chefs nach Frankreich. Ich weine mit Ihnen.« Telegramm von André Citroën.

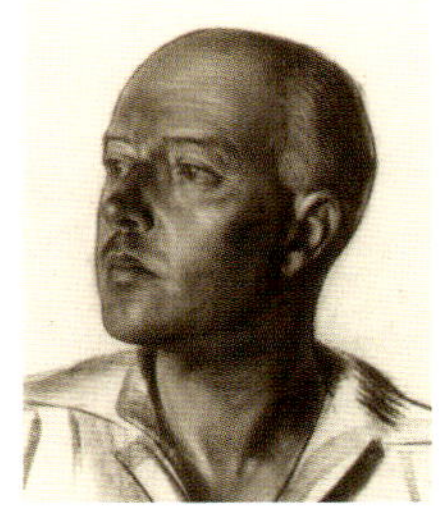

LOUIS AUDOUIN-DUBREUIL
1887 – 1960

Audouins Vater, Spirituosenhändler (Cognac), führt die Firma Audouin-Frères, die bereits unter Louis XV. gegründet wurde.
Seine Mutter, Marie de Reboul, Blumenmalerin, entstammt einer alteingesessenen Familie aus der Saintonge.
1905/1906 absolviert Audouin eine Handelslehre in England.
1907 – 1910 leistet er seinen Militärdienst in der Kavallerie ab. Als Husar wird er zunächst im Departement Les Landes stationiert, dann an die *École de Saumur* versetzt.
1911 übernimmt er an der Seite seines Onkels Henry wieder die Leitung der Firma Audouin-Frères. Als sein Vater stirbt, ist er das Oberhaupt der Familie.
Am 2. August 1914 wird er nach La Rochelle eingezogen, im 10. Husarenregiment der Kavallerie. Er ist Verbindungsunteroffizier in der Marne-Schlacht, wird lobend erwähnt und erhält das Verdienstkreuz.
Er nimmt am »Wettlauf zum Meer« teil und verschanzt sich in den Schützengräben um Arras. Er kämpft in der Schlacht an der Argonne 1915, im Wald von Malencourt, am linken Flügel von Verdun 1916.
Als die Kavallerie 1916 geschlagen wird, ist er in Belgien. 1917 macht er in Chartres seinen Pilotenschein. Er erreicht Südtunesien, wo er sich unter den Befehl des Hauptmanns La Fargue stellt.
Er gründet den Fliegerhorst Zarzis, kämpft an der libysch-tunesischen Grenze gegen die Senussi und stellt die Abteilung Geschützwagen der tunesischen Luftwaffe (STAM) auf die Beine, Fahrzeuge, die sich auf jedem Gelände bewegen können.
1919 begleitet er in militärischer Eigenschaft die Expedition Saoura-Tidikelt in die Sahara.
1920 lernt er André Citroën und Georges-Marie Haardt kennen. Sie sondieren die Möglichkeit einer ersten Sahara-Durchquerung im Automobil.
1921/1922 führt Audouin eine Aufklärungs- und Verpflegungsexpedition in der Sahara durch.
Von Dezember 1922 bis Januar 1923 ist er stellvertretender Leiter der ersten Citroën-Expedition.
1924/1925 ist er stellvertretender Leiter der *Croisière noire*.
1926 wird er zum Generaldirektor der Citroën-Niederlassung in Tunesien ernannt.
1931/1932 ist er stellvertretender Leiter der *Croisière jaune*.

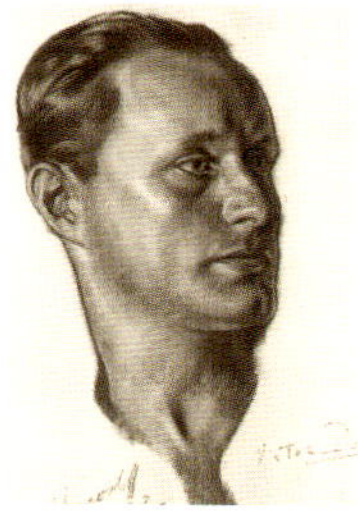

VICTOR POINT
Geboren am 22. Juni 1902 in Marlotte/ Seine-et-Marne

Abschluss in Naturwissenschaften 1919. Abschluss Marine-Akademie 1922, Zweitbester seines Jahrgangs.
1922 – 1923 nimmt Point an Bord des Panzerkreuzers *Jeanne- d'Arc* an militärischen Aktionen auf den Antillen und den Hawaii-Inseln teil.
1924 macht er an Bord des Panzerkreuzers *Condorcet* den Feldzug von Marokko mit.
1925 bis 1927 kämpft er in China. An Bord des Geleitschiffs *Marne* nimmt Point an der Verteidigung der französischen Handelsniederlassung Kanton bei den Unruhen im Mai 1925 teil.
1927 organisiert er als Kommandant des Kanonenboots *Doudart-de-Lagrée* auf dem Jangtse die Evakuation der von den Kommunisten bedrohten Provinz Sezuan und verteidigt das Konsulat von Chungking.
Mit 25 wird Point zum Marineattaché in London ernannt. Dort lernt er André Citroën und Georges-Marie Haardt kennen. Seine Erfahrungen in China, seine dynamische Art, sein Mut und seine Begeisterungsfähigkeit geben den Ausschlag: Die Firma Citroën beauftragt ihn mit der Erkundung der Reiseroute und der Bevorratung der »Expedition Zentralasien«. Das Marine-Ministerium stellt ihn ins Außenministerium ab, damit er den Auftrag annehmen kann.
Bereits am 20. März 1929 geht er in Peking an Land. Was er dort an Vorarbeiten leistet, ist beachtlich.
1931 nimmt er im Hafen von Tientsin die China-Gruppe in Empfang.

PATER TEILHARD DE CHARDIN
Geboren am 1. Mai 1881 in Orcines/ Puy-de-Dôme

Doktor der Naturwissenschaften.
Nach seinem Hochschulabschluss tritt Teilhard 1900 in die Gesellschaft Jesu ein.
1906 – 1909 beginnt er seine Arbeiten als Geologe und Paläontologe in Ägypten.
1909 – 1912 setzt er seine Forschungen in England fort, wo er an der Entdeckung des Menschenfossils *Eoanthropus dawsoni* beteiligt ist.
Später tritt Teilhard in das Paläontologie-Labor des *Muséum national de Paris* unter Professor Boule ein. 1913 verfasst er seine erste große Arbeit über die Wirbeltier-Paläontologie.
1914 kommt er als Sanitätsgefreiter zum 4. Infanterieregiment. Er wird auf mehreren Schlachtfeldern eingesetzt (Ypres, Verdun, Soissons) und mit hohen Orden ausgezeichnet.
Zwischen 1919 und 1926 unterrichtet er Geologie am *Institut catholique de Paris* (Lehrstuhl Albert & Laparent). 1926 wird er in den Vorstand der Geologischen Gesellschaft Frankreichs aufgenommen.
1923 bis 1927 reist er dreimal nach China und begleitet Professor Licent, den Gründer des Museums von Tientsin, auf seinen Expeditionen in die Mongolei und ins Ordos-Gebiet. Das Paläolithikum Chinas wird entdeckt sowie beträchtliche Fossilienvorkommen. Auf diesen Forschungsarbeiten basiert eine Studie des chinesischen Tertiärs und Quartärs.
1928 tritt Teilhard mit Henri de Monfreid eine Forschungsreise nach Somalia an.
Er kehrt nach China zurück und wird Ehrenmitglied des *Service géologique de Chine;* 1929 nimmt er an den Ausgrabungen von Chou-Kou-Tien teil, der Fundstätte, an der der *Sinanthropus pekinensis* entdeckt wird.
1929 lernt er auch Victor Point kennen, der die Reise der Citroën-Expedition durch China vorbereitet. Teilhard zeigt lebhaftes Interesse an diesem Projekt und sagt sofort zu, als er gebeten wird, die Expedition von Peking bis Kashgar zu begleiten.

ANDRÉ REYMOND
Geboren am 12. Dezember 1902 in Nikitowka, Russland

Studium an der *École alsacienne*.
Nach einem brillanten Abschluss in Physik, Chemie und Biologie 1921 wird er als Mitglied auf Lebenszeit in die *Société d'entomologie de France* berufen.
1923 – 1925 leistet er seinen Militärdienst in der Rheinarmee ab.
Zwischen 1926 und 1930 erwirbt er Universitätsdiplome in Zoologie, Botanik, Geophysik und dynamischer Geologie.
Im April 1931 nimmt er im Auftrag des Naturkunde-Museums und des französischen Erziehungsministeriums an der *Croisière jaune* teil; er reist mit dem Wissenschaftsteam der China-Gruppe.
Zurück in Frankreich, wertet er das mitgebrachte Material im Entomologie-Labor des *Muséum d'histoire naturelle de Paris* aus (unter der Leitung von Prof. René Jeannel).

Auswahl von Publikationen seiner wissenschaftlichen Arbeiten:

- *Capture de coléoptères peu communes*, Rechenschaftsbericht der *Croisière jaune - Mission Centre-Asie.*
- *Premiers résultats biogeógraphiques de la mission française en Asie Centrale*, erschienen in der *Revue de géographie physique*, Januar 1933, eine farbige Karte, vier Fototafeln.
- *Note sur les Scarabédae coprophages récoltés au cours de la Croisière jaune, mission Citroën Centre-Asie*, Bulletin Soc. Ent. Nr. 8, 1935
- *Notes sur les cicindèles capturées an Asie. Expédition Citroën Centre-Asie*, Bulletin Soc. Ent. de France, Nr. 20, 1932.
- *Note sur les équidés sauvages rencontrés en Asie Centrale. Expédition Citroën Centre-Asie*, Bulletin du Muséum d'histoire naturelle, 3. Serie, Band IV, Serie 7, 1932
- *Notes sur les gazelles rencontrées en Asie Centrale. Expédition Citroën Centre-Asie*, Bulletin du Muséum d'histoire naturelle, 3. Serie, Band V, Serie 2, Februar 1933
- *Notes sur deux scarabeidae fouisseurs désertiques, en Asie Centrale. Expédition Citroën Centre-Asie*, Bulletin du Muséum d'histoire naturelle, 3. Serie, Band V, März 1933.

GEORGES LE FÈVRE
Geboren am 23. Dezember 1892 in Paris

Absolvent des *Lycée Henri-IV.*
1910 – 1912 Aufenthalt im zaristischen Russland.
1914 wird er ins 117. Infanterieregiment eingezogen. 1916 wird er als Dolmetscher bei den russischen Truppen eingesetzt, 1917 auf eine Mission nach Kiew geschickt.
1921 wendet er sich dem Journalismus zu. Er fängt als Redakteur im *Intransigeant* an und hält sich in Marokko auf, als der Krieg gegen Abd el-Krim ausbricht.
Ab 1925 reist er im Auftrag der *Dépêche Coloniale* nach Malaysia, Java, Sumatra, Guyana, Indochina, Japan, Kanada, in die USA.
1926 wird die *Epopée du caoutchouc* (»Das Kautschuk-Epos«) verlegt.
1927 publiziert er eine Studie über Immigration und Fremdarbeiter für das Steinkohle-Komitee im *Journal* und in der Verlagshandlung *Homme-Travail.*
1928 erscheint seine Arbeit über das Elend des Industrie-Proletariats in London, Berlin, Paris – eine Dokumentation im *Journal.*
Je suis un Gueux (»Ich bin ein Landstreicher«) wird veröffentlicht.
1929 führt er Recherchen in Russland durch und publiziert 30 Artikel im *Journal.*
Un bourgeois au pays des soviets (»Ein Bourgeois im Land der Sowjets«) kommt heraus.
1930 reist er nach Grönland, wo er im Scoresby Sund (70. Breitengrad Nord) einen Meteorologen und Funker begleitet. Eine Expedition, über die im *Journal* berichtet wird.
Aus dieser Reise entsteht ein großer Dokumentarfilm, *Nord 70 – 22*, der 1930 vorgeführt wird.
Während der *Croisière jaune* bricht Le Fèvre abends oft vor Erschöpfung zusammen.
Die Bedingungen für seine Schreibarbeiten sind entsetzlich. Er macht pausenlos Notizen im Auto, selbst unter dem schlimmsten Gerüttel.
»Mir kocht das Hirn in der Schale und meine Augen sind völlig verquollen …«

ALEXANDER IACOVLEFF
Geboren am 13. Juni 1887 in Sankt Petersburg

Absolvent des Gymnasiums von Sankt Petersburg. Er schreibt sich in der Kunstakademie ein, wo er bei Dimitrij Kardowski zeichnen lernt, vor allem bestimmte Techniken wie die Temperamalerei oder Rötelzeichnung.
1909 tritt Iacovleff der Erneuerungsbewegung *Mir Iskusstva* oder »Welt der Kunst« bei. Iacovleff heiratet die Schauspielerin Bella Chencheva und richtet seine Werkstatt ein.
1913 erhält Iacovleff ein Auslandsstipendium und reist mit seinem Freund Wassilij Chouhaieff nach Italien. Er studiert die Maler der Renaissance, besonders die Fresken des Quattrocento: Melozzo da Forli, Piero della Francesca, Cosimo Turra.
1915 kehrt er nach Russland zurück, wo inzwischen Krieg herrscht.
1917, nach seiner Befreiung vom Militärdienst, tritt er eine Studienreise nach China an. Kaum ist er in Peking eingetroffen, bricht die Oktoberrevolution aus. Iacovleff wird nie mehr nach Russland zurückkehren und auch seine Frau, die 1927 stirbt, nicht wieder sehen. Zwei Jahre lang arbeitet er in Peking und Shanghai und bereist die Mongolei. Nach einem sechsmonatigen Aufenthalt in Japan kehrt er dem Orient endgültig den Rücken und lässt sich in Paris nieder.
1920 stellt Iacovleff seine Zeichnungen und Malereien in der *Galerie Barbazanges*, dann in der *Grafton Gallery* in London aus. Der Erfolg ist enorm.
1922 erscheinen der Band *Le Théâtre chinois* (in China angefertigte Werke mit Texten von Tchou-Kia-Kien) sowie eine Sammlung seiner interessantesten Arbeiten aus Asien.
1923 wird er von André Citroën kontaktiert, der einen Maler mit ethnografischem Gespür für die *Croisière noire* sucht. Iacovleff bringt ein umfangreiches Werk von dieser Reise mit, 700 Bilder und Zeichnungen, die 1926 in der *Galerie Charpentier* in Paris ausgestellt werden; einige davon wurden zuvor bereits im *Pavillon Marsan* im Louvre gezeigt. Mit seinen Skizzen aus Äquatorialafrika wird der Band *Batouala* von René Maran illustriert.
1928–1930 hält er zwei Ausstellungen ab, die seinen Werken aus Italien gewidmet sind.
Am 24. März 1931 legt die *Mariette-Pacha* im Hafen von Beirut an, mit Alexander Iacovleff an Bord, dem offiziellen Maler der *Croisière jaune*, der dritten wissenschaftlich-künstlerischen Citroën-Expedition.

ANDRÉ SAUVAGE
Geboren am 12. Juli 1891 in Bordeaux

Absolvent eines humanistischen Gymnasiums; Magister der Philologie.
Zwischen 1911 und 1914 reist er durch ganz Europa.
Ab 1918 widmet er sich der Kunst: Er betätigt sich nacheinander als Maler, Journalist, Romancier.
Ab 1920 wendet er sich dem Film zu, »der jungen Kunst«, und verschreibt sich mit Leib und Seele diesem neuen Ausdrucksmittel.
1922 nimmt er an der Besteigung der Krapina-Spitze teil, um *La Traversée du Crépon* (»Die Überquerung der Krapina«) zu drehen, den ersten großen Bergsteigerfilm.
Zwischen 1924 und 1930 produziert er:
• »*Portrait de la Grèce*«, (»Porträt Griechenlands«) ein einzigartiges visuelles Dokument über dieses Land, wobei besonders das monastische, archäologische und maritime Griechenland zur Geltung kommt
• Eine Reihe von Kurzfilmen über Paris, deren Drehbücher er selbst geschrieben hat.
• *Jean de La Lune* (»Jean vom Mond«), in den *Studios d' Epinais* in Zusammenarbeit mit Jean Choux gedreht. Einer der ersten französischen Tonfilme.
Zur Zeit, als André Citroën 1930 seine Bewerbung prüft, ist Sauvage Mitglied des Filmautoren-Verbands.
Seine Tonfilm-Erfahrung ist entscheidend für seine Aufnahme in die Mannschaft der *Croisière jaune*.
Es gibt fast ständig Reibereien zwischen dem Fotografen Maynard Owen Williams und dem Filmemacher André Sauvage, zur großen Erheiterung des restlichen Teams. Der Streit beginnt schon mit der ersten Präsentation der Raupenfahrzeuge.
Die chaotischen Befehle, die schrillen Pfiffe, die dröhnenden Lautsprecher, der rote Filmwagen, der ständig vor der Linse des Fotografen herumflitzt, bilden den Auftakt für ein Drama, das sich in mehreren Episoden von Beirut bis Srinagar fortsetzt.
»Sauvage ist mitreißend, enthusiastisch, empfindsam. Wir wissen nicht, wann und in welcher Form wir ihm, ohne ihn zu kränken, unsere Anmerkungen zu dem Film und das von Léon Poirier verfasste Memorandum unterbreiten können.«

JOSEPH HACKIN
Geboren am 8. November 1886 in Luxemburg

Nach seinem Abschluss am *Institut des hautes études politiques* 1907 beginnt er seine Laufbahn im *Musée Guimet* als Sekretär von Émile Guimet, dem Konservator des Pariser Museums, das dieser selbst aufgebaut hat.
Ab 1910 publiziert Hackin einen Katalog über alte chinesische Malereien und Wandschirme.
1914 meldet er sich als Soldat.
1915 wird *Scènes figurées de la vie de Bouddha d'après des peintures tibétaines* veröffentlicht (»Figürliche Darstellungen aus dem Leben Buddhas nach tibetanischen Malereien«). Hackin kehrt ins *Musée Guimet* zurück, dessen Umgestaltung er ab 1920 in Angriff nimmt. Er präsentiert die Sammlungen, die der Archäologe Pelliot aus Turkestan mitgebracht hat.
1924 trifft er mit Foucher, dem Direktor der *Délégation archéologique en Afghanistan*, in Balkh zusammen. Es ist seine erste Mission in Afghanistan, auf den Spuren »der baktrischen Fata Morgana«. Dort wird Hackin bewusst, wie wichtig Untersuchungen vor Ort sind. Nur dank der Feldforschung können die großen Kulturen Asiens anhand von Kunstwerken veranschaulicht werden. Das *Musée Guimet* muss ein dynamisches Forschungszentrum werden. Hackin beendet seinen Afghanistan-Aufenthalt in Bamiyan. Dort stellt er sich die Frage: »Wäre es denkbar, dass wir der buddhistischen und sassanidischen Kunst zum Zeitpunkt der kurzlebigen Eroberung eines Teils von Baktrien durch die sassanidischen Herrscher auf die Spur gekommen sind? Hier mag auch die Erklärung für den sassanidischen Einfluss in der mittelalterlichen Kunst Turkestans liegen.« Eine wichtige Frage, entscheidend für seine Teilnahme an der *Croisière jaune*, deren Weg durch Chinesisch-Turkestan führt, so dass sich ihm die Möglichkeit bietet, seine Hypothese zu verifizieren.
Nach seiner Rückkehr an das *Musée Guimet* publiziert er das *Formulaire sanskrit-tibétain* (Redewendungen Sanskrit-Tibetanisch).
1928 wird er Professor an der *École du Louvre*. Im selben Jahr erscheint *Les Antiquités bouddhiques de Bamyan* (»Buddhistische Antiquitäten aus Bamiyan«). 1930 wird er zum Leiter der *Maison franco-japonaise* in Tokio ernannt.
Vom Erziehungsministerium zu diesem Zweck beurlaubt, schließt sich Hackin in Herat der *Expedition Citroën* an.

WLADIMIR PETROPAVLOVSKY
Geboren in Russland

Geigenvirtuose.
Er absolviert eine Ausbildung als Ingenieur (Transport- und Kommunikationswesen) und wird mit 17 Jahren zum Artillerieleutnant ernannt.
Als 1917 die Oktoberrevolution ausbricht, emigriert er nach Frankreich.
Er tritt in die *École d'artillerie* in Fontainebleau ein und nimmt unter Lyautey am Marokko-Feldzug teil. Später reist er in die Vereinigten Staaten, um Thomas Edison aufzusuchen.
In Sibirien wird er General Janin als Dolmetscher unterstellt.
Er arbeitet als Ingenieur in den Diensten von Tchang-Tso-Lin, dem Diktator der Mandschurei, geht als Goldsucher in die Mongolei, wird Staudammbauer in der Provinz Shantung und Kansu und reist kreuz und quer durch China.
1929 begegnet er Victor Point in Tientsin. Point ist so beeindruckt von dem unerschrockenen, rührigen Petropavlovsky, der fließend Chinesisch spricht und sich in China auskennt wie kein anderer, dass er ihn auf seine Erkundungsreise ins Ordos-Gebiet mitnimmt.
Nach der Rückkehr von dieser Reise beauftragt er ihn mit der Organisation der Verpflegung für die Citroën-Expedition von Peking bis Sinkiang. Außerdem soll Petropavlovsky eine gangbare Route durch das von Krieg und Hungersnöten zerrüttete China erkunden.
Die Citroën-Werke hätten keinen geeigneteren Mann für diese Aufgabe finden können.
Ende November 1930 hat Petro, wie ihn die Expeditionsteilnehmer nennen, seine Mission in jeder Hinsicht erfüllt.
Ende März 1931 nimmt er am Treffpunkt in Tientsin das Team der China-Gruppe in Empfang.
Petropavlovsky fungiert als Dolmetscher der Gruppe (Chinesisch und mehrere Dialekte) und führt kartografische Aufzeichnungen durch.

MAYNARD OWEN WILLIAMS

Korrespondent bei den größten amerikanischen Zeitungen.
Studium am College von Kalamazoo (Michigan) und an der Universität Chicago.
1911 bereist Williams Europa, vor allem England, Holland, Deutschland, Frankreich und Italien.
Er schreibt sich für drei Jahre an der Universität Beirut ein und reist durch den Vorderen Orient. Seine ersten Zeitungsartikel sind den archäologischen Arbeiten des Colonel P. E. Lawrence gewidmet, den er bei seinen Ausgrabungen begleitet.
1914 wird er auf einer Reise durch China und Indien vom Kriegsausbruch überrascht. Er bleibt zuerst in China, wo er sich als Lehrer an der Akademie Wayland in Hankou und als Korrespondent für mehrere Zeitschriften durchschlägt.
1916 erwirbt er an der Columbia-Universität ein Journalismus-Diplom der Pulitzerschule.
1916/1917 wird er Sonderkorrespondent des *Christian Herald* in Japan, auf den Philippinen, in Tibet, in Russland (während der Revolutionswirren), in Russisch-Turkestan und in Armenien.
Er fährt mehrmals in die Türkei, um topologische Arbeiten mitzuverfolgen, und reist mit tschechischen Legionären nach Sibirien.
Ab 1920 ist er Presseattaché der *National Geographic Society of Washington*. In dieser Eigenschaft reist er nach Indien, dann nach Ägypten, um über die Öffnung des Tutenchamun-Grabes zu berichten, und schließlich nach Europa, wo er sich mit der Technik der Farbfotografie beschäftigt, insbesondere in den *Laboratoires Lumières* in Lyon.
1925 nimmt er als Fotograf und Pressekorrespondent an den Expeditionen von MacMillan und Byrd nach Grönland teil.
1925 bis 1927 kommt er nach Beirut zurück, um von dort per Bus eine 5000 km lange Reise anzutreten, die ihn nach Zypern, Palästina, Irak, Sowjetrussland, in die Türkei und nach Anatolien führt.
1931 wird er von der NGS Washington als Reporter für die *Croisière jaune* abgestellt. Er begleitet die Pamir-Gruppe.

YVES GAUFFRETEAU
Geboren 1905 in Zarzis in Südtunesien

Absolvent des *Lycée Carnot* in Tunis. 1922 macht er seinen Abschluss.
Nachdem er sich in Paris zwei Jahre lang auf die *Hautes Études commerciales* vorbereitet hat, steigt er plötzlich aus und wird Olivenbauer in Zarzis.
1928 fährt er, vielleicht von seinem Nachbarn Louis Audouin-Dubreuil angesteckt, mit einem Citroën-Lastwagen auf den südtunesischen Pisten bis zum Militärposten Fort-Saint. Er ist der Erste, der diesen im äußersten Süden gelegenen Punkt erreicht.
1929 wird er Georges-Marie Haardt vorgestellt und nimmt an den Testfahrten mit dem Prototyp des Raupenfahrzeugs *Croisière jaune* auf den tunesischen Pisten bis Ghadames teil.
1929 tritt er in die Citroën-Werke ein und absolviert ein Praktikum als Autoschlosser, wobei er speziell an den Halbkettenfahrzeugen ausgebildet wird. Danach wird er als Koch und Verpflegungschef der *Croisière jaune* engagiert. Der »Küchenwagen« wird nach seinen Anweisungen ausgerüstet.
Um seinem neuen Amt gewachsen zu sein, geht er bei den besten Köchen seiner Zeit in die Lehre.
Yves Gauffreteau findet sich mit jeder Situation zurecht: als Küchenchef, Nachschuborganisator, Lastwagenfahrer von Beirut bis Srinagar, Mitglied des Mechanikerstabs auf dem Himalaya und, nach dem Wegfall der Raupen, als Veterinär der Pferdekarawane von Gilgit nach Aksu.
Louis Audouin-Dubreuil rühmt seine großen körperlichen Widerstandskräfte, seine Fähigkeit, eine Situation auf Anhieb zu erfassen, seinen mitreißenden Unternehmungsgeist.
Yves Gauffreteau begleitet die *Croisière jaune* auf der gesamten Wegstrecke: Beirut, Peking, Saigon.

DOKTOR DELASTRE
Geboren am 3. August 1895 in Bagneux

Höhere Schule in Versailles. 1913 Gymnasialabschluss mit Schwerpunkt Physik, Chemie und Biologie.
Im Dezember 1914 wird er zum Militär in den Sanitätsdienst eingezogen und einer Gruppe von Sanitätern in den Argonnen zugeteilt. Er wird Grenadier in der Infanterie, wird im Juni 1917 bei einem Angriff in der Champagne verwundet; lobende Erwähnung, Verdienstkreuz.
1918 wird er wenige Tage vor dem Waffenstillstand entlassen und in das Militärkrankenhaus Val-de-Grâce zurückbeordert, wo er sein Medizinstudium beginnt. Gleichzeitig erwirbt er einen Magistergrad an der Fakultät.
1923 wird ihm das Abschlussdiplom des *Institut de médecine coloniale* (Institut für Kolonial-/Tropenmedizin) verliehen.
1925 absolviert er seine Assistenzzeit im Sadiki-Krankenhaus von Tunis, wo er als Chirurg viel Erfahrung sammelt.
1929 nimmt er als Arzt an der Expedition Loiseau-La Rochefaucauld von Oran nach Gao (Bugatti und Citroën) teil. Nach seiner Rückkehr nach Tunis im selben Jahr übernimmt er die Leitung des *Hôpital des contagieux*, des »Seuchenhospitals«, und ergreift energische Maßnahmen, um eine Lungenpest-Epidemie einzudämmen. Sein Mut und sein Engagement werden gewürdigt, er wird Mitglied der Ehrenlegion und erhält die *Médaille d'argent des épidémies*, die Silbermedaille für seine Verdienste bei der Seuchenbekämpfung.
1930 wird er für die *Croisière jaune* angeworben. Als der Entschluss gefasst wird, zwei Gruppen zu bilden, wird er der China-Gruppe zugeteilt, die in den riesigen Wüsten- und Kriegsgebieten besonders gefährdet und auf sich allein gestellt ist.
In Hami versorgt Delastre die Verwundeten auf dem Schlachtfeld. In Urumchi operiert er einen chinesischen Minister, der bei dem Attentat auf den vormaligen Gouverneur von zwei Kugeln getroffen wurde.
Als Haardt bereits sehr krank ist, begeht er den Fehler, sich der ärztlichen Überwachung zu entziehen, indem er Delastre mit der ersten Gruppe nach Indochina schickt.

PIERRE JOURDAN
Geboren am 13. November 1904 in Viviers sur Rhône

Schulbildung am Gymnasium in Nizza. 1922 legt er sein medizinisches Examen ab.
1923–1926 absolviert er seine Assistenzzeit an Pariser Krankenhäusern, immer als einer der Besten seines Jahrgangs.
1927–1928 leistet er seinen Militärdienst in Algerien als Leutnant der Reserve ab.
Ab 1928 übt er seine Tätigkeit als Chirurg aus. Als passionierter Bergsteiger befasst er sich besonders mit der Höhenkrankheit und ihren Auswirkungen. Er spielt Rugby, schwimmt, wandert und ist ein Sportler ersten Ranges. Ein glücklicher Zufall trägt ihm die Teilnahme an der *Croisière jaune* ein. Bei einer Besprechung im Auswärtigen Amt in Paris verlangt André Citroën: »Finden Sie mir einen Arzt, der zudem noch Bergerfahrung hat!« Daraufhin wird ihm Pierre Jourdan vorgestellt. Jourdan reist als Arzt der Pamir-Gruppe mit.

ERKUNDUNGSREISEN

Korvettenkapitän Pecqueur:
Diplomatische Mission in Persien
M. de Vassoigne:
Erkundungsreise in Afghanistan
Colonel Vivian Gabriel:
Offizier der britischen Armee, Erkundungsreise im Himalaya
M. Waddington:
Erkundungsreise in Indien, Birma, Siam und Indochina
Varnet:
Dolmetscher

ORGANISATION DES VERPFLEGUNGS-NACHSCHUBS

M. Salesse/Berger:
UdSSR, Sinkiang
M. Constantini:
Levante
M. Garbe:
Fernost
M. Michaud:
allgemeine Expeditions-Vorbereitungen

GEORGES SPETCH
Geboren in Bourges

Humanistische Schulbildung in Bourges.
1906 beginnt er seine Ausbildung in den *Studios Gaumont*.
1907 wechselt er zum Theater über, kehrt aber nach fünf Kriegsjahren als Chef-Kameramann in die *Studios Gaumont* zurück und dreht unter der Leitung von Poirier *Âmes d'Orient* (»Seele des Orients«) und *Le Penseur* (»Der Denker«).
1921/1922 ist er Direktor der *Laura Film-Studios* in Marseille.
1922/1924 technischer Assistent und Chef-Kameramann von Marcel L'Herbier.
1924/1925 begleitet er die Citroën-Expedition von Algier nach Madagaskar und dreht unter der Leitung von Poirier *La Croisière noire* (»Schwarze Expedition«).
1925/1927 leitet er den Filmservice der Citroën-Werke.
1928 nimmt er an der Filmexpedition *Le Somptier* nach Äquatorialafrika, Französisch-Kongo und Ubangi Shari teil. Er dreht *La Marche vers le Soleil* (»Der Marsch der Sonne entgegen«).
1929/1930 ist er technischer Direktor und Chef-Kameramann der *Société Indochine Film*.
Als er für die *Croisière jaune* angeheuert wird, hat er bereits 385 Filme in 20 Berufsjahren gedreht.

MAURICE LAPLANCHE
Geboren am 14. August 1894 in Dijon

1912 erhält er sein Diplom als Bordfunker und tritt in die *Compagnie générale transatlantique* ein.
1914–1917 ist er Funkmechaniker auf dem Kreuzer *Friant* der französischen Kriegsmarine. Militärische Aktionen in Kamerun und auf den Antillen.
1917/1918 ist er Chefmechaniker im *Centre d'aviation maritime* von Antibes.
1920 verlässt er die Marine und tritt in die Elektromontage-Abteilung der Citroën-Werke ein, wo er die Umrüstung und die Elektromontage der Raupenfahrzeuge für die *Croisière noire* leitet. 1929 führt er die Elektro- und Funkmontage am Prototyp des Halbkettenfahrzeugs durch, das den asiatischen Kontinent durchqueren soll. Die *Société française de radiophonie* (Gesellschaft für Funksprechverkehr) berät Laplanche bei den letzten Feinabstimmungen der Geräte während der ersten Etappen der *Croisière jaune*.

CHARLES BRULL
Geboren am 6. August 1886 in Paris

Absolvent des *Lycée Condorcet*. Bis 1907 Philologie- und Soziologiestudium.
1920 tritt er in die *École centrale des arts et manufactures* (Kunst und Handwerk) ein und macht einen Abschluss als Hütteningenieur.
1912 erste Anstellung in der Automobilfabrik *Charron Ltd.*
1914 kämpft er als Oberstleutnant an einem Flugabwehr-Geschützstand in der Champagne und in Verdun (Verdienstkreuz 1917). Er wird zum Hauptmann in der Panzerartillerie am Chemin des Dames befördert.
1919 wird er entlassen und bis 1922 mit der technischen Leitung einer Patronenfabrik betraut. Später übernimmt er die Leitung einer Sprengstofffabrik.
1922 tritt er den Citroën-Werken bei und reist unverzüglich nach Colomb-Béchar, um die Logistik für die erste Sahara-Durchquerung im Automobil auf die Beine zu stellen.
1924 wird er als stellvertretender technischer Leiter (unter Georges-Marie Haardt) in die Generaldirektion der Citroën-Werke berufen. Er ist für die Technik während der *Croisière noire* verantwortlich.
1929 wird er mit der Leitung der Citroën-Labors betraut. Er beteiligt sich aktiv an der Konstruktion, Erprobung und Fertigung des Materials für die »Expedition Zentralasien«. Charles Brull reist am 12. März 1931 über China nach Moskau, begleitet von Maurice Penaud und neun Mechanikern der *Croisière jaune*.

MORIZET
Geboren am 20. November 1889 in Gouillons/Eure-et-Loire

Nach dem Schulabschluss kommt er nach Paris und arbeitet als Hilfsarbeiter bei Gaumont. Er steigt zum Kameraassistenten, dann zum Kameramann auf.
Im 1. Weltkrieg zeichnet er sich durch seine Tapferkeit aus. Er wird zweimal verwundet und mit hohen Orden ausgezeichnet.
Er bleibt 16 Jahre bei den *Studios Gaumont* und dreht ca. 40 Filme unter der Leitung der größten Filmregisseure seiner Zeit.
Seine Laufbahn setzt er bei den *Films historiques* fort und dreht dort vor allem mit Renoir.
1930 dreht er mehrere Dokumentationen für die Citroën-Werke, u. a. über die Einweihung eines Denkmals für die erste Sahara-Durchquerung im Automobil. Bei dieser Gelegenheit lernt er Audouin-Dubreuil kennen.
Als Kameramann der Pamir-Gruppe (Beirut, Peking, Saigon) muss er seine Film-Dokumentationen unter den schlimmsten Bedingungen drehen. Morizet ist sehr gesellig und bei allen beliebt. Audouin-Dubreuil erzählt: »Wir sind am Verhungern, der Nachschub ist nicht zu uns durchgekommen. Morizet erklärt uns, wie man bei ihm zu Hause einen Hasen zubereitet. Er beschreibt das alles so lebhaft und anschaulich, dass uns der Bratenduft regelrecht in die Nase steigt.«

ANDRÉ GOERGER
Geboren am 16. September 1885 in Nancy

Abitur am Gymnasium von Nancy, Studium der Naturwissenschaften.
1909 wird er Leutnant der Jägerbrigaden des 20. Bataillons.
1912 tritt er ins 2. Algerische Infanterieregiment ein und setzt seine militärische Laufbahn in Marokko fort.
1915 wird er zum Hauptmann befördert und kommandiert eine Kompanie algerischer Infanteristen. Er wird mit dem Verdienstkreuz und anderen hohen Orden ausgezeichnet.
1919 ist er Generalstabschef von Hauptmann Defrère.
1923 wird er von der Armee beurlaubt und stellt sich André Citroën zur Verfügung, der ihn mit der Organisation der Automobilexpedition Colomb-Béchar – Niger betraut.
1925/1926 wird er Chef des *Service Afrique*, verantwortlich für die Handelsbeziehungen und die Öffentlichkeitsarbeit.
1927/1929 wird ihm das Generalsekretariat der Citroën-Werke übertragen.
1929/1930 begibt er sich auf eine lange Odyssee in die UdSSR und Persien, um die Durchreise der *Croisière jaune* durch diese Länder vorzubereiten. Es ist eine sehr schwierige Mission, die viel diplomatisches Fingerspitzengefühl erfordert, vor allem in Sowjetrussland.
Goerger begleitet die *Croisière jaune* von Beirut bis Srinagar in seiner Eigenschaft als Generalsekretär der Expedition.

WILLIAM ROBERT SIVEL
Geboren am 18. März 1908 in Seseagatch gegenüber der Insel Samothrake

Sivels Vater, Inhaber eines Maschinenbau-Unternehmens, gibt seine Firma auf und verlässt Nîmes, um sich in den Dienst des Sultans von Sansibar zu stellen. Er setzt seine Laufbahn bei der Eisenbahngesellschaft von Saloniki fort. William Sivel erlebt eine abenteuerliche Kindheit.
1921 kehrt die Familie nach Frankreich zurück.
1930 tritt Sivel als Volontär ins *Studio Pathé-Natan* ein. Er macht seine ersten Tonaufnahmen (der Tonfilm ist noch in seinen Anfängen).
1931 nimmt er im Auftrag von *Pathé* an der *Croisière jaune* teil und bricht mit der Pamir-Gruppe auf. »Das größte Abenteuer meines Lebens«, vertraut er seinen Freunden an. William Sivel ist an der Realisierung von über 300 Filmen beteiligt und dreht mit den Größten seiner Zeit: Raymond Bernard, René Clair, Julien Duvivier, Anatole Litvak, Christian-Jaque, André Cayette, Jean Renoir, Henri-Georges Clouzot…

DIE MECHANIKER

Poilus, also »Frontkämpfer«, nennt André Citroën die Mechaniker der *Croisière jaune* liebevoll.
»Sie wurden nicht nur wegen ihrer soliden technischen Kenntnisse ausgewählt, sondern weil wir wussten, dass wir auf ihre Loyalität, ihre Intelligenz und ihre Improvisationsgabe zählen konnten und dass sie hart im Nehmen waren.«
(Louis Audouin-Dubreuil)

MECHANIKER DER CHINA-GRUPPE

MAURICE PENAUD
Geboren am 5. Juli 1986 in Sauzé-Vaussais/Aunis

1900 beginnt er eine Lehre als Autoschlosser. 1907 reist er ohne einen Sou in der Tasche in die USA, um dort sein Glück zu versuchen. Er wird bald in einer Werkstatt eingestellt und nimmt als Mechaniker an einer 24-Stunden-Testfahrt auf der Piste von Moriss Park teil. Zurück in Frankreich leistet er seinen Militärdienst ab und wird nach Marokko geschickt. Als Panzerführer nimmt er an mehreren Kämpfen teil. Aus dem Militärdienst entlassen, arbeitet er wieder als Automechaniker und organisiert den Pannenhilfsdienst auf den Rennbahnen in Frankreich und im Ausland. 1914 wird er in ein Bombergeschwader der Luftwaffe eingezogen. 1915 übernimmt er die Leitung von zehn Prüfständen für Flugzeugmotoren.
1921 montiert Penaud das erste Halbkettenfahrzeug *Kégresse* in den Citroën-Werken und testet in den Dünen von Arcachon den Prototyp des Raupenfahrzeugs, das im Dezember 1922 bis Januar 1922 zum ersten Mal die Sahara von Touggourt bis Timbuktu durchqueren wird.
Im Juli 1932 nimmt er an der wissenschaftlichen Mission des Prinzen Kemal el-Dine durch die Libysche Wüste teil, eine Expedition auf der Suche nach den Dokumenten, die der deutsche Entdecker Rolfs 1874 zurückgelassen hat.
1924/1925 wirkt Penaud an den Vorbereitungen für die *Croisière noire* mit, an der er selbst teilnimmt.
1930 wird er bei Citroën dem »Projekt Zentralasien« zugeordnet, und beteiligt sich an der Vorbereitung der *Croisière jaune*. Er reist als Leiter der China-Gruppe mit.

REMILLIER
Mechaniker der China-Gruppe

C. BALOURDET
geb. 4. September 1889 in Épernay
Mechaniker der China-Gruppe

MAURICE PIAT
geb. 11. November 1899
Mechaniker der China-Gruppe

A. DIELMANN
geb. 3. November 1895 in Paris
Mechaniker der China-Gruppe

JEAN GAUTHIER
geb. 18. November 1902 in Montceau les Mines
Mechaniker der China-Gruppe

CHAUVET
Mechaniker der China-Gruppe

ROBERT CONTÉ
geb. 3. Januar 1903
Mechaniker der China-Gruppe

EUGÈNE NURET
geb. 3. Februar 1904 in Prumiers
Mechaniker der China-Gruppe

GUSTAVE KÉGRESSE
geb. 13. Juni 1907 in Héricourt
Mechaniker der China-Gruppe

SALESSE
Begleiter der Raupenfahrzeuge und Organisator des Verpflegungsnachschubs in Sinkiang

KERVIZIC
Funker der China-Gruppe

MECHANIKER DER PAMIR-GRUPPE

ANTOINE FERRACCI
Geboren 1881 in Vizzanna, Korsika

Nach seinem Volksschulabschluss Mechanikerlehrling. Zwei Jahre später wird er bei der Eisenbahn in Bastia eingestellt. Mit 16 reißt er aus, um die Welt zu sehen, und kommt nach Paris.
1902 erhält er den ersten Preis bei einem Mechaniker-Wettbewerb und eine Anstellung in Sfax bei der tunesischen Eisenbahngesellschaft.
1914 kehrt er nach Frankreich zurück. Er wird ins 69. Infanterieregiment eingezogen, setzt jedoch alle Hebel in Bewegung, um in den Automobildienst zu kommen. 1917 tritt er in die Fabrik in Poissy ein und lernt Hinstin kennen, der die ersten Testfahrten mit der auf einen Citroën-Wagen montierten Raupe (Patent Kégresse) veranstaltet. Ferracci nimmt an den Testfahrten teil.
Als Chefmechaniker der Pamir-Gruppe verschreibt sich Ferracci fortan mit Leib und Seele der geplanten Überquerung des Pamir-Massivs. Er schwört auf seine Kabel und nimmt 900 Meter mit. Er fasst sogar die Möglichkeit ins Auge, einen Wagen auf einer Art Drahtseilbahn über einen Abgrund zu schaffen.

BOURGOIN
Mechaniker der Pamir-Gruppe

CÉCILLON
Mechaniker der Pamir-Gruppe

COLLET
Mechaniker der Pamir-Gruppe

CORSET
Mechaniker der Pamir-Gruppe

JOCARD
Mechaniker der Pamir-Gruppe

LE ROUX
Mechaniker der Pamir-Gruppe

NORMAND
Mechaniker der Pamir-Gruppe

SCHULLER
Funker der Pamir-Gruppe

Die Raupenfahrzeuge und die Expeditionsausrüstung

Testfahrt in der Libyschen Wüste, 1929

RAUPENFAHRZEUG, Typ Expedition 4 Zylinder C6 Sport (Prototyp)

Testfahrt im Mai 1929 im Süden Tunesiens

Mannschaft:
Georges-Marie Haardt
Louis Audouin-Dubreuil
Hauptmann Mathieu
Ingenieur Brull
Funker: Laplanche (Test TSF)
Mechaniker: Rémillier, Prudhomme, Dielmann
Teststrecke mit allen Geländearten:
Bir-Kecira, Fort-Saint, Bordj-le-Bœuf, Ghadames

OBEN: Auf der Piste von Ghadames, der Prototyp 1929

UNTEN: Präsentation der Halbkettenfahrzeugflotte Modell China in Fontainebleau, Februar 1931

RAUPENFAHRZEUG - P21 (15CV)
CROISIÈRE JAUNE (China-Gruppe)

1930 konzipiertes Raupenfahrzeug, nach den Testfahrten mit dem »Prototyp Asien« in Tunesien (1929). Dieses Fahrzeug soll folgende Route zurücklegen: Abfahrt Beirut, Durchquerung Libanon, Syrien, Irak, Ankunft Teheran; dann weiter nach Norden in Richtung Sari, Asterabad; Einreise nach Russisch-Turkestan in Askhabad; weiter Merw, Buchara, Samarkand, Tashkent; Einreise nach Chinesisch-Turkestan und Abstieg ins Tarim-Becken.

Am 6. November 1930 zieht die russische Regierung ihre Einreise-Erlaubnis zurück. Daraufhin werden die sieben Raupenfahrzeuge »Modell Asien« nach Tientsin verfrachtet, dem Hafen von Peking. Von dort aus reist eine Gruppe unter Victor Point der Haardt-Gruppe, die mit den leichten Wagen (»Modell Pamir«) von Beirut aufbricht, durch China entgegen. Geplanter Treffpunkt ist Kashgar in Chinesisch-Turkestan.

Hinten am Wagen die Werkzeuge für die Erdarbeiten.
Ersatzrad und Haupthaken zum Ankoppeln des Anhängers

Technische Daten - Modell China-Gruppe

Motor C6 F, Typ Militär, 6 Zylinder-Reihenmotor, Hubraum 2 442 cm^2 (72 x 100), Zylinderblock mit Ventilen. Leistung: 42 PS DIN bei 3000 U/min, auf 2200 Umdrehungen pro Minute gedrosselt. Leichtmetallkolben. 4-fach gelagerte Kurbelwelle, abnehmbarer Kégresse-Zylinderkopf mit Zündkerzen, wassergekühlt über Zirkulationspumpe. Kühler mit Hochleistungsturbine (13 l). Vertikaler Solex-Vergaser mit Vakuumbenzinpumpe und Luftfilter. Zwei elektrische Benzinpumpen, Typ Flugzeugmotoren.
Einscheiben-Trocken-Kupplung.
Gangschaltung: 4-Gang-Getriebe mit Untersetzer, insgesamt also 6 Vorwärts- und 2 Rückwärtsgänge. Differenzialsperre.
Transmission mit 2-Gang-Kardanwelle.
Schneckenradlenkgetriebe. Kein Blockieren der inneren Kette beim Wenden.
Trommelbremsen (Bendix), Fußbremsen auf Vorderrad- und Hinterachs-Antriebswellen, Handbremse auf Kardanwelle.
Federung: halbelliptische Blattfederbündel, vorn gleitend montiert.
Fahrwerk: gesteuerte Vorderräder mit Michelinreifen 17 x 50, Mehrkammerschlauch, praktisch pannensicher. Antrieb mit flexiblen Raupen (Endlos-Band mit Metall-Gummi-Beschichtung) mit positivem Drehsinn auf zwei Rollen, davon eine angetrieben, und ein tragendes Fahrwerk mit zwei doppelten Führungsrollen, lose auf die Hinterachse montiert.
Karosserien und Anhänger von Cuinet entworfen.
Spezialkarosserie m t Duralumin-Platten. Führerhaus mit fünf Plätzen vorn.
Heckaufbau mit Fächern für die Ausrüstung. Segeltuchverdeck, Glimmerfenster.
Windschutzscheibe aus Triplex-Glas. Anhängerkupplung hinten Mitte.
Dimensionen: Achsstand 2,70 m; Spurweite 1,42; Länge 4,70 m.
Gesamtgewicht beladen: 4000 kg mit Anhänger.
Geschwindigkeit: 45 km/h auf ebenem Terrain.
Verbrauch je 100 km: ca. 40 l Benzin; 1l Öl.
2 Tanks Chausson-Gallay von 200 l. Tankfüllung 200 l pro Fahrzeug.

Armaturenbrett

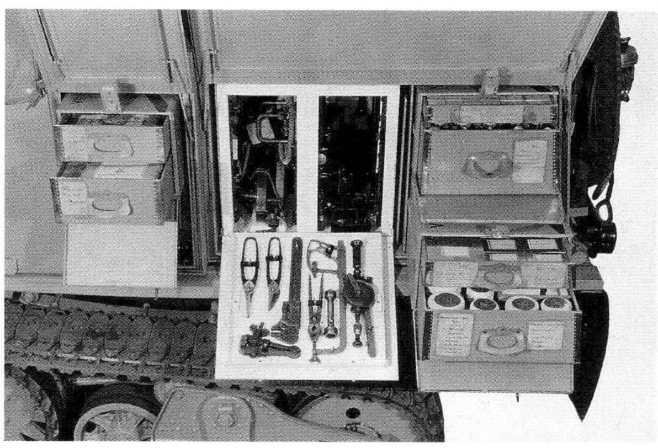

Fächer für medizinische Ausrüstung und Reparaturwerkzeug

Die Expeditionsteilnehmer bei ihrer Morgenwäsche

Vorder- und Rücksitze können zusammengeklappt und als Bett umfunktioniert werden.

**Konvoi, bestehend aus 7 Raupenfahrzeugen P 21 (15 CV).
Mit diesen Wagen wird die zweifache Durchquerung Chinas realisiert:
Peking - Aksu - Peking.**

Wagen Nr. 1
SCARABÉE-D'OR
(»Goldskarabäus«)
Kommandowagen

Mannschaft:
- Haardt, Expeditionsleiter
- Schiffsleutnant Point, Chef der China-Gruppe
- Iacovleff, Maler
- Petropavlovsky, Dolmetscher und Archäologe
- Balourdet, Mechaniker

Ausrüstung:
- 9 Passagierkoffer
- Bewaffnung: leichte Maschinengewehre, Kriegskarabiner, Pistolen (Verteidigungswaffen, für die Durchquerung Chinas, von der Marine beschafft und geliefert), 30 Mauserpistolen aus dem Haus Fauré Le Page, Jagdgewehre, Munition
- Archiv der Expedition, Karten, Kompasse
- Malerkoffer von Iacovleff, Papiervorrat, Schreibmaschine
- 2 Säcke mit Lebensmittel
- Koffer mit Teeservice für Empfänge

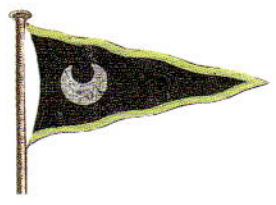

Wagen Nr. 2
CROISSANT-D'ARGENT
(»Silberhalbmond«)
Wissenschaftswagen

Mannschaft:
- Audouin-Dubreuil, stellvertretender Expeditionsleiter
- Hackin, Archäologe
- Teilhard de Chardin, Geologe
- Maynard Owen Williams, Reporter
- Gauthier, Mechaniker

Ausrüstung:
- 6 Passagierkoffer
- Karten- und Dokumentationskoffer
- Fotokoffer
- Taxidermiekoffer
- Archäologiekoffer
- 2 Botanik- und Geologiekoffer (für die Sammlungen)
- Meteorologiekoffer V. Point
- 2 Koffer der Geografischen Gesellschaft
- Kartuschen-Koffer von L. Audouin-Dubreuil
- 3 Filmkisten

Haardt vor dem »Goldskarabäus«

Der »Silberhalbmond« auf den Dünen der Ala-Shan-Wüste.

5020 m zeigt der Höhenmesser bei der Überquerung des Pamir an.

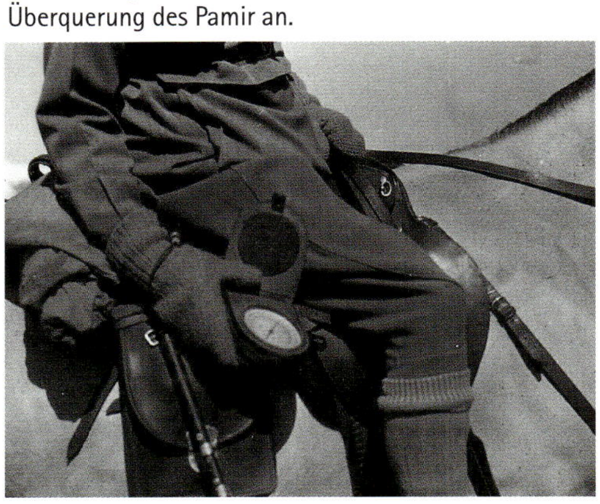

Filmkameras im Wagen mit schwerer Filmausrüstung

Wagen Nr. 3
ŒIL (»Auge«)
Wagen mit Handkameras

Mannschaft:
- Sauvage, Filmregisseur
- Le Fèvre, Historiograf
- Reymond, Naturkundler
- Morizet, Kameramann
- Nuret, Mechaniker

Ausrüstung:
- 5 Passagierkoffer
- 2 Kisten: 2 Handkameras für Tonaufnahmen (Kamera Mitchell), 2 Motoren
- 6 Kisten mit Filmzubehör
- 4 Stummfilmkameras (Marke Mitchell)
- 3 Filmkisten

Wagen Nr. 4
ŒIL-OBJECTIF
(»Augen-Objektiv«)
Wagen mit schwerer Filmausrüstung

Mannschaft:
- Petropavlovsky, Dolmetscher
- Spetch, Kameramann
- Sivel, Kameramann und Tontechniker
- Piat, Mechaniker
- Kégresse, Mechaniker

Ausrüstung:
- 6 Passagierkoffer
- die gesamte Ausstattung für Stummfilm- und Tonfilmaufnahmen, wie sie in jedem Filmstudio zu finden ist, auf dem neuesten Stand der Technik

Letzte Panorama-Aufnahmen vor Peking

Kino im Land der Moi. Fischer in einem Arm des Mekong

In Srinagar werden die Lasten der sarykolischen Träger gewogen – 28 bis 30 kg pro Mann. In den Kisten das Filmzubehör.

Wagen Nr. 5
ONDES (»Wellen«)
Funkwagen

Mannschaft:
- Schiffsleutnant Pecqueur
- Kervizic, Funker
- die chinesischen Wissenschaftler auf einem Teil der Strecke
- Carl, Archäologe
- Conté, Mechaniker

Ausrüstung:
- 10 Passagierkoffer
- 1 Sender-Empfänger-Funkgerät Typ FC 50 von 500 W, auf ein Chassis P.14 montiert. Reichweite ungefähr 8000 km, ermöglicht ständigen Kontakt mit Paris oder Washington oder dem Nordpol
- 1 Funkgerät mit beschränkter Reichweite vom Typ CCI, 50 W, transportabel auf Maultierrücken, mit doppelter Stromversorgung: eine Batterie, ein Stromgenerator, ebenfalls transportfähig.

Die Sender-Empfänger-Geräte wurden mit Hilfe der Ingenieure der SFR *(Société française radio-éléctrique)* auf die Bedürfnisse der Expedition abgestimmt.

Es wird vereinbart, das 500-Watt-Gerät als Schiffssender zu betrachten. Bei der Post wird eine Funkkennung beantragt.

Zwei Wagen führen einen über 20 m hohen zerlegbaren Mast mit. Diese Art Mast lässt sich in ausziehbare Elemente zerlegen und rasch wieder aufbauen. Die Antenne, die sie tragen, ist eine Eindrahtantenne.

Versorgung durch zwei einphasige Wechselstromgeneratoren, gekoppelt am Wellenende, von 1 KW, 600 Hz. Ein statischer Transformator erhöht die Spannung auf bis zu 3000 V.

Auf einem der Wagen kann der Motor selber die beiden Generatoren antreiben, dank einer Spezialkupplung, die auf ein entsprechendes Zahnradgetriebe wirkt.

Die Arbeit des Funkers in seiner Kabine wird erleichtert durch einen Wellenmesser für die rasche Suche der Wellenlängen, Deckenbeleuchtung, Kühlung der Senderöhre, einen geräuscharmen Ventilator etc.

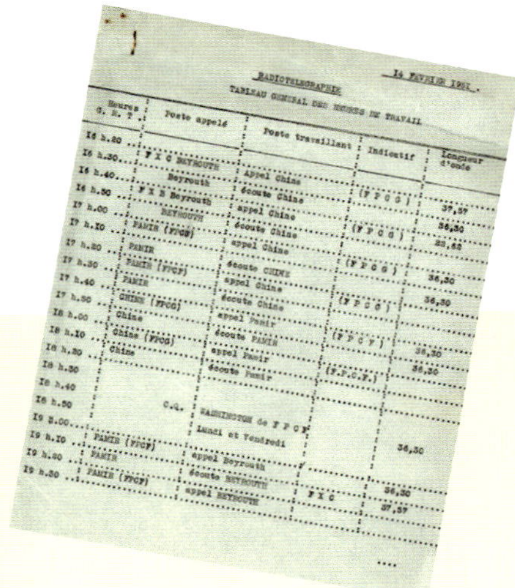

RADIOTELEGRAPHIE 14 FEVRIER 1931.

TABLEAU GENERAL DES HEURES DE TRAVAIL

Heures G. M. T.	Poste appelé	Poste travaillant	Indicatif	Longueur d'onde
16 h.20				
16 h.30	F X C BEYROUTH	appel Chine		
16 h.40	Beyrouth	écoute Chine	(F P C G)	
16 h.50	F X B Beyrouth	appel Chine		37,57
17 h.00	BEYROUTH	écoute Chine	(F P C G)	36,30
17 h.10	PAMIR (FPCG)	appel Chine		22,62
17 h.20	PAMIR	écoute CHINE	(F P C G)	
17 h.30	PAMIR (FPCF)	appel Chine		36,30
17 h.40	PAMIR	écoute Chine	(F P C G)	36,30
17 h.50	CHINE (FPCG)	appel Pamir		
18 h.00	Chine	écoute PAMIR	(F P C Y)	
18 h.10	Chine (FPCG)	appel Pamir		36,30
18 h.20	Chine	écoute Pamir	(F.P.C.Y.)	36,30
18 h.30				
18 h.40				
18 h.50	C.Q.	WASHINGTON de F P C F		
19 h.00		Lundi et Vendredi		36,30
19 h.10	PAMIR (FPCF)	appel Beyrouth		
19 h.20	PAMIR	écoute BEYROUTH		36,30
19 h.30	PAMIR (FPCF)	appel BEYROUTH	F X C	37,57

Laplanche, Funker der Pamir-Gruppe, in Aktion auf dem Himalaya. Oben die Codeliste mit den Kennnummern der Sender

Ningh-Shia. Funksendung in China, der Mast des Funkwagens ist aufgerichtet und fest mit mehreren Wagen verankert.

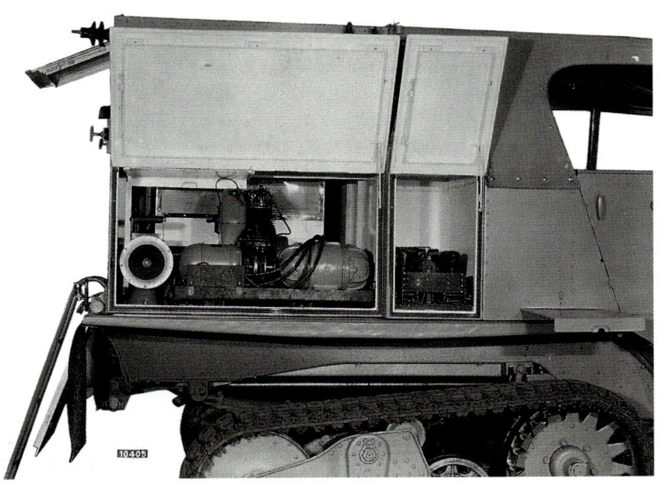

Funkwagen, der Stromgenerator ist im Wagen hinten untergebracht.

Wagen Nr. 6
FOYER
Küchenwagen

Mannschaft:
- Gauffretteau, Küchenchef
- Rémillier, Mechaniker und Wagenchef
- 1 chinesischer Koch
- 1 chinesische Küchenhilfe
- 2 Boys

Ausrüstung:
- Batterie von rostfreien Töpfen, Pfannen, Geschirr etc.
- 6 Holzkisten von 20 kg, die auf dem Rücken transportiert werden können
- 4 Lilor-Kocher mit Ersatzteilen
- 2 Lilor-Dampfkochtöpfe à 9 l, Ersatzteile
- Besteck und Gewürze
- Thermosbehälter

Wagen Nr. 7
CADUCÉE und ENGRENAGES
(»Äskulapstab« und »Getriebe«)
Medizin- und Reparaturwagen

Mannschaft:
- Brull, Chef-Ingenieur
- Delastre, Arzt
- Penaud, Chefmechaniker
- Dielmann, Mechaniker

Ausrüstung:
- Passagierkoffer
- Linke Seite: 1 Reparaturkiste, Koffer K (Tabletten und Pillen), Koffer L (Tabletten, Pulver, Salben), Koffer F und G (Verbandzeug)
- Rechte Seite: 1 Reparaturkiste; Koffer H (Ampullen), Koffer I (chirurgische Instrumente), Koffer J (Verbandsgaze und Watte)

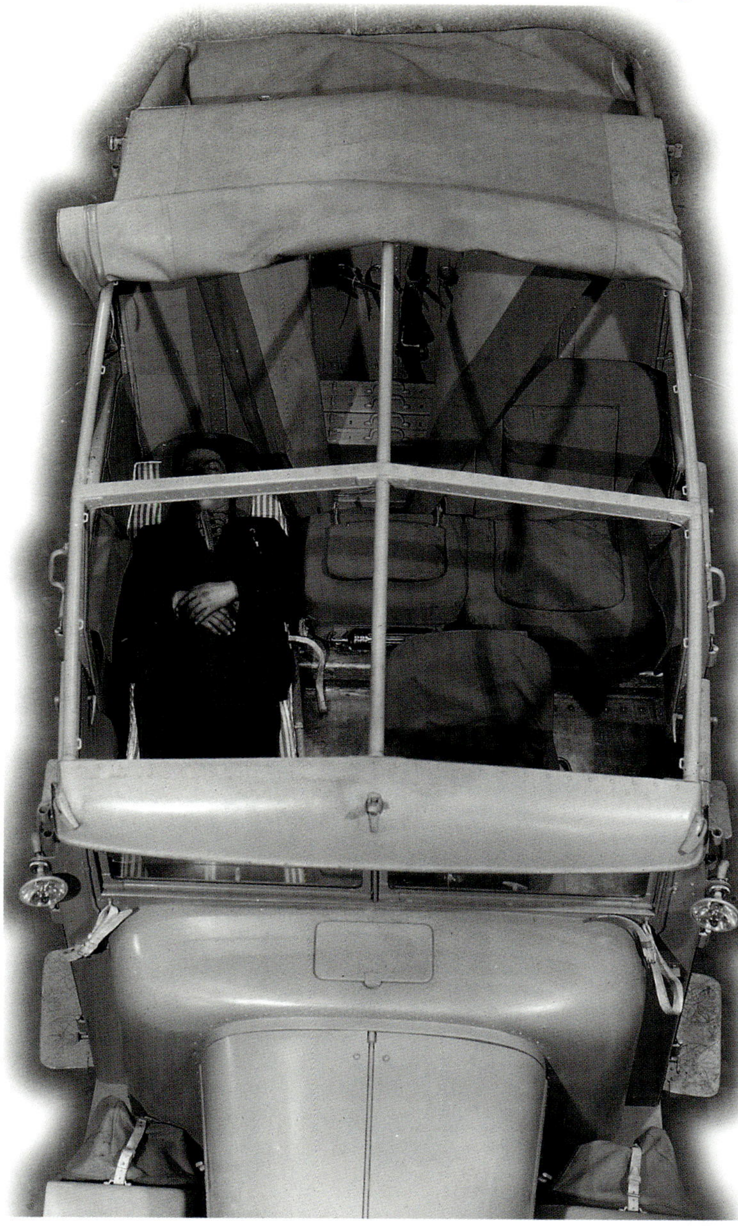

Wagen, zur Ambulanz umgebaut

ORGANISATION DES REPAS POUR LE
GROUPE " PAMIR "
-:-:-:-:-:-

A L'ETAPE -
1°- Préparation du repas du soir :
I/2 heure de préparation -
15 minutes de cuisson (à l'aide des marmites à pression "LILOR").
Conclusion : 45 minutes après l'arrêt, le repas du soir peut être servi.
Il comprendra généralement :
I potage
I plat chaud de viande et légumes
I fromage et confitures.

2°- Préparation et cuisson du repas du lendemain :
I/2 heure de préparation ,
15 minutes de cuisson ,
....

Küchenwagen Foyer. An den Seiten und hinten am Fahrzeug lassen sich Tabletts herunterklappen. Links die Speisekarte

Audouin-Dubreuil leidet unter Höhenkrankheit. Jourdan reguliert die Sauerstoffzufuhr.

Die ersten Hänge des Himalaya

MODELL HOCHGEBIRGE (10 CV) LEICHTES RAUPENFAHRZEUG (Pamir-Gruppe)

Die Pamir-Gruppe zählt beim Aufbruch 24 Männer. Diese Gruppe startet in Beirut und reist bis Kashgar in Chinesisch-Turkestan. In Kashgar trifft sie mit der China-Gruppe zusammen, die von Peking aus westwärts reist. Der Pamir-Gruppe wird im letzten Moment die Durchreise-Erlaubnis durch Russisch-Turkestan von der Sowjet-Regierung entzogen. Außerdem ist die Überquerung des Wakhjir-Passes wegen des Usbeken-Aufstands im Norden Afghanistans unmöglich geworden. Die Pamir-Gruppe muss also notgedrungen den Versuch machen, die Gebirgsmassive des Himalaya, Karakorum und Hindukusch zu überqueren. Der Aufstieg wird von Bandipur in Kashmir aus in Angriff genommen, nachdem die Ingenieure der Citroën-Werke in drei Monaten ein leichtes Gebirgsfahrzeug konzipiert haben.

Am Burzil-Pass

Die Fahrzeugflotte der Pamir-Gruppe besteht aus: 4 Raupenfahrzeugen »Modell Pamir« 10 CV mit Anhänger

- Motor B 2, 4 Zylinder, 20 PS
- Zwei Vorderräder mit Michelin-Komfort-Reifen; Heckantrieb System Kégresse-Hinstin, mit einer flexiblen Kette versehen
- Gewicht, beladen: 1 140 kg (Gewicht der Karosserie + Benzin und Öl + 5 Passagiere + Gepäck + 5 Bergsäcke mit Campingausrüstung, Proviant und Werkzeug)
- Hinter dem Kofferraum die Werkzeuge für Erdarbeiten
- Gewicht des Anhängers, beladen: 500 kg (5 Betten, 2 Koffer, 1 Sessel, 5 Hocker, 1 Tisch, 4 Schlafsäcke)

2 Lastwagen, die in Damaskas gemietet wurden, um die überladenen Raupenfahrzeuge zu entlasten

Beim Aufbruch beträgt das Übergewicht des ersten 1005 kg, das des zweiten 1150 kg. Außerdem müssen noch 30 Sauerstoff-Flaschen mitgeführt werden (vorgesehene Höhen 2200 bis 5200 m), deren Gewicht insgesamt 300 kg beträgt, sowie 9 Zelte »Pamir«, Flaschenzüge, Kabel und Gebirgsausrüstung. Das Gesamtgewicht darf 1850 kg (Karrosserie + Benzin und Öl + Küche und Küchenausrüstung + 300 bis 700 kg Lebensmittel + Reparaturwerkzeug + Ersatzteile) nicht überschreiten.
Für die Anhänger: gleiches Gewicht und gleiche Ladung wie bei den Raupenfahrzeugen.

Nur 2 Fahrzeuge des »Modell Pamir« machen die Himalaya-Überquerung mit. Gilgit ist der äußerste Punkt, den sie erreichen; jenseits davon gibt es kein Weiterkommen auf den schmalen Maultierpfaden. Der »Goldskarabäus«, Haardts Fahrzeug, wird zerlegt und in Kisten verpackt nach Frankreich zurücktransportiert. Der »Silberhalbmond«, das Fahrzeug Audouin-Dubreuils, bleibt auf dem Schießgelände des Mir von Hunza in Baltit ausgestellt.

Nahe der persischen Grenze; hier sind alle vier Raupenfahrzeuge 10 CV versammelt.

Der »Goldskarabäus« und der »Silberhalbmond« haben Gilgit erreicht, nachdem ihr Gewicht auf ein Minimum reduziert wurde. Der »Goldskarabäus« wird vollständig zerlegt und in Kisten verpackt nach Frankreich zurückgeschickt.

RECHTS UND UNTEN: Für die Überquerung der von einem Erdbeben verursachten Erdspalte müssen die beiden Raupen vollständig zerlegt und von den Trägern in Lasten von je 30 kg auf die andere Seite transportiert werden.

Erinnerungsstücke der *Croisière jaune*

Sammlung Louis Audouin-Dubreuil.
Alle abgebildeten Gegenstände sind privat oder wurden im Lauf der ›Croisière jaune‹ erworben.

Von oben nach unten, links nach rechts:

- Standarte mit dem Silberhalbmond des Raupenfahrzeugs von Audouin-Dubreuil, die bei offiziellen Empfängen aufgesteckt wurde
- Tropenhelm und Reitpeitsche
- Orden, persönliches Tagebuch, Seidentaschentuch in den Farben Louis Audouin-Dubreuils (die Initialen, L. A. D., von seiner Mutter aufgestickt)
- kleine Patronentasche mit der Munition des Dienstrevolvers
- Fototasche (Maison Moynat) mit Zubehör für Filmentwicklung
- Apparat Zeiss-Ikon
- Jagdhorn für Alarmsignale, das Audouin-Dubreuil immer mit sich führte
- Autobrille, unverzichtbar in den Sandstürmen
- Kompass
- Brief von Haardt an Audouin-Dubreuil, mit den beiden Siegeln versehen, die für die offizielle Korrespondenz in China konzipiert wurden; das Siegel in seiner Kupferdose
- auf dem Klapptisch (man sieht noch das Einschussloch von dem Überfall in China): Service mit Silberhalbmond (Fayencen Luce), das speziell für Empfänge hoher Würdenträger in den bereisten Ländern entworfen wurde.

Von oben nach unten, links nach rechts:

- chinesische Schmucktafel. Vergoldete Holzschnitzerei, rot lackiert (Peking)
- assyrische Siegel, 6./7. Jahrhundert v. Chr. (in Bagdad erworben)
- Stadtplan von Peking (1931)
- Cognacflasche Audouin Frères (1848), die in Peking getrunken wurde, Flaschenbehälter und Maniküre-Necessaire (Maison Vuitton, Kofferlieferant der Expedition), Umhängetasche (Maison Moynat), Fernglas (Maison Chevallier)
- medizinisches Zubehör: Spritze, Behälter mit Serum gegen giftige Schlangenbisse, Lederkästchen (Maison Moynat)
- Feldbett, von Iacovleff entworfen, das sich schnell aufstellen lässt. Die Kiste dient als Bettkasten, ein Moskitonetz wird auf Ständern angebracht. Hemd mit den Initialen L.A.D., Tropenhelm. Decke, die in der Kiste verstaut wird, mit dem Emblem der Firma Citroën bestickt

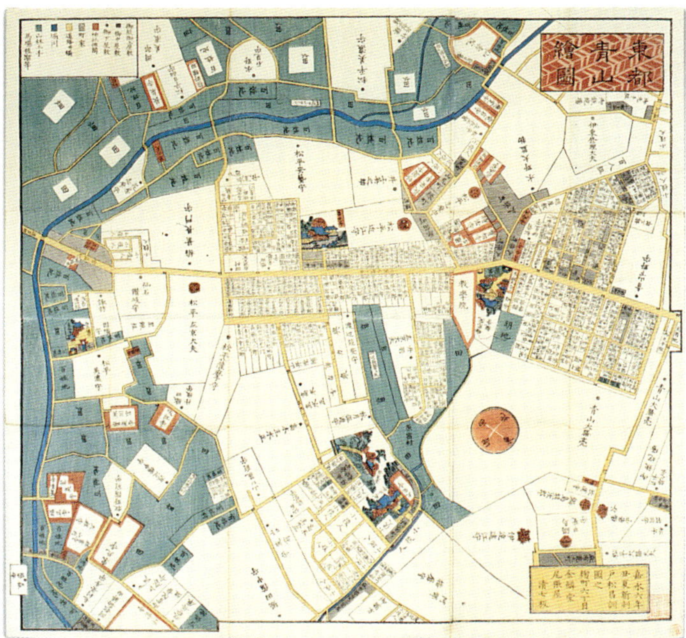

Von oben nach unten, links nach rechts:

- mongolische Stiefel aus Yakleder. Das gefärbte Leder ist kunstvoll verarbeitet und mit Lederapplikationen verziert. Die Stiefel wurden von einem der Männer am Hof des Prinzen Hsi-Hsu-Ning getragen (1932 erworben in Bailingmiao).
- chinesische Medizintafeln aus Elfenbein (Peking)
- Opiumpfeife aus Elfenbein; Aufsatz mit zwei Drachen geschmückt, kleiner Pfeifenkopf aus Silber. Sammlung von Tabaksdosen
- Topf aus Kupferlegierung; die Ornamente sind auf Kupfer- und Silberintarsien graviert, 12. Jahrhundert (Afghanistan, erworben in Herat)
- Pulverbeutel, den die Alikhulil-Krieger bei Paradeanlässen am Gürtel trugen. Aus kunstvoll bearbeitetem Kupfer, mit zwei Girlanden aus flüchtenden Rentieren geschmückt (indo-skythischer Einfluss)

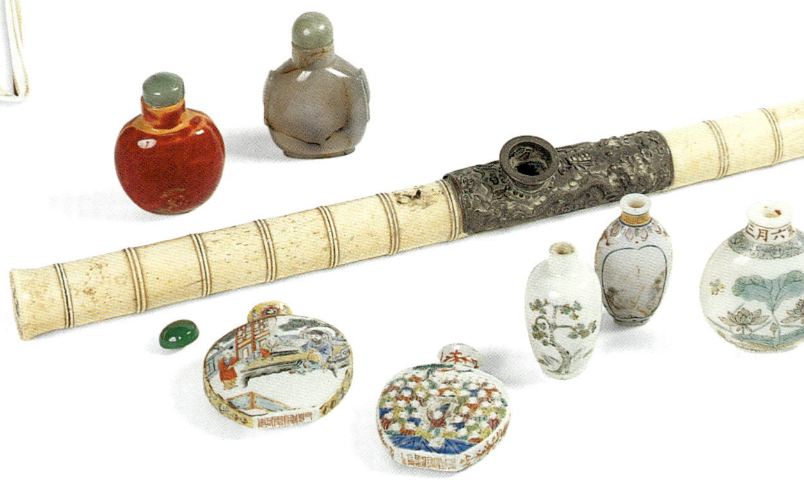

Von oben nach unten, links nach rechts:

- Sammlung von Kopfbedeckungen, die von den Höflingen des Prinzen Hsi-Hsu-Ning, den Würdenträgern oder Lamas in den Lamaklöstern von Bailingmiao (chinesische Mongolei) getragen wurden.
- Duftlampe
- chinesische Tabaksdosen
- Zwei Etuis mit chinesischen Ringen. Sie enthalten Elfenbeinringe, ein Messer und einen Zahnstocher. Eines der beiden Etuis ist aus Schildpatt, das andere aus Leder, mit eingearbeiteten kleinen Elfenbeinelefanten und an den Enden mit Elfenbeinaufsätzen verstärkt (Peking, 1932).

- Sammlung von Karikaturen des Malers Alexander Iacovleff, der mit Vassoigne, Hackin, Sivel als Vorhut in den Himalaya gereist ist. Die Zeichnungen illustrieren die wichtigen täglichen Berichte an Haardt, der begierig auf Informationen über die Beschaffenheit des Terrains wartet, das er mit seinen Raupen überqueren muss. Den »Comic-Zeichnungen« nach scheint die Vorhut einiges erdulden zu müssen: heftige Regengüsse, notdürftig geflicktes Schuhwerk, mit Sohlen aus Kettengliedern beschlagen, stolpernde Pferde, der zerlegte Wagen, der Stück für Stück auf dem Rücken transportiert werden muss... Zeichnungen, die Haardt auf die Palme gebracht haben müssen.

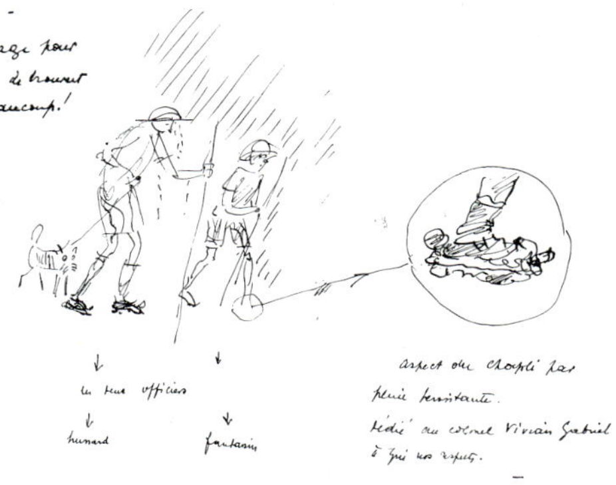

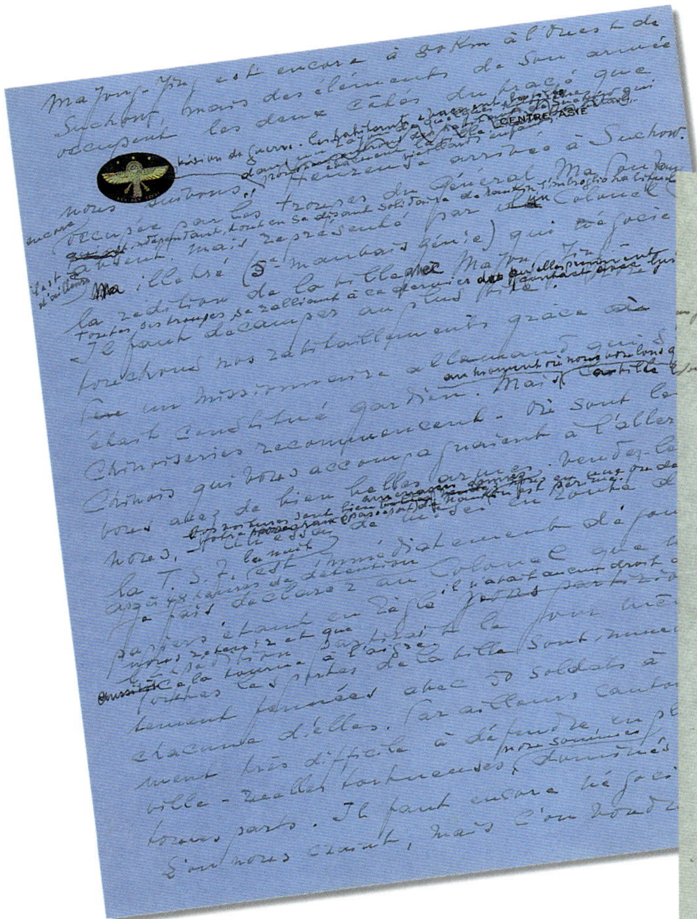

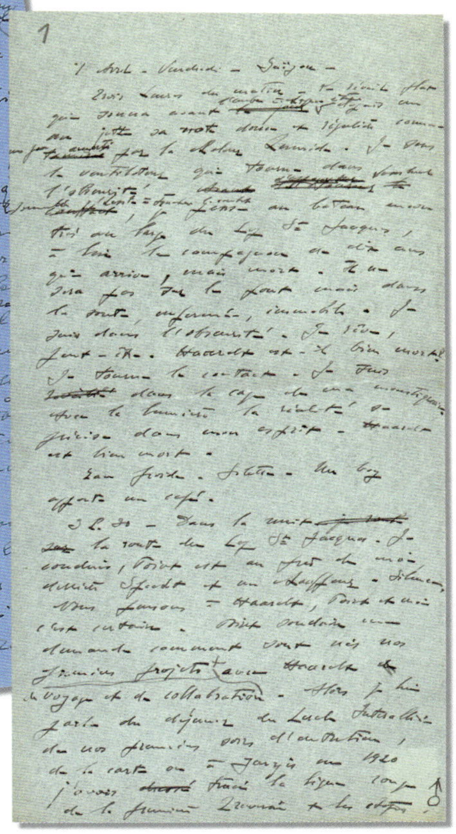

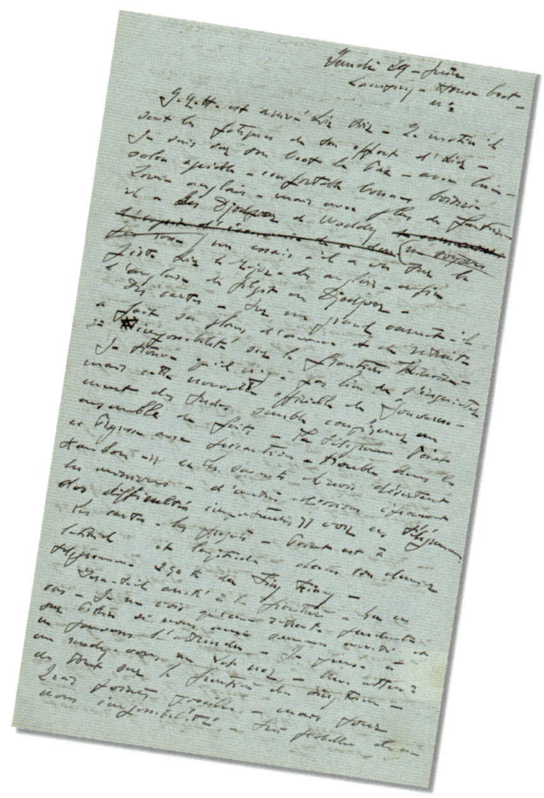

- OBEN: Entwurf eines von G.-M. Haardt geschriebenen Briefes. Haardt, der ein sehr mondäner Mann war, legte großen Wert auf dieses blaue Briefpapier, das mit seinem Emblem, dem Goldskarabäus, geschmückt war.
- RECHTS: zwei Auszüge aus L. Audouin-Dubreuils Expeditionstagebüchern

Ein Auszug aus Heft V

»G.-M.H. ist gestern Abend gekommen. Heute Morgen spürt er die Erschöpfung. Ich bin mit ihm auf seinem Boot, der *Pax*. Behaglicher Salon, komfortabel, gute Holztäfelungen, englisches Dekor (...), Karten. In einem großen Heft hat er seine Marschpläne und auch Rückzugsmanöver eingezeichnet, falls wir nicht über die chinesische Grenze kommen. Ich sehe keinen Grund zur Sorge, aber die offizielle Nachricht der indischen Regierung scheint doch in diese Richtung zu weisen. Das Telegramm von Point: ›Rücken sehr vorsichtig voran... Unruhen in Kansu ... Die chinesischen Wissenschaftler verlassen die Mission – andere Expeditionen ebenfalls in großen Schwierigkeiten, siehe diese Telegramme.‹
Die Karten, die Projekte. Point ist in seinem letzten Telegramm auf Breitengrad (...) und Längengrad (...) 250 km von Sinkiang entfernt.
Wird man ihn an der Grenze verhaften? In diesem Fall bleibt meines Erachtens nur ein vorsichtiger Rückzug nach Peking, falls wir aufgehalten werden und ihn nicht erreichen können. Ich denke an einen Treffpunkt in der Lop-Nor-Wüste ...«

Von oben nach unten, links nach rechts:

- Weihnachtsmenü 1931; die Speisekarten wurden von Alexander Iacovleff illustriert und auf die einzelnen Expeditionsteilnehmer zugeschnitten. Hier: Louis Audouin-Dubreuil auf einer Mondsichel, von seiner Standarte beschützt. Audouin ließ einen gewissen Hang zur Träumerei erkennen und weihte dem Mondgestirn einen regelrechten Kult.
- Rechnung, in Indochina an Audouin-Dubreuil ausgestellt
- Zwei der zwölf Passierscheine für die Nachschubkarawane der *Croisière jaune* in den chinesischen Provinzen. Point und Petropavlovsky erhielten sie erst nach zähen Verhandlungen.
- Am Tag nach der Ankunft in Peking sorgt das Citroën-Abenteuer für Schlagzeilen in allen Tageszeitungen von Peking bis Shanghai.

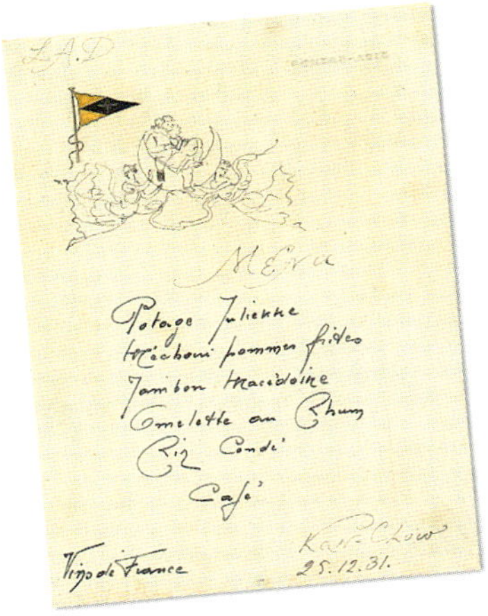

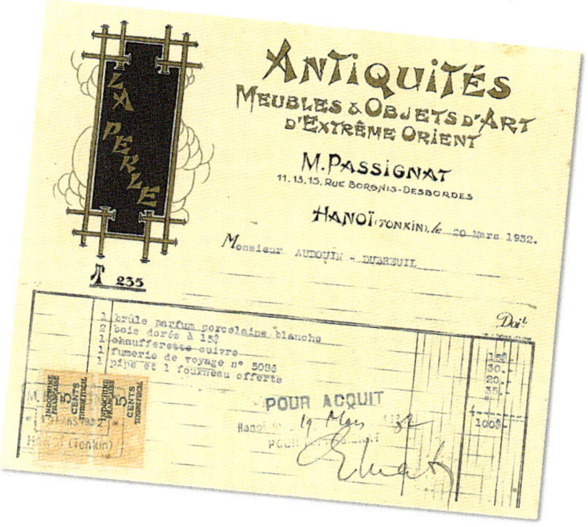

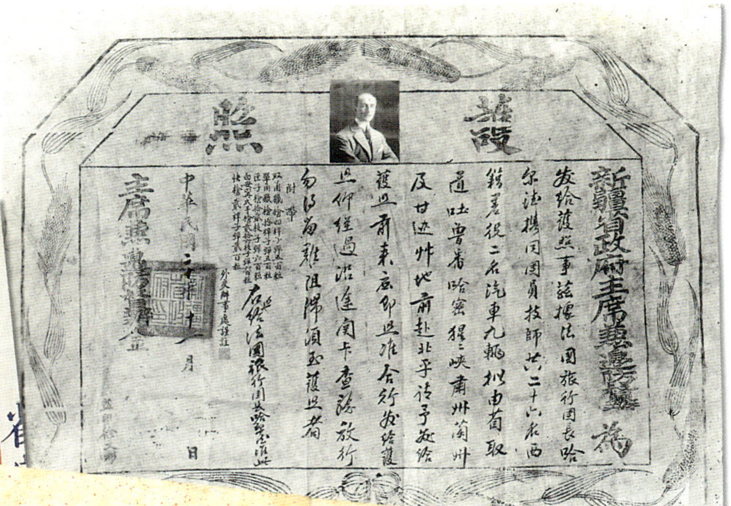

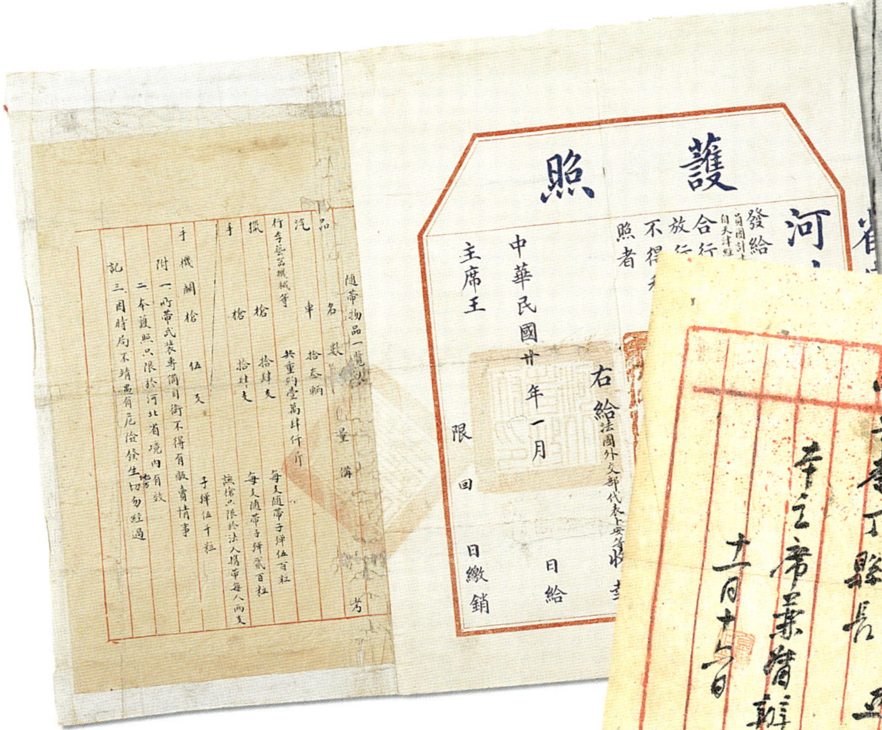

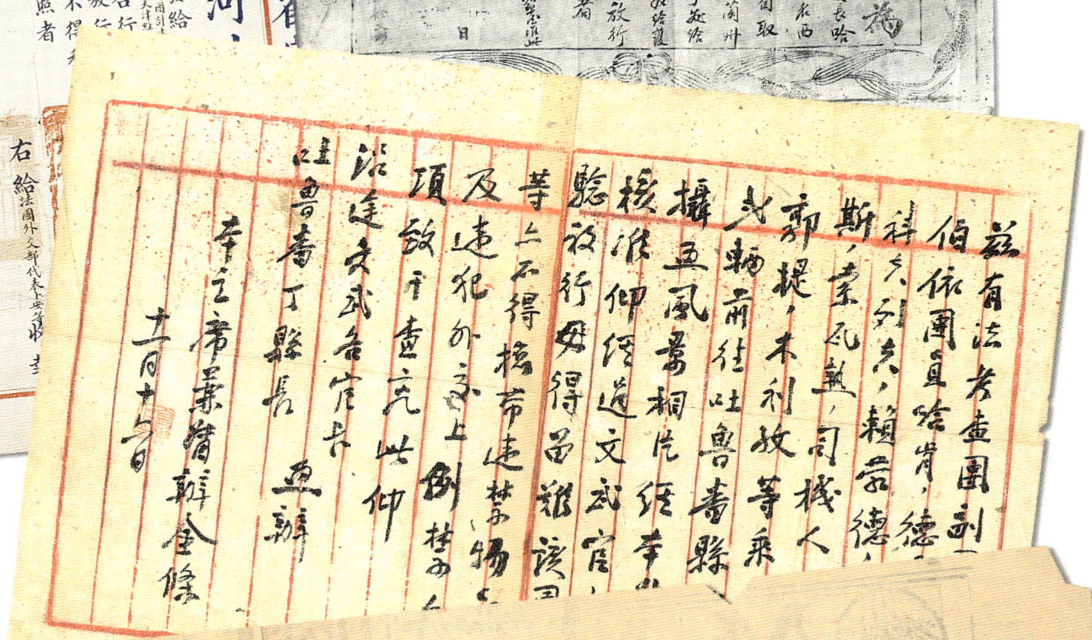

Vingt Deuxième Année n° 6778

SAMEDI 13 FÉVRIER 1932

ABONNEMENTS

	3 m.	6 m.	1 an
Chine	8..	14..	25 $
Étranger	9..	16..	28 $

LE JOURNAL DE PÉKIN

Albert Nachbaur Directeur

10 CENTS

Shanghai fait oublier la Mandchourie. Mais Shanghai sera-t-il oublié ?

La Mission Citroën Centre-Asie à Pékin

Pékin était hier en fête pour l'arrivée de la Mission Citroën-Centre Asie.

Depuis de longs mois nous avons suivi avec un intérêt croissant, la ...

engins que le génie le plus audacieux a conçus pour donner aux échanges entre les peuples des moyens adéquats.

Les épreuves ne vous ont pas manqué. Pour redoutables que vous les ayez imaginées, elles se sont révélées pires encore; renaissant d'elles-mêmes ...

tainement fait mieux goûter la grisante saveur.

***

A cette allocution fort applaudie M. Georges Marie Haart, entouré de tous les membres de la mission répondit par le discours suivant.

Madame,

Monsieur le conseiller,

jours élevé, ont surmonté tant de fatigues et de difficultés et, qui la blague aux lèvres, réparaient leur voitures les mains nues par trente degrés de froid.

Mais je sais que midi n'est pas à Pékin l'heure des conférences ni celle des longs discours et je m'en voudrais de changer vos habitudes...

C'est pourquoi, monsieur le Conseiller, je vous prie d'être mon interprète ...

Carton de Wiart, M. et Mme Pieters, M. et Mme P. Baert.

Allemagne.—S. E. M. le Dr. O. Trautmann, Mme Fischer, M. von Randow,

Danemark—M. et Mme W. Eickhoff.

Espagne. — S. E. et Mme Garrido y Cisneros, M. Spottorno. Le Docteur et Madame Spourgitis.

Brésil.—S. E. et Mme P. L. Velloso, M. et Mme de Berenguer, Docteur

Anmerkungen

1 Reisetagebuch von Louis Audouin-Dubreuil
2 Lederpeitsche der Kosaken
3 Syrien wurde am 10. August 1920 im Vertrag von Sèvres unter französisches Mandat gestellt. Mehrere Aufstände brachen unter dem französischen Mandat aus, der heftigste 1925–1927.
4 mächtiger kurdischer Nomadenstamm
5 weiter Umhang
6 Mme Andurin, die einer baskischen Familie entstammte, hat lange in Palmyra gelebt, wo sie ein Hotel eröffnete. Sie wurde kurz nach dem Durchkommen der *Croisière jaune* ermordet. Angeblich war sie beim Geheimdienst.
7 arabischer Emir aus Algerien (1808–1883), der bei der Eroberung Algeriens 15 Jahre lang einen heiligen Krieg gegen Frankreich führte und einen islamischen Gottesstaat gründete. Im Mai 1843 wurde er vom Duc d'Aumale besiegt.
8 mit einer Quaste geschmückte zylinderförmige Kopfbedeckung in ottomanischen Ländern
9 persischer Prinz, Sohn von Kambyses II. (»der Große«). Er stürzte seinen Bruder und eignete sich die Herrschaft an, wurde aber sechs Monate später bei der Verschwörung von Darius I. getötet.
10 traditionelle persische Pelzmütze
11 leichter zweirädriger Wagen, Einspänner
12 Universität oder Kollegium in muslimischen Ländern, unter religiöser Aufsicht. Wird auch *madrasa* genannt.
13 Kampfsportzentrum im Iran. Schule, deren Tradition in die sassanidische Zeit, etwa im 6. Jahrhundert, zurückreicht
14 französischer Diplomat und Schriftsteller (1816–1882). Er diente in Persien und verfasste mehrere Werke, darunter 1859 *Trois ans en Asie* (»Drei Jahre in Asien«)
15 Mit Javel sind im Allgemeinen die Citroën-Werke am Quai de Javel in Paris gemeint.
16 Kuppel eines kleinen Mausoleums, das die Gruft eines muslimischen Heiligen birgt.
17 persischer Gelehrter und Dichter (1050–1123). Er wurde in Nishapur geboren.
18 König von Afghanistan (1883–1933)
19 tadschikischer Bürgerlicher, der 1929 den rechtmäßigen afghanischen König Amanullah stürzte, die Macht an sich riss, seinerseits aus dem Weg geräumt und einige Monate später ermordet wurde.
20 Ausspruch Joseph Hackins, von Georges Le Fèvres in seinem Manuskript *La Croisière jaune* wiedergegeben
21 Von Alexander Iacovleff in seinem Tagebuch niedergeschrieben, das dem Band *Dessins et peintures d'Asie* beigefügt ist.
22 Ausspruch Joseph Hackins, von Georges Le Fèvre in seinem Manuskript *La Croisière jaune* wiedergegeben.
23 Tagebücher von Louis Audouin-Dubreuil
24 Hindusoldaten der Indienarmee
25 Kashmir-Krieger, die von den Engländern besiegt und in die Indien-Armee integriert wurden
26 Krieger eines ostafghanischen Stammes
27 Läufer, die bei Wind und Wetter den Postverkehr über die Berge aufrechterhielten
28 Träger
29 Gebirgsresidenzen, die von der englischen Armee auf dem Weg von Bandipur nach Kilik errichtet wurden
30 Name, der Audouins treuem Diener wegen seines königlichen Gebarens gegeben wurde
31 Titel des Königs von Hunza
32 persönliche Tagebücher von Audouin-Dubreuil
33 Titel eines Distrikt-Verwalters. Entspricht in etwa dem französischen Präfekten. Wird auch *Tao-taï* genannt.
34 damals von den Engländern als Osttürken, von den Russen als Sarten und von den Chinesen als Shantou bezeichnet
35 zum Islam konvertierte Bewohner Sinkiangs
36 Archäologe. 1930 leitet er eine Expedition durch China.
37 René Grousset, *Histoire de la Chine* (Librairie Arthème Fayard)
38 persönliche Tagebücher von L. Audouin-Dubreuil
39 schwedischer Archäologe. Er lieferte der Citroën-Expedition wertvolle Informationen über China.
40 Louis Audouin Dubreuil, in Urumchi abgefasste Seiten
41 chinesisches Geld
42 Ausspruch Joseph Hackins, von Pierre Cambon, Chef-Konservator des *Musée Guimet*, wiedergegeben in *Paris-Pékin-Begram – Hommage à Joseph Hackin* (Éditions Recherches sur les civilisations)
43 Reisetagebücher L. Audouin-Dubreuil
44 Reisetagebücher L. Audouin-Dubreuil
45 Reisetagebücher L. Audouin-Dubreuil
46 lange Stange mit einer am Ende befestigten Seilschlaufe, womit die Mongolen ihre Herden einfangen
47 Auszug aus dem Manuskript *La Croisière jaune* von Georges Le Fèvre
48 Banner der Vasallen-Clans, die den Prinzen begleiten. Jeder Clan hat sein eigenes Banner.
49 in England fabriziertes Kleidungsstück, das den Namen des Nordpolentdeckers trägt, der es in Mode gebracht hat
50 Reisetagebücher von L. Audouin-Dubreuil
51 italienischer Jesuit (1552–1610), der als einer der ersten Missionare bis China vorgedrungen ist
52 altes Viertel von Peking
53 Tagebücher von L. Audouin-Dubreuil
54 Hauptmann Grossard hatte in Afrika die Grenzziehungs-Mission an der Grenze Kongo-Nil-Ouadai geleitet. Audouin hatte ihn bei der *Croisière noire* kennen gelernt.
55 Die Reise durch Indochina legte die Expedition in leichten Räderfahrzeugen – in Kabrioletts – zurück.
56 1700 km lange Straße von Hanoi nach Saigon
57 persönliche Tagebücher von L. Audouin-Dubreuil
58 persönliche Tagebücher von L. Audouin-Dubreuil
59 persönliche Tagebücher von L. Audouin-Dubreuil
60 Ausspruch André Citroëns, von L. Audouin-Dubreuil in *Mes Mémoires*, unvollendetes Manuskript, wiedergegeben
61 Worte des Malers Iacovleff, von L. Audouin-Dubreuil in einem Brief an Joseph Hackin wiedergegeben
62 Ausspruch André Citroëns, von L. Audouin-Dubreuil in *Mes Mémoires*, unvollendetes Manuskript, wiedergegeben
63 Botschafter der Könige der Achämeniden-Dynastie (556–330 vor Chr.)
64 französisches Kulturzentrum
65 Gebäudekomplex, der zur Zeit der Omajaden errichtet wurde, einer Dynastie, die von 661 bis 750 über das muslimische Reich herrschte, dann in Spanien
66 französischer Archäologe
67 aus der Zeit der iranischen Sassaniden-Dynastie
68 Fest
69 chinesischer Fluss
70 Pierre Cambon, Chef-Konservator des *Musée Guimet* in *Paris-Pékin-Begram - Hommage à Joseph Hackin* (Éditions Recherches sur les civilisations)
71 zentralasiatisches Gebiet, das ungefähr dem Lauf das Amu-Darya entspricht
72 Ausspruch Joseph Hackins, von Georges Le Fèvre in seinem Manuskript *La croisière jaune* wiedergegeben
73 Pelliot, ein französischer Archäologe, und von Lecoq und Grünwald, zwei deutsche Archäologen, haben die Stätten des Tarimbeckens zwischen 1902 und 1914 erforscht. Sie haben bedeutende Sammlungen mit nach Hause gebracht.
74 Worte Joseph Hackins, von Georges Le Fèvre wiedergegeben
75 buddhistischer Mönch, Pilger
76 Hinweis auf einem Schild an der afghanischen Grenze
77 historische zentralasiatische Region, im heutigen Usbekistan gelegen
78 aus der Zeit von Manes oder Mani, dem Begründer des Manichäismus
79 Ordos-Gebiet, Region am Rand der chinesischen Mongolei
80 Archive Louis Audouin-Dubreuil
81 Rechenschaftsbericht von Teilhard de Chardin, Archive Audouin-Dubreuil
82 chinesische Wüste, am Rand des Gelben Flusses
83 *Revue de Géographie physique et de géologie dynamique* (1938)
84 Bildlegende von André Reymond, PL. V2, aus *Résultats scientifiques d'un voyage en Asie centrale, Mission Haardt-Audouin-Dubreuil*, publiziert in *Revue de géographie physique*, 1938.

Bibliografie und Quellenangaben

BÜCHER

La Croisière jaune, 3. Expedition Haardt - Audouin-Dubreuil,
von Georges Le Fèvre, Librairie Plon, 1933

Sur la Route de la soie: mon carnet de route de la Méditerranée à la mer de Chine,
von Louis Audouin-Dubreuil, Librairie Plon, 1935

En marge de la Croisière jaune,
von André Goerger, Éditions Rieder, 1936

Histoire de la Chine,
von René Grousset, Mitglied der *Académie Française*, Librairie Arthème Fayard, 1947

Le Théâtre chinois,
von Alexandre Iacovleff und Tchou-Kia-Kien, Éditions Artistiques de Paris, M. de Brunoff, 1922

Le Théâtre japonais,
von Alexandre Iacovleff und S. Elisseeff, Éditions Artistiques de Paris, M. de Brunoff, 1926

Dessins et Peintures d'Asie,
von Alexandre Iacovleff, Éditions Lucien Vogel, 1934

Paris-Pékin-Begram - Hommage à Joseph Hackin,
von Pierre Cambon. Éditions Recherches sur les civilisations, Paris 1986

ZEITSCHRIFTEN

L'Illustration: Nr. 4591 (28. Februar 1931), Nr. 4604 (30. Mai 1931), Nr. 4614 (8. August 1931), Nr. 4631 (26. September 1931), Nr. 4634 (26. Dezember 1931), Nr. 4638 (23. Januar 1932), Nr. 4652 (30. April 1932), Nr. 4659 (18. Juni 1932), Nr. 4665 (30. Juli 1932), Nr. 4669 (27. August 1932.) Verschiedene Artikel von Georges Le Fèvre, während und nach der *Croisière jaune* geschrieben

L'art et les artistes: Nr. 26, März 1926

Archéologie: Nr. 211 (März 1996), Nr. 243 (Mai 1999), Nr. 270 (Februar 2002), Nr. 271 (März 2002)

La Renaissance de l'art français: Nr. 10, Oktober 1926

La Renaissance
La Nouvelle Figure d'Alexandre Iacovleff,
Artikel von Joseph Kessel (Mai 1929)

Archeologia: Nr. 375 (Februar 2001), Nr. 376 (März 2001), Nr. 387 (März 2002)

Historia: Nr. 67 (September - Oktober 2000)

Géo: Nr. 252 (Februar 2002)

Connaissance des arts: Musée Guimet, musée des Arts asiatiques, (Sonderheft 2002)

Terre Air Mer, la géographie: von der *Société de géographie* publizierte Zeitschrift (Dezember 1932). Hier: *Les résultats scientifiques de L'Expédition Centre-Asie*, von Pater Teilhard de Chardin; *Notes d'archéologie et d'histoire*, von Joseph Hackin.

Revue de géographie physique: Résultats scientifiques d'un voyage en Asie centrale, la mission Haardt - Audouin-Dubreuil, 1931, Dissertation von André Reymond, 1938

Revue de géographie physique et de géologie dynamique: Band V, Fasz. 4. *Observations géologiques à travers les déserts d'Asie centrale de Kalgan à Hami*, von Pierre Teilhard de Chardin, und *Notes de biogéographie*, von André Reymond

Illustrierte Zeitung: Sur la voie de nouvelles recherches (21. März 1929). Übersetzt von Étienne Weil und am 6. April 1929 Louis Audouin-Dubreuil überreicht

The National Geographic Magazine: First over the roof of the world by motor, mit 47 Fotos von Maynard Owen Williams (März 1932)

The Studio, A Magazine of Fine and Applied Art, Band 92, Nr. 404 (15. November 1926)

REISETAGEBÜCHER

Louis Audouin-Dubreuil
Unveröffentlichte Manuskripte, Archiv Audouin-Dubreuil

Georges Le Fèvre
Erstes maschinengeschriebenes Manuskript seiner sämtlichen Reisetagebücher

Charles Brull
Le groupe Chine, Auszüge aus seinen Reisetagebüchern, erschienen in *Terre Air Mer, la géographie* (Dezember 1932)

Maurice Penaud
Mission Centre-Asie, Auszüge aus seinen Reisetagebüchern

William Sivel
Reisetagebuch, unveröffentlichtes Manuskript, Auszüge aus *Mémoires*

Louis Audouin-Dubreuil
Fragments de Mémoires, unveröffentlichte Texte (1951)

INTERVIEWS

Pierre Rousseau, wiedergegeben von Georges Le Fèvre (Januar 1930)

René Grousset, wiedergegeben von Georges Le Fèvre (Januar 1930)

AUSSTELLUNGSKATALOGE

L'Asie des steppes, d'Alexandre à Gengis Khan, Musée Guimet, 2002

Afghanistan, une histoire millénaire, Musée Guimet, 2002

AUFZEICHNUNGEN UND BERICHTE

Idées sur des travaux scientifiques (18. Dezember 1929). Memorandum von René Grousset, Konservator des *Musée Cernuschi* (Interims-Konservator des *Musée Guimet*), bezüglich der archäologischen Stätten auf der Wegstrecke der *Croisière jaune*, an André Citroën gerichtet

Observations sur les recherches géologiques et paléontologiques à effectuer en Chine au cours de la Croisière jaune (18. März 1930). Bericht von Teilhard de Chardin aus Tientsin, an André Citroën gerichtet

Rapport général de la 2e mission du lieutenant de vaisseau Victor Point, Peking (22. März 1930). Aufzeichnungen über die Stätte Yungang auf der Wegstrecke der *Croisière jaune*, an Louis Audouin-Dubreuil gerichtet

ARCHIVE AUDOUIN-DUBREUIL

Briefwechsel, entstanden vor, während und nach der *Croisière jaune*: Dienstvermerke, Berichte über Erkundungsmissionen, Berichte über Verpflegungsmissionen, Rechenschaftsberichte über diplomatische Zusammenkünfte, Berichte über die politische Situation der bereisten Länder, Projekte, technische Daten der Raupenfahrzeuge, technische Notizen, Dokumentation über das Expeditionsmaterial, Rechnungen (Frankreich, Großbritannien, Deutschland, China, Indochina ...), chinesische Pässe

CITROËN-ARCHIVE

Bulletin Citroën, Nr. 100 (Dezember 1932). Sondernummer über die Ausstellung der Citroën-Expeditionen Zentralasien und Zentralafrika

Bulletin Citroën, Nr. 102 (Februar 1933)

La Haute Asie,
von Paul Pelliot, Mitglied des Instituts, Faszikel, 1930 von Citroën herausgegeben

Autour de la Croisière jaune,
herausgegeben von Citroën 1933

La Croisière jaune,
kinematographischer Bericht der *Croisière jaune*, herausgegeben von Citroën 1933

Les expéditions Citroën, collections-document,
Ausstellungskatalog vom 18. Juni 1932

Register